INDÚSTRIA 4.0

Impactos sociais e profissionais, v. 2

Blucher

Rodrigo Bombonati de Souza Moraes
Maria Izabel Machado
Cinthia Obladen de Almendra Freitas
(org.)

INDÚSTRIA 4.0
Impactos sociais e profissionais, v. 2

Indústria 4.0: Impactos sociais e profissionais, v. 2

Rodrigo Bombonati de Souza Moraes, Maria Izabel Machado, Cinthia Obladen de Almendra Freitas (org.)

Publisher Edgard Blücher

Editor Eduardo Blücher

Coordenação editorial Jonatas Eliakim

Produção editorial Kedma Marques

Diagramação Erick Genaro

Preparação e Revisão Samira Panini

Capa Leandro Cunha

Blucher

Rua Pedroso Alvarenga, 1245, 4° andar
04531-934 – São Paulo – SP – Brasil
Tel 55 11 3078-5366
contato@blucher.com.br
www.blucher.com.br

Segundo o Novo Acordo Ortográfico, conforme 5. ed. do *Vocabulário Ortográfico da Língua Portuguesa*, Academia Brasileira de Letras, março de 2009.

Dados Internacionais de Catalogação na Publicação (CIP)
Angélica Ilacqua CRB-8/7057

Indústria 4.0: impactos sociais e profissionais / organizado por Rodrigo Bombonati de Souza Moraes, Maria Izabel Machado, Cinthia Obladen de Almendra Freitas. – São Paulo: Blucher, 2022.
234 p.: il.

Bibliografia
ISBN 978-65-5506-492-6 (impresso)
ISBN 978-65-5506-488-9 (eletrônico)

1. Indústria 4.0 2. Indústria – Desenvolvimento 3. Inovações tecnológicas – Aspectos sociais 4. Inovações tecnológicas – Aspectos profissionais I. Moraes, Rodrigo Bombonati de Souza II. Machado, Maria Izabel III. Freitas, Cinthia Obladen de Almendra

21-4214 CDD 100

Índice para catálogo sistemático:
1. Desenvolvimento industrial – Aspectos sociais

A todos e todas que almejam um desenvolvimento tecnológico a serviço da sociedade.

Conteúdo

Apresentação

O atual estágio de desenvolvimento tecnológico, em seu formato 4.0, traz desafios incontestes às organizações dos setores produtivo e de serviço, de diferentes portes e ramos de atuação, em termos de investimento e adaptação tecnológicos, de modo que possam superar as barreias de entrada nos diferentes mercados ou auxiliar em sua permanência com competitividade. Incontestáveis, também, parecem ser as incertezas sociais e profissionais, produzidas por esse mesmo desenvolvimento, em ritmo cada vez mais acelerado e desconcertante, modificando a maneira como agimos sobre o mundo vivido e sobre as instituições que compõem a totalidade social.

Diante dessa nova roupagem tecnológica, cuja gênese remonta à Modernidade, deparamo-nos com novos fenômenos urbanos, ambientais, culturais, legais, trabalhistas, políticos, policiais, informacionais e subjetivos, advindos dessa verdadeira 4ª Revolução Industrial, que abarca os âmbitos público e privado, colocando-nos a difícil tarefa de compreendê-los e, quem sabe, dar-lhes alguma resposta, socialmente, positiva. Exagero não se parece dizer que a vida moderna se assenta na época científico-tecnológica, como diria o sociólogo alemão George Simmel.

Comparativamente às transformações tecnológicas, arriscamos apontar que as análises e proposições no campo das ciências humanas e sociais se encontram em relativa desvantagem ao notarmos que bilhões de dólares são investidos, anualmente: no desenvolvimento de supercomputadores para análise de milhões de dados com finalidades comerciais, políticas ou militares, na dimensão do *big data*; na criação de novos equipamentos para melhorar a comunicação entre coisas – as famosas Internet das Coisas (IoT) –, o que torna o processo produtivo e logístico mais eficiente e o controle sobre o trabalho, idem; na inovação dos sistemas de informação, de modo que algoritmos instalados em máquinas (que aprendem?) encontrem padrões em dados processados e produzam respostas tal qual a inteligência humana, naquilo que se convencionou chamar de

Inteligência Artificial (IA); ou no armazenamento de dados, algures no ambiente virtual, de modo que o acesso ocorra remotamente, como é o caso das Nuvens Digitais (*Clouds*).

O suposto *handicap* talvez decorra do fato de a crítica da tecnologia ter pautado as inúmeras e qualificadas pesquisas sobre as consequências deletérias da produção e do uso tecnológico no mundo do trabalho, e não apenas. Como os bilhões de dólares não param de ser investidos na busca de novas tecnologias, uma atitude necessária, mas insuficiente e por demais complexa, seria refletir sobre as diferentes possibilidades de apropriação do mundo tecnológico ou digital pela sociedade (em suas diversas esferas), para que essa também se beneficie das criações ou inovações humanas.

Assim, para além da imprescindível identificação dos efeitos desfavoráveis causados pela assimilação monopolista da tecnologia pelas corporações, há que se colocar, como premente, a tarefa de vislumbrar estratégias e ações para potencializar os ganhos sociais e profissionais da manifesta existência cambiante dos artefatos tecnológicos. Eis, justamente, as propostas complementares deste segundo volume.

Estruturalmente, os capítulos foram organizados por afinidades de áreas e/ou temáticas. Os dois primeiros Capítulos tratam da Indústria 4.0 nos campos da arquitetura e da engenharia civil. Os Capítulos 3 e 4 abordam o papel das tecnologias digitais no campo das artes e dos costumes. Em seguida, os Capítulos 5 e 6 trazem a discussão para o campo do direito. Iniciado também no Capítulo 6, os Capítulos 7, 8 e 9 tratam do tema da tecnologia e do trabalho. Os Capítulos finais - 10, 11 e 12 - abordam a temática da tecnologia na perspectiva das políticas públicas e da sociedade, conforme breve apresentação a seguir.

O Capítulo 1, escrito por Hélio Takashi Maciel de Farias e Miss Lene Pereira da Silva, procura refletir sobre a relação da tecnologia e o meio urbano. Intitulado "Indústria 4.0: práticas em planejamento urbano", os autores analisam a produção de novas categorias de análise e práticas, advindas das transformações e inovações tecnológicas. Nesse percurso, trazem ao primeiro plano os interesses políticos e econômicos por trás do uso das novas tecnologias, particularmente, ao tratarem, com muita propriedade, das Cidades Inteligentes.

No Capítulo 2, "A construção civil e seus impactos no meio ambiente", José de Almendra Freitas Jr. alerta para os riscos ambientais decorrentes da construção civil, propondo que se utilizem materiais com baixo impacto ao meio ambiente, produzidos de modo inovador, bem como que se dê atenção especial aos processos de utilização e descarte nas edificações, tornando-as mais sustentáveis.

No Capítulo 3, as autoras Anna Lucia S. A. Vörös e Cláudia Bordin Rodrigues da Silva nos convidam a uma reflexão sobre o espaço dos museus a partir da esfera virtual. Em "Um museu digital é mais do que um site: reflexões sobre os museus e o espaço digital", analisam os usos da tecnologia digital nos museus digitais, que se tornam lugares públicos possibilitados pela rede computacional, devendo enfrentar, com isso, complexidades que surgem dessa crescente aplicação tecnológica.

João Guilherme da Trindade Curado e Nélia Cristina Pinheiro Finotti, no Capítulo 4, levam-nos ao mundo da moda para compreendermos o processo de transformação das relações de trabalho ao longo do tempo. Com o título "Indústria 4.0: perspectivas da moda e das relações de trabalho ao longo das revoluções industriais", os autores percorrem as revoluções industriais para descrever as formas e usos da força de trabalho na produção da moda.

As autoras Andréa Abrahão Costa e Maria Carolina Carvalho Motta, no Capítulo 5, mostram como a computação cognitiva produz o que se denomina Direito 4.0, visando à eficiência "quantitativa" tanto na prestação de serviço jurisdicional quanto na administração pública. Em "Indústria 4.0 e o Direito Público", as autoras apontam riscos à utilização da Inteligência Artificial como instrumento de tomada de decisão nos processos judiciais.

No Capítulo 6, Renata Queiroz Dutra e Renata Santana Lima analisam o processo de intensificação da precarização do trabalho a partir do advento das plataformas digitais de trabalho. No texto "Trabalho em plataformas e direito do trabalho de exceção: a radicalização da precarização?", as autoras aprofundam a discussão sobre o modo de trabalho para as empresas-plataformas, apontando o necessário papel do direito e, mais especificamente, do poder judiciário na mediação das relações de emprego possibilitadas pelo uso das novas tecnologias digitais.

No Capítulo 7, "Trabalho e tecnologia: transformações recentes e as várias faces do trabalho digital", as autoras Mariana Bettega Braunert e Maria Aparecida Bridi analisam o impacto das transformações tecnológicas sobre o mundo do trabalho. As transformações fabris, proporcionadas pela mudança tecnológica, levaram a novas formas de trabalho e de suas relações, sob a égide da flexibilidade. Além disso, as autoras exortam o Estado para agir sobre os impactos sociais das transformações tecnológicas, não para contê-las, mas para dirimir seus efeitos negativos.

O autor Bruno José Rodrigues Durães mostra, no Capítulo 8, "Trabalho, tecnologia e ilusões da Indústria 4.0: o mundo sem direitos do trabalho informal no limiar do século XXI", que as novas tecnologias servem a uma estrutura econômica e política que, por um lado, aprofundam as desigualdades sociais e, por outro, premiam a valorização do capital. Ressalta, ainda, que as ilusões da tecnologia devem ser superadas a partir da descolonização do pensamento.

No Capítulo 9, "O trabalho em software e hardware no Brasil: o conhecimento e os condicionantes da flexibilização do trabalho", Jacob Carlos Lima e Maria Aparecida Bridi analisam o trabalho de profissionais de softwares e hardwares, considerados infoproletários do trabalho digital, porquanto exercem suas funções com largas horas de trabalho, instabilidade permanente e sem vínculo empregatício formalizado. Ainda que sejam trabalhos que exijam elevado nível de conhecimento, as condições em que se exercem remontam o sistema taylorista-fordista.

A autora Luziele Tapajós, no Capítulo 10, ao investigar a produção de dados sociais, mostra que as novas tecnologias de informação permitem o maior armazenamento de dados socais, além de transformar a forma de captação, tratamento e disseminação da informação, o que pode alterar, qualitativamente, as informações disponíveis na área social. Com título "O valor da informação como estratégia de intervenção nas políticas sociais", a autora aponta para a necessidade de integração entre o conhecimento acerca da realidade social e os novos recursos da comunicação e informação.

No Capítulo 11, "O panoptismo nosso de cada dia: da guerra pela segurança à segurança pela guerra", o autor Marcelo Bordin analisa a intensificação da vigilância e do controle sociais permitidos pelas novas tecnologias digitais no contexto da "economia de compartilhamento". Investiga, ainda, o processo de hipermilitarização da sociedade ao apontar a tendência de o Estado tratar o território nacional como um campo de batalha e uma parcela dos cidadãos, como inimigos.

Em "Políticas de privacidade: borramento das fronteiras entre público e privado", Maria Izabel Machado, Cinthia Obladen de Almendra Freitas e Rodrigo Bombonati de Souza Moraes, no Capítulo 12, refletem sobre os riscos à subjetividade, à privacidade e à sociedade, resultantes dos interesses políticos e comerciais das corporações baseadas na tecnologia digital. Ainda que regulamentações sejam elaboradas e promulgadas, a constituição de esferas públicas deve ser, permanentemente, estimulada para limitar e denunciar as ações deletérias promovidas por essas corporações.

Por fim, esperamos que essas reflexões multidisciplinares possibilitem a compreensão do atual estágio de desenvolvimento tecnológico na perspectiva social e profissional, de modo que se encontrem modos de subsumir a tecnologia às necessidades sociais, dando consequência ao seu potencial civilizatório e emancipador, tal qual um menino que descobre o vento.

PREFÁCIO

Ladislau Dowbor
14 de dezembro de 2021

O presente trabalho aborda um assunto de importância central para todos nós: como nos organizarmos para ganhar o pão nosso de cada dia, e de preferência com tarefas que não constituam rotinas anestesiantes e que sejam socialmente úteis. E razoavelmente remuneradas, evidentemente. Não é um sonho, é uma questão de organização política e social. A Finlândia nos anos 1970 decidiu investir na elevação científico-tecnológica do país, em todos os setores de atividade. Era exportadora de madeira, hoje está no *top* de linha da produção criativa. A China já há tempos aponta esse caminho. Estamos em plena revolução digital, vivendo um processo de transformação do qual Indústria 4.0 é apenas uma etapa. No meu entender, a revolução digital é tão profunda, em termos de impacto, como foi a revolução industrial há dois séculos e pouco atrás. Está surgindo um novo modo de produção, uma forma diferente de organização das prioridades.

A cifra que está no centro do noticiário, e que com razão nos gera angústia, é a taxa de desemprego. Estava na faixa de 12% da população ativa em 2002, baixou para 6% na fase Lula-Dilma, e subiu para 14% na era da "austeridade" atual. Mas além da taxa de desemprego, temos de considerar subutilização estrutural da força de trabalho. O Brasil, com 214 milhões habitantes, tem cerca de 150 milhões em idade de trabalho (16-64 anos), mas apenas 33 milhões de empregos formais privados. Acrescentando os 11 milhões de emprego público, são 44 milhões de pessoas formalmente empregadas.

Frente a essa esfera razoavelmente organizada de uso da nossa força de trabalho, temos 40 milhões de pessoas no setor informal, pessoas que "se viram", e que ganham, segundo o IBGE, a metade do que se ganha no setor formal. A essa dramática subutilização da força de trabalho temos de acrescentar os 15 milhões de desempregados, e os 6 milhões de desalentados, o que significa que estamos falando em cerca de 60 milhões de pessoas cuja capacidade de contribuição produtiva é nula ou radicalmente subutilizada. Nesse sentido, a nossa economia é estruturalmente disfuncional.

O Brasil não é um país pobre. O PIB de 2020, 7,5 trilhões de reais, representa uma produção equivalente a 11 mil reais por mês por família de 4 pessoas. O que produzimos é atualmente amplamente suficiente para assegurar a todos uma vida digna e confortável, bastando para isso uma moderada redução da desigualdade. O nosso problema não é propriamente econômico, no sentido de falta de recursos, mas de organização política e social. Apenas dois setores são dinâmicos no Brasil atual: a exportação de bens primários e a intermediação financeira. Ambos geram grandes fortunas, mas pouco progresso para o país, e pouca inclusão produtiva. Constituem essencialmente drenos.

A reprimarização do país está diretamente ligada à desvalorização da moeda. Um dólar de exportação rendia, há dez anos atrás, 2,5 reais para o exportador. Hoje rende quase 6 reais. Para os *traders* que controlam as commodities, vale mais a pena exportar do que abastecer o mercado interno. E a Lei Kandir, de 1996, que isentou de impostos a produção para exportação – "exportar é o que importa" era o slogan da época – reforça a tendência. Gerou-se o ambiente institucional para a reprimarização do país, em nível tecnológico muito mais elevado do que antigamente, gerando poucos empregos, pouquíssimo retorno econômico para o país, e desastres ambientais. Tem sido chamado de tecno-feudalismo.

Um impacto indireto, mas central, é que se tornou muito mais interessante plantar soja do que arroz, exportar carne do que abastecer o mercado interno. O resultado é fome e inflação. E poucos empregos, relativamente bem qualificados. Tecnologia moderna a serviço de dinâmicas neocoloniais. No comando, uma aliança de grupos nacionais com os grandes *traders* mundiais – BlackRock, Glencore etc. – que tem como objetivo a maximização do rendimento financeiro por meio de dividendos. O emprego e o equilíbrio alimentar do país não fazem parte dos critérios de maximização de resultados. Em 2022, o Brasil tem 19 milhões pessoas passando fome, dos quais 5 milhões de crianças, e 116 milhões de pessoas em situação de insegurança alimentar, ora têm, ora não têm comida. Isso funciona para as corporações, não funciona para o país nem para a população.

Um segundo eixo dinâmico da economia na era da austeridade é o setor financeiro. Em termos de teoria econômica, o conceito de financeirização se tornou essencial. Os trabalhos de Thomas Piketty, de Joseph Stiglitz, de Marjorie Kelly, de Ann Pettifor e de tantos outros permitiram uma reviravolta depois de 40 anos de dominância do discurso neoliberal. A base é simples: a produção de bens e serviços, o PIB no mundo, aumenta em cerca de 2% a 2,5% ao ano. Os rendimentos de aplicações financeiras em volumes elevados rendem entre 7% e 9%. Entre juros e dividendos, ganhar dinheiro, o grande dinheiro, se divorciou em grande parte dos processos produtivos. O capital vai para onde rende mais. O mecanismo básico de apropriação do excedente social se deslocou: para explorar um assalariado, o empresário precisa pelo menos gerar um posto de trabalho. Hoje o endividamento das famílias é generalizado, as tarifas absurdas nos cartões atingem a todos.[1] E os dividendos elevados nas empresas produtivas tornam a expansão da produção pouco viável.

O empresário efetivamente produtivo não precisa de "confiança" ou de discurso ideológico, precisa de famílias com capacidade de compra, para ter para quem vender, e de juros baratos para poder financiar a produção. No Brasil, ele não tem nem uma coisa nem outra. Após tantos anos de *Ponte para o Futuro* em diversos formatos, as empresas no Brasil estão trabalhando com 30% de capacidade ociosa. Harvey tem razão, o que era capital, portanto dinheiro inserido no processo de acumulação produtiva do capital, hoje é essencialmente patrimônio. Em plena pandemia, nos 4 meses entre março e julho de 2020, o grupo restrito de 42 bilionários em dólares aumentou as suas fortunas em 180 bilhões de reais: é o equivalente a 6 anos de bolsa-família, para 42 pessoas, em 4 meses.[2] Lembrando ainda que desde 1995 esse tipo de ganho é isento de impostos. Há dois anos tínhamos 206 bilionários (em reais), em 2021 são 315. Essencialmente banqueiros, donos de ações, de holdings. Se chamam de "investidores", mas o que fazem são aplicações financeiras.

Hoje o principal fator de produção é o conhecimento. A mudança é sísmica. Adotamos aqui a visão expressa no *New Scientist:* "A tecnologia tem um potencial tão grande que a expectativa geral é que o seu impacto seja tão profundo quanto o da revolução industrial".[3] Não é só o dinheiro que se tornou simples sinal magnético nos computadores, é o conjunto da economia que desloca as suas formas de organização, para o que André Gorz chamou de "o imaterial". Não é mais a General Motors e semelhantes que dominam o jogo, são os sistemas de controle das finanças e das tecnologias, o GAFAM (Google, Apple, Facebook, Amazon, Microsoft) nos Estados Unidos, o BAT (Baidu, Alibaba, Tencent) na China, os SIFIs (Systemically Important Financial Institutions). No centro da economia, não está mais a fábrica, estão as plataformas, os gestores de fortunas, os controladores da comunicação.[4] Lembrando que três grupos privados de gestão de ativos, BlackRock, Vanguard e State Street, manejam hoje 19 trilhões de dólares, quando o orçamento dos Estados Unidos está na faixa de 6 trilhões.

É impressionante o recuo do Brasil com a submissão aos Estados Unidos no caso da tecnologia do 5G, a desestruturação das capacidades de pesquisa da Petrobras, o fechamento do programa de formação de cientistas no exterior, o travamento das bolsas de

---

1 Ver ANEFAC, pesquisa mensal de juros: https://3783fb27-40b2-47fa-ab2d-4ffef8b3c87b.filesusr.com/ugd/21624f_3fc44b88833a444da1332c23eeec1c85.pdf.

2 Dados da Forbes: https://dowbor.org/2020/02/18676.html/. Dados da Oxfam: https://dowbor.org/2020/07/bilionarios-da-america-latina-e-do-caribe-aumentaram-fortuna-em-us-482-bi-durante-pandemia-oxfam-brasil-2020-3p.html/.

3 "The technology has such potential that its impact on society is widely expected to be as profound as the industrial revolution". – New Scientist, April 23, 2018.

4 Detalhamos essas transformações, e a gestação de um novo modo de produção informacional, em *O Capitalismo se Desloca: novas arquiteturas sociais,* SESC, São Paulo, 2020: https://dowbor.org/wp-content/uploads/2020/05/Dowbor-O-capitalismo-se-desloca-Edicoes-SescSP-2020.pdf.

pesquisa e de pós-graduação, a venda mal abortada da Embraer, a transformação do país em mero comprador de patentes: o recuo nesta área terá impactos avassaladores sobre o futuro do país. Temos mais de um terço da população sem acesso à internet, numa era em que ficar fora do sistema digital significa isolamento social. Ainda temos universidades em que os alunos tiram cópias de capítulos acumulados nas pastas de professores.

Ainda travamos acesso aos textos científicos quando o MIT os disponibiliza na plataforma OCW (*Open Course Ware*), e a China no sistema CORE (*China Open Resources for Education*). O Japão há décadas possui sistemas online de apoio tecnológico para pequenos produtores, inclusive de agricultura familiar. A Finlândia assegura programas educacionais públicos, gratuitos e de acesso universal. No Brasil ainda se discute a privatização e distribuição de *vouchers*, proposta dos tempos de Ronald Reagan nos Estados Unidos. A subutilização da imensa capacidade criativa da população, ao se travar as oportunidades para a imensa maioria, constitui um crime contra as próximas gerações, e demonstra uma profunda ignorância do que Jessé Souza chamou adequadamente de *A elite do atraso.* Na era da Indústria 4.0, estamos nos desindustrializando.

Os que hoje puxam as cordas do sistema são acionistas de diversos tipos, *traders*, intermediários do dinheiro, da informação, da comunicação. Os resultados são desastrosos em termos econômicos, sociais e ambientais, simplesmente porque as prioridades são deformadas. Mas quem maneja efetivamente o sistema são profissionais da administração, economistas, engenheiros, advogados, informáticos e outros donos de grande capacidade técnica, que são em grande parte impotentes relativamente aos objetivos que as suas capacidades servem. Os meios de comunicação apresentam inúmeras declarações corporativas de responsabilidade ambiental, todos se declaram adeptos do ESG (*Environmental, Social and Governance*), a moda é o *stakeholder* e não mais apenas o *shareholder.* Mas a realidade é que estamos atolados, presos entre as novas tecnologias que abrem imensos potenciais, e regras do jogo e formas de definição das prioridades herdadas do século XX. São altas tecnologias a serviço do atraso. Estamos enfrentando um desafio sistêmico, uma crise civilizatória.

CAPÍTULO 1

INDÚSTRIA 4.0: PRÁTICAS EM PLANEJAMENTO URBANO

Hélio Takashi Maciel de Farias
Miss Lene Pereira da Silva

INTRODUÇÃO

Nossa atuação sobre as cidades está, intrinsecamente, atrelada à forma como somos capazes de compreender e descrever o meio urbano – existente ou projetado – em seus mais distintos aspectos. Essas descrições, por sua vez, podem adotar formas tão numerosas e variadas quantos são os objetivos e os meios disponíveis para fazê-lo. Ítalo Calvino narrou em prosa as paisagens oníricas de suas *Cidades Invisíveis* (CALVINO, 2009); a Coroa Portuguesa instruiu, por meio de parâmetros básicos e um tanto genéricos (talvez herança dos "castra", acampamentos de campanha dos exércitos do império romano), as características das novas vilas a serem construídas no Brasil do século XVIII (DELSON, 1979); os planejadores modernistas de meados do século XX vislumbraram uma nova capital para o Brasil em planta, perspectiva e justificativa escrita (TAVARES, 2007). Se é dado que o planejar o espaço tem profundas conexões teóricas e metodológicas com seu fazer, mas também seu representar, entendemos que as perspectivas de planejamento sobre o meio urbano contemporâneo – cidades em competição global pelas atenções do capital (HARVEY, 2005), cidades que se almejam "inteligentes" e "sustentáveis" – passam necessariamente por tentativas de dar sentido às intrincadas redes de relações e atores que agem sobre uma realidade baseada em interações complexas e comportamentos emergentes (BATTY, 2013a; CASTELLS, 1999; SANTOS, 2014).

É pertinente, neste momento, fazer uma breve consideração sobre a natureza das práticas do planejamento urbano. Ainda que possam indicar intervenções diretas de maior ou menor escala sobre o ambiente físico urbano, as ações de planejamento, como as entendemos tradicionalmente, "são propostas para acontecerem e produzirem efeitos em horizontes de curto, médio e longo prazo, de 5 a 20 anos [...] num grau de generalização e abstração incompatível com qualquer projeto executivo [...]" (AMORIM, 2015, p. 88). O planejador urbano, agente intermediador de atuação técnica e política, necessita ser versado em "filosofia contemporânea, trabalho social, legislação, ciências sociais e projeto cívico" (DAVIDOFF, 1965, p. 337, tradução nossa). Os desafios teóricos e práticos que envolvem a disciplina têm sido tratados, portanto, tanto a partir de perspectivas eminentemente centradas nas ciências sociais e nas relações de poder e direito à cidade (LEFEBVRE, 2008), quanto por intermédio de metodologias centradas em abordagens técnicas de aspectos quantificáveis, que podem ser matematicamente (ou graficamente) lidos e processados.

No que tange aos efeitos, diretos e indiretos, da terceira e quarta revolução industrial sobre as práticas disciplinares de planejamento, intrinsecamente ligadas à capacidade computacional de processamento de dados, são estas últimas abordagens as mais diretamente transformadas pelas inovações tecnológicas – produzindo, por sua vez, novas categorias de análise e novas práticas. É sobre esses métodos "computáveis" que este capítulo lançará o foco de seu olhar, sem ignorar os efeitos recíprocos que as técnicas digitais de representação, análise, planejamento e projeto compartilham com as dinâmicas socioespaciais e com a natureza eminentemente política da atuação de planejamento.

A recém-terminada segunda década do século XXI representou, para as práticas de planejamento urbano, uma transição entre a implementação tardia de elementos da terceira revolução industrial, especificamente a construção e implementação de ferramentas digitais de análise de dados, e a experimentação (por vezes ainda exploratória e incipiente) de recursos da quarta revolução industrial, ou "Indústria 4.0", em especial a coleta e processamento de dados em grande volume. Espelharemos, brevemente, neste capítulo alguns dos percursos recentes de inovação e incorporação tecnológica, almejando indicar conexões entre as ferramentas e métodos computacionais característicos dessas revoluções e seus reflexos na prática e teoria de planejamento urbano, e apresentando, por meio de uma mescla de referências a publicações seminais e outras mais recentes, um retrato instantâneo do campo profissional e acadêmico neste início dos anos 2020.

PLANEJAMENTO URBANO CONTEMPORÂNEO E FERRAMENTAS COMPUTACIONAIS: UM PROCESSO TRANSICIONAL

Quando citamos o meio urbano como um sistema "complexo", fazê-mo-lo a partir da perspectiva introduzida pelos estudos pioneiros de Warren Weaver (1948). Essa compreensão caracteriza condições de sistemas com um grande número de variáveis interdependentes integradas em um todo orgânico – entre as quais podemos incluir os comportamentos de grupos sociais, portanto, as interações do meio urbano – como dotados das características fundamentais do que Warren chamou de problemas de "complexidade organizada". Diferente dos problemas de simplicidade (como as equações da ciência física desenvolvidas nos séculos anteriores), sua solução não pode ser alcançada pela matemática tradicional; somente a partir de seu enfrentamento com o uso de instrumentos computacionais (que na época da publicação de Weaver representavam ainda uma tecnologia nascente) é possível extrair resultados consistentes e úteis que indicam a natureza desses sistemas.

Partindo-se da premissa que é possível converter, com algum nível de aproximação, os dados da realidade urbana em variáveis computáveis e suas inter-relações em algoritmos cuja validade pode ser testada experimentalmente podemos refletir sobre os procedimentos necessários para alimentar a compreensão do que Michael Batty chama de uma *Nova Ciência das Cidades* (BATTY, 2013a) – uma ciência baseada em redes e nas interações entre espaços e lugares. Em um nível mais fundamental: a informação sobre as variáveis dos sistemas urbanos – demografia, fluxos de transportes, infraestruturas etc. – precisa ser coletada e organizada; esses dados podem então ser representados e interpretados; e por fim, podem-se extrapolar resultados de interações existentes ou possíveis. Exploraremos ao longo desta discussão o papel ocupado pelas ferramentas computacionais nessas três etapas de construção da disciplina de planejamento contemporâneo.

Em retrospecto, pode-se considerar que a coleta de dados sobre as condições físicas das cidades tenha alcançando um grau considerável de organização como parte das práticas do urbanismo "sanitarista" do século XIX e início do XX. Pressionados pelo aumento populacional e adensamento das cidades industriais e pelas epidemias e endemias características daquele meio, os urbanistas empreenderam esforços concentrados em registrar e mapear as condições de infraestrutura e salubridade dos cidadãos e suas habitações (FERREIRA et al., 2008). A continuidade da aceleração do crescimento do meio urbano e da diversidade das interações nele contidas ao longo do século XX, no entanto, impôs limites ao escopo de leitura da realidade alcançável por meio dos métodos censitários e da documentação tradicional: em sistemas metropolitanos com múltiplos milhões de habitantes, com trocas comerciais e culturais crescentes em escala global e que apresentam realidades sociais múltiplas e desiguais dentro e fora do próprio território, a coleta de informações exaustivas sobre esse meio urbano tornou-se um desafio virtualmente insolúvel a partir dos métodos estabelecidos até então.

Quando realizados por inspeções *in loco* e formulários, com resultados tabulados em planilhas (físicas ou eletrônicas), esses procedimentos de levantamento de dados – feitos por razões que vão desde o já mencionado monitoramento de condições sanitárias, passando pelo planejamento de infraestruturas e incluindo, destacadamente, o cadastro para tributação –, esbarram em limites de custo e tempo de aquisição e atualização. Esse problema pode ser abordado com maior domínio no século XXI, a partir do uso de métodos de aquisição e manipulação dos chamados *big data*, conceito característico da quarta revolução industrial.

A categoria de *big data* refere-se a informações coletadas por meio de sensores incorporados à infraestrutura computacional (hardware e software) que permeiam a sociedade pós-revolução computacional, em especial com a crescente miniaturização dos eletrônicos, sua incorporação, das aplicações industriais, às utilidades domésticas e comunicações pessoais, e sua conexão à rede mundial de computadores, na chamada *Internet of Things* (internet das coisas ou IoT). As informações de uso, interações e geolocalização de cada dispositivo transformam-se em quantidades massivas de dados, transmitidos por intermédio das redes de comunicação e armazenados em alguma parte de uma "nuvem" de servidores, por vezes associados a provedores de serviços privados. No que diz respeito aos dados com utilidade para planejamento urbano, estes oferecem informações – em escalas de milhões de interações e taxas de atualização de poucas horas a poucos instantes – que podem revelar tendências sobre transporte em massa, comunicações, uso de infraestrutura, ou mesmo o deslocamento de indivíduos (RATHORE et al., 2016), como exemplificado pelo uso das redes de telefonia móvel para monitorar a adesão do público ao isolamento social indicado como estratégia não farmacêutica de combate à epidemia de COVID-19 (GRANTZ et al., 2020).

Essa disponibilidade de dados constantemente atualizados tem o potencial de alterar os próprios horizontes de atuação do planejamento urbano, tratando com avaliação e intervenção sobre períodos de tempo muito mais imediatos do que se costuma associar às práticas desse campo profissional – o que requer também uma série de cuidados na construção teórica para evitar o domínio de ações imediatistas. Se o acúmulo de informações torna-se viável, a partir dos dispositivos digitais, ainda mais esforço é necessário na tentativa de interpretar os dados que, ainda que volumosos (ex.: quantidade de usos de bilhetes de metrô por dia), são apenas números brutos, que a partir de uma observação rasa, raramente, respondem diretamente às questões feitas pelos planejadores (ex: quantas viagens casa-trabalho são feitas por dia?) (BATTY, 2013b).

Os dados coletados, sejam de origem censitária ou cartorial tradicional, sejam coletados por sensores onipresentes dos dispositivos associados à "computação pervasiva", necessitam, portanto, de um processo adequado de organização, representação e interpretação, para que possam servir de fundamento para a tomada de decisões de planejamento urbano. Nesse sentido, a principal abordagem que guia as práticas profissionais da área ocorre por meio dos Sistemas de Informação Geográfica (SIG), que usam as ferramentas computacionais e a conexão com satélites de geoposicionamento (herança, portanto, da terceira revolução industrial) para associar a tabulação de dados coletados a informações cartográficas.

Compreende-se que o termo "SIG" ou Sistema de Informações Geográficas vem de "Geoprocessamento", o qual denota a disciplina do conhecimento que utiliza técnicas matemáticas e computacionais para o tratamento da informação geográfica e que vem ao longo da história influenciando de maneira crescente áreas como Cartografia, Análise de Recursos Naturais, Transportes, Comunicações, Energia e Planejamento Urbano e Regional (ALMEIDA; CÂMARA; MONTEIRO, 2009).

Para Longley (2013), o objetivo do geoprocessamento é a análise de dados, sendo esses dados georreferenciados (dados associados a um sistema de coordenadas conhecido) e integrados a uma base de dados digitais, que necessitam contar com uma base cartográfica confiável a qual coligirá seus dados. Esse mesmo autor, em sua própria citação, define geoprocessamento como um conjunto de técnicas computacionais que opera sobre bases de dados georreferenciados para transformá-los em informação relevante. O termo geoprocessamento é amplo e engloba diversas tecnologias de tratamento e manipulação de dados geográficos, mediante programas computacionais (BRAIL; KLOSTERMAN, 2001). Dentre essas tecnologias, destacam-se: o sensoriamento remoto, a digitalização de dados, a automação de tarefas cartográficas, a utilização de sistemas de posicionamento global (GPS) e sistemas de informação Geográfica (SIG). O SIG é uma das técnicas de geoprocessamento, a mais ampla delas, uma vez que pode englobar todas as demais, sendo essencial destacar que nem todo geoprocessamento trata-se de um sistema SIG (LOCH, 2005). De acordo com Almeida, Câmara e Monteiro (2009), o termo SIG é aplicado para sistemas que realizam o tratamento computacional de dados geográficos e armazenam a geometria e os atributos dos dados que estão georreferenciados, isto é, localizados na superfície terrestre e representados numa posição cartográfica.

Numa visão abrangente, pode-se dizer que a potencialidade de utilização em diversas atividades urbanas de um sistema SIG dá-se pela sua divisão em componentes desde a interface com o usuário, integração de dados, processamento de gráficos e de imagens, além de armazenar ou até recuperar dados coletados em períodos ainda sem esta tecnologia. Como o objetivo geral de um SIG é gerar e gerenciar um banco de dados geográficos que por sua vez incorpora demais dados de outras naturezas, faz-se necessário o início de inserção com dados "primários" ou confiáveis. Para tal, existem entidades/instituições responsáveis por gerar dados primários refinados e trabalhados, ou seja, são fontes de dados cartográficos confiáveis para manipulação procedural. Esses dados são gerados principalmente por órgãos públicos, condição que não exclui a possibilidade de construção de dados primários por outros tipos de usuários que consigam manipular a tecnologia SIG aos objetivos definidos (LONGLEY, 2013). Essa tecnologia vem sendo amplamente utilizada no âmbito do planejamento e gestão de territórios, a exemplo do monitoramento e acompanhamento de áreas de risco, áreas ambientais, áreas socialmente vulneráveis, de tráfego urbano, entre outras. Com os recursos da Indústria 4.0, o sistema amplia-se permitindo uma interface imersiva e virtual, em alguns casos com acompanhamento em tempo real de dados, a exemplo do mapeamento e monitoramento em segurança pública.

A linguagem gráfica utilizada por meio da elaboração de mapas temáticos com uso de sistemas de informação muitas vezes exige um nível de conhecimento técnico específico à compreensão e discussão de temas, como os citados anteriormente. É fundamental que, com o auxílio de técnicas de representação apropriadas à análise espacial, possam-se extrair interpretações e informações de forma clara e precisa, independentemente do nível de escolaridade do público envolvido (ALMEIDA; CÂMARA; MONTEIRO, 2009). Em outras palavras, surge a necessidade de inserir no processo de planejamento outras formas, presentes na linguagem gráfica, que permitam uma fácil e rápida compreensão de temas discutidos e que, por sua vez, não se configurem em um obstáculo ao nível intelectual ou técnico dos envolvidos na construção das cidades.

DIMENSÕES DA REPRESENTAÇÃO E ANÁLISE URBANA

Tendo em vista as condições até aqui descritas, é possível afirmar que o mapeamento e registro de informações pelos softwares SIG (ainda que sua implantação não seja generalizada em todos os órgãos de planejamento) tenha se consolidado como o principal fundamento para a análise do meio urbano, uma espécie de nível base para desenvolvimentos subsequentes: as informações do cadastro SIG podem ser desdobradas, então, em distintas abordagens, de acordo com os recursos disponíveis e os objetivos determinados para a análise.

Dentre esses desdobramentos, a solução mais direta, ao menos a partir de um ponto de vista de representação gráfica, está na adição da terceira dimensão espacial aos mapas SIG. Enquanto as legendas demarcadas por texto, hachuras e cores aplicadas sobre um mapa bidimensional em escala têm a capacidade de representar espacialmente informações quantitativas, com diferentes níveis de abstração, esse alcance de comunicação é superado em muitos aspectos quando acrescido da exploração da dimensão vertical, tornada mais acessível com o aumento do poder de processamento gráfico dos equipamentos computacionais do século XXI. A modelagem tridimensional do espaço urbano (que mantida a associação ao georreferenciamento, pode constituir um "SIG 3D") (JESUS et al., 2018) não somente contribui para a construção de representações mais legíveis de dados complexos (Figura 1), mas também aproxima a linguagem técnica dos planejadores da realidade sensorial, apreensível pelo público não especialista, de se observar um ambiente real com volume, luz, textura, e até mesmo movimento e sons.

Figura 1 – Visualização em escala de cor/altura de valor de mercado do solo (esq.); visualização de potencial construtivo dos lotes em SIG 3D (dir.).

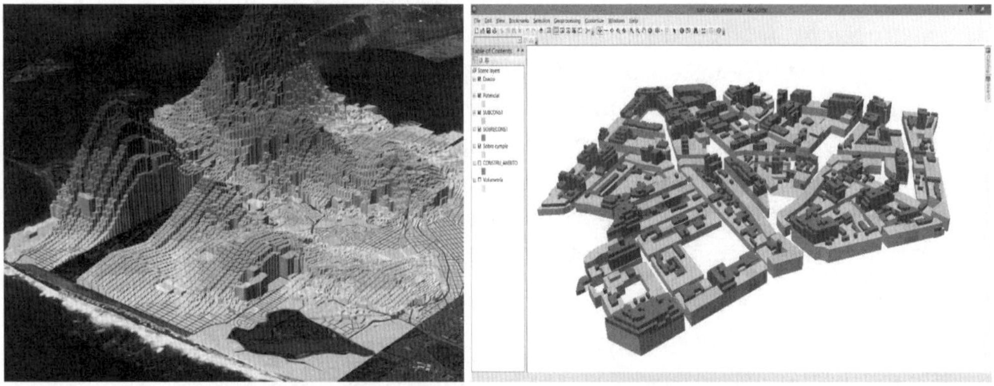

Fonte: AUTODESK (2015) (esq.); Autores (2022) (dir.).

A produção de representações tridimensionais da cidade – em outras palavras, visualizações urbanas – tem sido objeto de discussão acadêmica desde o final do século XX. Enquanto os incrementos nas capacidades de hardware e software tornaram possível a reprodução, mediante computação gráfica, de ambientes mais complexos e com maior fidelidade visual, em paralelo amadureceram também as concepções acerca do processo de visualização dos benefícios que podem ser obtidos com estas técnicas e dos cuidados que precisam ser tomados ao produzir digitalmente cenas que projetam realidades urbanas atuais ou alternativas.

A visualização é assim entendida como um caminho: para informar, consultar, envolver e empoderar os cidadãos no processo de planejamento (PETTIT; INDUSTRIES, 2006); usado para educação, exploração, explanação e engajamento (BATTY; STEADMAN; XIE, 2004); servindo como instrumento para o treinamento de novos profissionais planejadores (FARIAS, 2017; YIN, 2010); oferecendo dados comparativos, facilmente, acessíveis para tomada de decisão frente a diferentes alternativas de intervenção espacial (LINDQUIST; LANGE; KANG, 2016); demonstrando os efeitos da legislação sobre a forma urbana (CASTRO et al., 2018); ou, de maneira mais geral, provendo informação visual que funciona como "espaço comum para a transmissão de informação que supera barreiras raciais, sociais e de linguagem" (AL-KODMANY, 2002, p. 190, tradução nossa).

Esse potencial traz consigo uma série de desafios, de cunho teórico e prático. Os primeiros envolvem decisões sobre como e quando a visualização deve ser utilizada em um processo de planejamento: em estágios iniciais, indicando intervenções de características menos definidas, estas auxiliam na compreensão de conceitos aplicados e no planejamento de ações; quando oferecidas ao longo do processo e abertas à reinterpretação e intervenção por parte de atores interessados no resultado, enriquecem o plano ou projeto urbano com a participação ativa da população; ao representar prospectivamente com maior fidelidade visual o resultado de um projeto, podem calibrar expectativas e facilitar a indicação de ajustes (AL-KODMANY, 2000). As visualizações podem assumir também distintos graus de realismo (aproximação entre a representação gráfica e a realidade perceptível) e imersão (sensação de localização do observador no espaço criado, pela manipulação do ponto de vista, interatividade, experiência multissensorial etc.), e podem ser apresentadas por diferentes meios – imagens estáticas, vídeos, realidade aumentada (inserção de elementos virtuais em espaços reais) ou realidade virtual (inserção do observador em um espaço completamente virtual) (LOVETT et al., 2015). Dessa maneira, uma imagem que representa uma vista, a partir de perspectiva voo de pássaro sobre uma extensa fração urbana, explica visualmente a morfologia e pode sugerir aspectos de densidade construtiva em diferentes situações hipotéticas de ocupação urbana: uma experiência de imersão em realidade virtual, a nível do pedestre, dota o observador de percepções que simulam a vivência urbana, a apreciação da paisagem, a relação com o nível da rua e a arquitetura ao seu redor (Figura 2) – mas requer uma maior quantidade de trabalho e informação para sua produção e exige equipamentos específicos para sua reprodução.

Figura 2 – Visualização urbana em voo de pássaro (esq.) e a nível do pedestre (dir.).

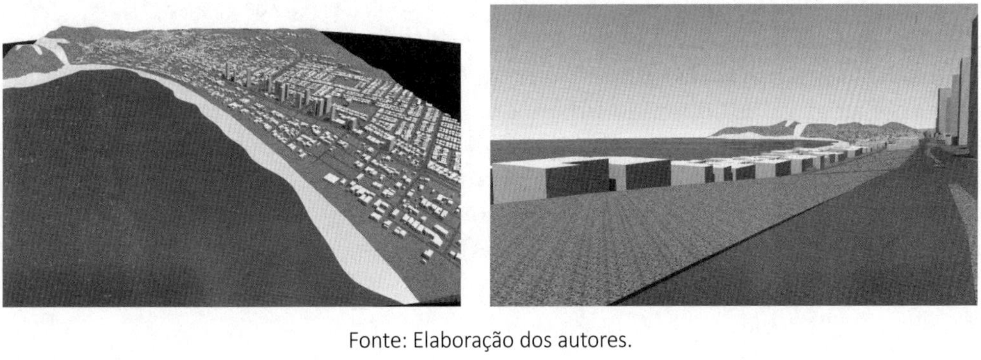

Fonte: Elaboração dos autores.

A própria construção de visualizações encontra-se restrita. É importante notar, pelos recursos disponíveis para a equipe que desenvolve o projeto: a escala e variedade de formas presentes no ambiente urbano, composto não raro por dezenas de milhares de edificações, elementos de espaço público, de paisagem natural e vida humana, faz com que uma reprodução de maior escopo se torne, impraticável, a partir da modelagem individual de cada elemento do espaço. Soluções nessa escala, que procurem reproduzir a morfologia urbana corrente – como aquelas disponibilizadas por softwares de navegação geográfica, como o *Google Earth* e similares, dependem da aplicação de tecnologias de sensoriamento remoto via LIDAR e fotogrametria, capazes de produzir modelos tridimensionais com certo nível de automatização por meio da construção de "nuvens de pontos" (WANG; PEETHAMBARAN; CHEN, 2018). Para situações em que a aproximação ao aspecto presente do espaço urbano não é prioritária – por exemplo, ao produzirem-se novas ocupações urbanas hipotéticas sobre o território –, foram desenvolvidas soluções de modelagem urbana procedural, que constam da geração automática de malhas viárias e/ou conjuntos arquitetônicos, cuja morfologia é baseada em algoritmos desenvolvidos sob medida (Figura 2).

Figura 3 – Ambiente urbano reproduzido digitalmente por sensoriamento remoto (esq.); Modelagem procedural de paisagem urbana (dir.).

Fonte: GOOGLE (2018) (esq.); BELLOTTI et al. (2011) (dir.).

A abordagem de construção geométrica, baseada em algoritmos, gera resultados cujo nível de detalhamento é limitado somente pela complexidade das regras de programação inseridas e pela potência computacional da máquina que irá produzir e reproduzir a modelagem (MERRELL; MANOCHA, 2011; NISHIDA; GARCIA-DORADO; ALIAGA, 2016). Nesse sentido, os métodos algorítmicos podem ser usados tanto na escala urbana e nas etapas de planejamento, quanto em escalas mais reduzidas ou no desenho urbano: os métodos de "urbanismo paramétrico", desenvolvidos com apoio de softwares dedicados, geram projetos de formas urbanas, a partir de regras condicionadas por indicadores físicos, socioespaciais, vontades geométricas específicas ou ainda comportamentos evolutivos guiados por inteligência artificial (Figura 4) (ÇALIŞKAN, 2017).

Figura 4 – Modelos de desenho urbano paramétrico gerados por F. Holik e U. Brederlau.

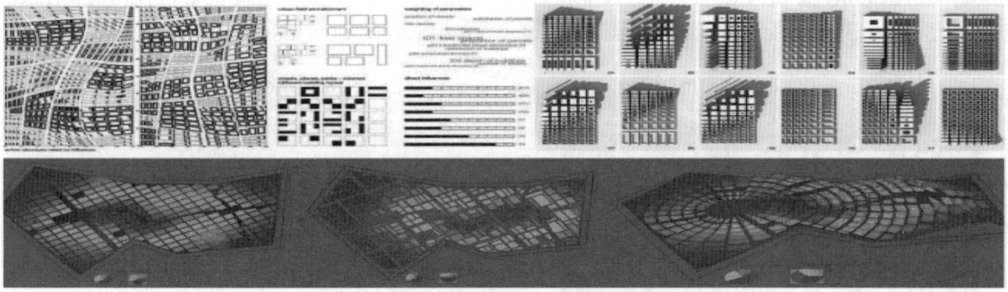

Fonte: ÇALIŞKAN (2017).

Dada a variedade de abordagens possíveis para a representação urbana tridimensional, não há uma metodologia de modelagem que seja predominante. Ainda assim, existem esforços no sentido de, se desenvolverem padrões para a Modelagem de Informação da Cidade,[1] entre os quais está o desenvolvimento do CityGML, um padrão de dados, internacionalmente, reconhecido para a representação de "todas as partes relevantes da cidade, com sua aparência, geometria, topologia e semântica, em formato numérico" (AMORIM, 2015, p. 92). Espera-se que a constituição de padrões generalizáveis (formatos de arquivos, indicações de georreferenciamento, nível de detalhe dos modelos etc.) acelere a implementação e interoperabilidade das visualizações urbanas. No que diz respeito à sua implementação para além do meio acadêmico e da pesquisa e desenvolvimento, os modelos urbanos digitais tridimensionais têm sido incorporados de maneira pontual pelas agências de planejamento: por um lado, modelos parciais encontraram uso na apresentação de projetos de escopo local, servindo como ponto central de metodologias de oficinas de projeto participativas ou sendo distribuídas na forma de conteúdo online para apreciação pelos cidadãos (AL-KODMANY, 2002; NOURIAN; MARTINEZ-ORTIZ; OHORI, 2018). Por outro, iniciativas de maior âmbito tomam a forma da reprodução virtual de grandes frações urbanas (REMAKING CITIES INSTITUTE, 2019).

Seja qual for a escala em que se apliquem esses métodos de representação, não basta, no entanto, à equipe de visualização adequar da maneira mais conveniente suas decisões técnicas aos recursos disponíveis e objetivos de projeto. É preciso ter em mente as implicações éticas que decorrem da produção de cenários digitais: as imagens, legíveis e apreensíveis intuitivamente por todos, têm um amplo e comprovado poder de convencimento, e podem ser reinterpretadas – ou mal interpretadas –, introduzindo, assim, o risco de gerar impressões errôneas e expectativas irreais nos observadores. As decisões de representar ou ocultar algum elemento, usar de maior ou menor nível de detalhe, permitir maior ou menor grau de interação podem ser caminhos para a introdução nos resultados finais de posicionamentos dos planejadores ou seus contratantes. Dessa maneira, para atingir os padrões éticos esperados de trabalhos científicos as visualizações, em especial aquelas que representam projetos futuros ou situações hipotéticas, devem ser construídas com o mais alto grau possível de precisão, representatividade e clareza: o processo a partir do qual foram construídas deve ser transparente e legítimo, sendo explícito e aberto à inspeção e questionamento (SHEPPARD, 2001). Sob as atuais condições de fácil distribuição de conteúdo graças

1 De *City Information Modeling* (CIM) – em um paralelo com o padrão *Building Information Modeling* (BIM), já estabelecido na indústria de arquitetura, engenharia e construção, centrado no processo de projeto de edificações a partir de um modelo virtual compartilhado interdisciplinarmente e interoperado por distintas ferramentas.

à internet e replicação rápida de notícias, verdadeiras ou não, redobra-se a responsabilidade de desenvolvimento de produtos gráficos honestos – tendo-se a consciência que a partir da tomada de decisões sobre o que e como representar, estes nunca serão "neutros".

Figura 5 – Simulação de Dinâmica de ventos (esq.); Mapeamento de ruído urbano (dir.).

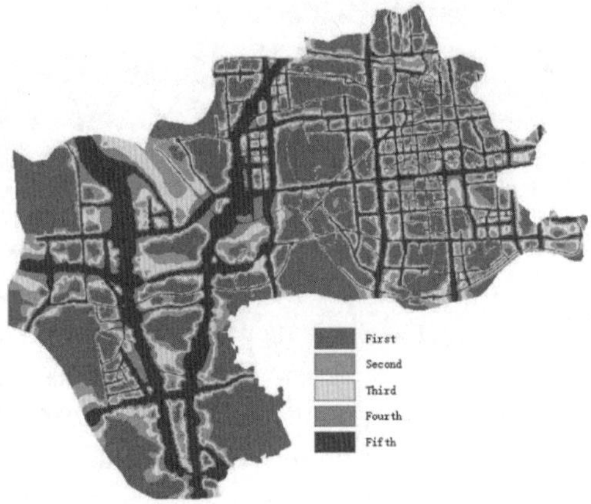

Fonte: DEININGER et al. (2020) (esq.); YANG et al. (2020) (dir.).

Em adição à capacidade comunicativa de propostas e planos, os modelos tridimensionais da cidade oferecem amplas oportunidades para análise – não só da morfologia arquitetônica e viária, mas também de aspectos físicos, como os efeitos da forma arquitetônica sobre a dinâmica de ventos (DEININGER et al., 2020) Computational Fluid Dynamics (CFD) e o mapeamento de ruído urbano, a partir de seus pontos de geração, absorção e reflexão (YANG et al., 2020) (Figura 5). Para além da modelagem que simula esses e outros aspectos físicos, desenvolveram-se, a partir da exploração de características dos mapas SIG, modelos de relações da cidade que se propõem a aferir, por intermédio da computação de variáveis de diversas naturezas, conclusões sobre a realidade socioespacial do meio urbano. Dentre esses, a abordagem da sintaxe espacial consolidou-se como uma abordagem que, partindo de um certo nível de abstração na representação do espaço, instrumentaliza as ferramentas computacionais na busca conexões e influências mútuas entre espaço e urbano e comportamento humano (HILLIER, 1998) (Figura 6).

Figura 6 – Alguns produtos da análise de sintaxe espacial:
Mapa de visibilidade (esq.); Mapa de Integração (dir.).

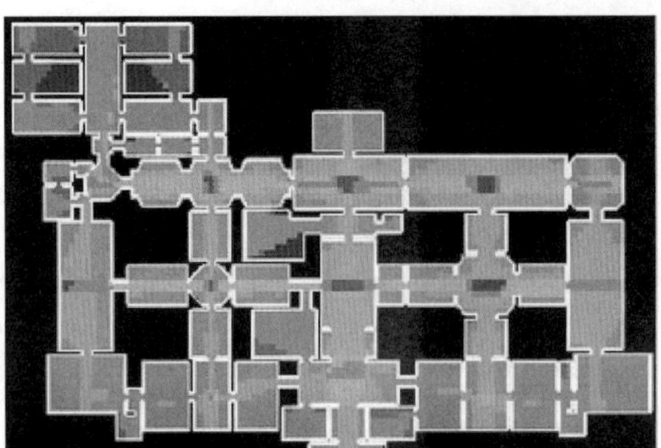

Fonte: UCL (2020).

Assim como os esforços de pesquisa e desenvolvimento em planejamento urbano têm procurado modelar o espaço e as relações momentâneas entre seus elementos, passam também pela modelagem dessas interações ao longo do tempo – assumindo o desafio de desvendar as dinâmicas que geram comportamentos emergentes em sistemas amplos e complexos. Como sugerido por Weaver (1948), a revolução computacional da segunda metade do século XX criou as condições necessárias para que se simulem "sistemas extensos, de grande escala, como as cidades" (BATTY, 2013a, p. 271, tradução nossa). Dada a incerteza inerente aos fenômenos socioespaciais, no entanto, a introdução da dimensão temporal na modelagem urbana criou um campo de simulação que, ao contrário de cálculos de aspectos físicos, como a fluidodinâmica ou características termoacústicas do espaço, não tenciona "representar com exatidão a incrível complexidade da realidade, mas simplificar segmentos da realidade para que estes possam ser analisados e compreendidos" (GARSON, 2009, p. 274, tradução nossa).

Em uma descrição sucinta, os sistemas do campo de estudos conhecidos como "simulação urbana" propõem, com base em observações empíricas, a transformação de comportamentos socioeconômicos em algoritmos, que aplicados sobre os dados existentes em um dado momento, geram resultados possíveis para um momento futuro, sob circunstâncias determinadas de intervenção (ou não intervenção). Esses algoritmos são então experimentados sobre condições passadas e a validade de seus resultados é verificada sobre uma série temporal, sendo realizados os ajustes necessários e repetido o processo até que as previsões estejam suficientemente próximas dos registros históricos, e o modelo esteja aprovado para aplicações futuras. Dessa forma, a partir de uma série de dados, por exemplo, de tráfego em certas vias, podem-se projetar os comportamentos resultantes, como o aumento de tráfego nas vias ao longo do tempo, a geração de ruído ou alteração do valor de venda do solo ou ainda o impacto que obras viárias projetadas ou novas legislações possam ter sobre estes números.

O desenvolvimento dos modelos de simulação urbana originou-se, de fato, em modelagens bastante simplificadas do uso do solo e transportes nas décadas de 1960 e 1980, que buscavam prever as necessidades viárias para projetos de rodovias (WADDELL, 2002). Abordagens posteriores introduziram o uso de "Autômatos Celulares" – representações em uma matriz bidimensional, cujos elementos individuais têm relações comportamentais, matematicamente, regidas com as células vizinhas – na modelagem comportamentos da dinâmica urbana, que encontrou aplicações, especialmente, na projeção de crescimento das manchas urbanas (KRAFTA, 2004; POLIDORI, 2004) (Figura 7).

Figura 7 – Simulações de crescimento da mancha urbana de Pelotas/RS, obtidas por método simulação com Autômatos Celulares.

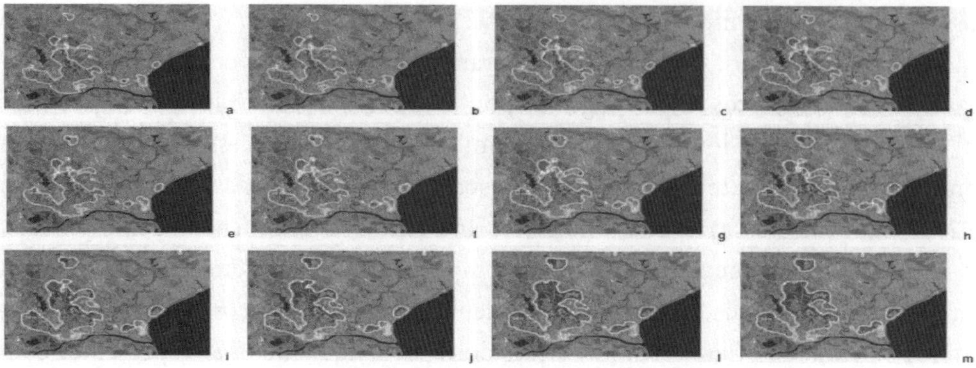

Fonte: POLIDORI (2004).

Em uma dinâmica que tem paralelos com os avanços na visualização urbana, o aumento da capacidade dos computadores durante a virada para o século XXI abriu espaço para a introdução de um maior número de variáveis e maior profundidade na modelagem urbana, oferecendo a possibilidade de se trabalhar com modelos de escolhas discretas, com dados desagregados e simulação de multiagentes - todos os quais tornando a simulação potencialmente mais detalhada e precisa (VANEGAS et al., 2010), transitando de representações temáticas e abstratas para outras mais concretas (BATTY, 2013a).

A etapa mais recente do desenvolvimento dessas simulações consistiu da integração entre os modelos de simulação e a representação tridimensional (PINTO; ANTUNES, 2007) - possivelmente representando um passo na direção do ideal de "*City Information Modeling*", anteriormente, mencionado. Essas tentativas ainda não resultaram, no entanto, em conjuntos de métodos ou ferramentas, largamente, distribuídas ou utilizadas: a implementação junto às autoridades de planejamento de ferramentas, como o *CommunityViz*, extensão do software *ArcGIS*, e o *UrbanSim*, desenvolvidos originalmente na Universidade de Berkeley, tem sido restrita a certos núcleos urbanos dos países desenvolvidos. Pode-se especular sobre os motivos, sejam teórico-práticos ou, possivelmente, comerciais, para essa adoção, relativamente, tímida de novas ferramentas, mas é de se esperar que a continuidade do desenvolvimento teórico-prático e a marcha contínua do hardware e das tecnologias de informação e comunicações continuem a tornar o futuro do planejamento urbano mais digital e baseado em dados.

CIDADES "INTELIGENTES"

Um termo que tem sido associado com frequência às perspectivas de futuro das cidades na era digital é "*smart city*" - em geral traduzido para o português como "cidade inteligente". Reflexo por excelência das tecnologias da Indústria 4.0 sobre a vida urbana, esse rótulo transita entre um conceito vagamente definido, que indica um certo conjunto de abordagens - uso de *big data* e da automatização em busca de melhorias na qualidade de serviços e sustentabilidade das atividades urbanas –, e o uso autopromocional: o título de "inteligente" encerra em si próprio um juízo de valor que relega a todas as práticas urbanas precedentes algo de "estupidez". A ideia sedutora de usar tecnologias avançadas para tornar as cidades mais "eficientes", mais "verdes" e mais "competitivas" tem gerado, desde o início da década de 2010, uma profusão de iniciativas de associação entre entes privados – firmas de Tecnologia da Informação e Comunicações (TIC) em busca de um modelo de negócios que lhes permita instrumentalizar, gerando valor de mercado, serviços oferecidos em torno de dados "minerados" por meio da *Internet of Things* e entes da administração pública, preocupados com questões de governança e sustentabilidade em seus diversos aspectos (WALRAVENS; BALLON, 2013).

Tendo em mente os riscos da limitação de perspectivas apresentadas por abordagens, eminentemente, tecnicistas, pode-se fazer uma leitura das iniciativas de propagação do conceito de *smart city*: estas tratam de usar as tecnologias digitais para conectar as infraestruturas físicas, de TIC, sociais e de atividade econômica da cidade (MOHANTY; CHOPPALI; KOUGIANOS, 2016). Essa é uma tentativa de criar algo como uma "sala de controle" virtual da cidade, pela qual se pode monitorar toda a atividade urbana e por meio desta interagir e reajustar os parâmetros das infraestruturas para atingir graus ótimos de eficiência (WALRAVENS; BALLON, 2013). Esse ideal um tanto abstrato mobiliza desde a leitura dos *big data* de infraestrutura digital, seja ela fixa ou móvel (BATTY, 2013a; WALRAVENS, 2015), até o desenvolvimento de algoritmos de inteligência artificial que se propõem a prever as características do comportamento humano (BELHADI et al., 2021).

Nota-se, dessa forma, que a aplicação dessas soluções depende da instalação de uma infraestrutura apta a registrar (câmeras, catracas de transporte público, contadores de tráfego, medidores de uso de energia, água e dados de rede digital, aferição de qualidade do ar, temperatura e ruído etc.), transmitir (redes digitais de fibra ótica, roteadores de rede sem fio, servidores e terminais de trabalho etc.) e analisar (software, métodos e profissionais treinados) as informações, para que se possa formar um conjunto de dados minimamente útil para a tomada de decisões de planejamento. Não é surpresa, portanto, que com a demanda maciça de recursos de infraestrutura digital e humana, a implementação dessa "inteligência urbana" tenha se iniciado por cidades centrais do capitalismo internacional, como Viena, Toronto, Paris, Nova Iorque, Londres, Tóquio, Copenhagen, Hong Kong, Barcelona... (MARTINEZ-BALLESTE; PEREZ-MARTINEZ; SOLANAS, 2013). Os elevados requisitos e complexidade da transição para a "inteligência" e a variedade das condições econômicas e sociais entre as cidades resultam em múltiplos graus de adesão e diferentes características entre *smart cities* pioneiras e centrais, como as citadas anteriormente, e aquelas que, em economias emergentes, adotam facetas distintas, com limitações próprias e mais ou menos comprometidas com a estrutura corporativa ou o regime de competitividade urbana neoliberal. As cidades se "smartificam" em diferentes tempos e escalas, com diferentes finalidades, mediante diferentes processos e com lógicas por vezes concorrentes entre si. O resultado (invariavelmente parcial, no momento que vivemos) dessa transformação é derivado, assim, das inter-relações entre interesses (econômicos e políticos) e lugares; entre corporações, cidadãos e planejadores (SADOWSKI; MAALSEN, 2020).

Ainda que predomine no mundo o modelo de *smart cities* centrado nos interesses das corporações de TIC (como IBM e Cisco), no qual as cidades participam como parceiras (ou propriamente como clientes), este não é o único modelo possível: as mesmas tecnologias que alimentam essas corporações possibilitaram o surgimento de conceitos, como *eDemocracy* e *eParticipation* (com o "e" denotando um aspecto eletrônico ou digital) como proposições de caminhos para o envolvimento mais direto da população com as instâncias de planejamento e gestão (SÆBØ; ROSE; SKIFTENES FLAK, 2008). Em uma cidade inteligente pensada a partir de uma perspectiva da base para cima (*bottom-up*), as TIC podem surgir como caminho para comunicação, esclarecimento, debate e tomada de decisão, dando suporte à auto-organização da sociedade civil e participação popular (CARDONE et al., 2013; WALRAVENS; BALLON, 2013). Quando generalizada e operacionalizada em uma estratégia de planejamento, essa perspectiva pode inclusive reverter um curso de planejamento centrado nas corporações em favor de um movimento em que a *smart city* funciona em função de uma "cidadania inteligente" - como sugerido pelos esforços pioneiros da cidade de Barcelona (CHARNOCK; MARCH; RIBERA-FUMAZ, 2019). Se considerarmos que há uma correlação ou paralelismo entre a transição das práticas de planejamento para a Indústria 4.0 e a transição para a "cidade inteligente", é preciso ter em mente que a maneira como essa ocorre, mais do que um resultado lógico de uma proposição tecnológica, é uma construção política, com maior ou menor contribuição de distintos atores e tomadores de decisões.

CONSIDERAÇÕES FINAIS

As perspectivas das práticas urbanísticas para as próximas décadas apresentam-se, inexoravelmente, conectadas às Tecnologias de Informação e Comunicação, à *Internet of Things*, aos *big data, machine learning, cloud computing* e *smart cities*. Ao mesmo tempo, "os planejadores profissionais têm estado curiosamente ausentes do debate acadêmico acerca do urbanismo inteligente" (SADOWSKI; MAALSEN, 2020, p. 7, tradução nossa). Acreditar que a cidade "inteligente", que apresenta soluções de eficiência, a partir de análises profundas de dados massivos e coletados em tempo real, é um construto neutro que dispensa a ação de planejadores, é uma perspectiva no mínimo displicente: mesmo o algoritmo mais complexo é desenvolvido, em algum momento, por agentes humanos, segundo determinadas visões de mundo ou conveniências próprias. De que forma a "eficiência" da cidade inteligente será atingida, para quem serão gerados os benefícios extraídos desses ganhos e como serão compartilhados os custos destas transformações, são definições cujo debate é intrínseco à gestão democrática. A participação dos setores profissionais e dos cidadãos nesse processo, apesar de toda ofuscação gerada pela manipulação por corporações de TIC de volumes inimagináveis de informação permanece, portanto, imprescindível na busca da garantia pelo direito à cidade.

Outros desafios ainda emergem da crescente incorporação das redes computacionais, como condição indispensável da vida urbana: à medida que os movimentos e interações dos cidadãos são, crescentemente, monitorados por dispositivos, aumentam as preocupações relativas à preservação da privacidade individual. As questões sobre despersonalização de informações e segurança de bases de dados extravasaram as discussões internas às corporações e fluíram para a esfera pública (MARTINEZ-BALLESTE; PEREZ-MARTINEZ; SOLANAS, 2013). Se, por um lado, as comunicações online representam potenciais ganhos para a difusão de informação e a participação pública nas diversas instâncias do planejamento, por outro, a discussão por vezes imediatista, rasa e de cunho emocional que permeia as redes sociais não, necessariamente, contribui para a qualidade do debate que deveria ser essencial ao planejamento participativo.

De fato, percebe-se que nessas redes, os conteúdos mais "provocativos" alcançam maior engajamento do que material "informativo" (KOWALIK, 2021) - um comportamento que, ao nosso ver, ressignifica a suposta "inteligência" das cidades conectadas e torna necessária uma reavaliação das estratégias de comunicação do planejamento.

Por fim, é necessário colocar em perspectiva como essa ampla variedade de conceitos e inovações tecnológicas alcança, efetivamente, a realidade dos cidadãos. Ainda que a literatura sobre os temas da quarta revolução industrial tenha ganhado corpo à medida que os sistemas foram desenvolvidos, a capacidade de acessar essas inovações é desigual em distintas esferas: cidades como Barcelona iniciaram na primeira década do século XXI sua transição para a "era digital" e tiveram desde então a capacidade de amadurecer não somente seus sistemas de infraestrutura computacional, mas, também, sua organização administrativa e social, no sentido de privilegiar as iniciativas citadinas na gestão de seu sistema *smart*.

No entanto, uma esmagadora maioria de municípios da periferia global (dentre os quais a cidade de Natal/RN, Brasil, a partir da qual escrevemos este capítulo) carecem dos recursos necessários para implementação da transição à "inteligência" e iniciam a década de 2020, contando com estruturas digitais fragmentárias e profundas incertezas acerca das circunstâncias que deverão reger sua adequação à nova realidade. Essa escassez de recursos, por sua vez, torna-as mais vulneráveis aos interesses das corporações de TIC que entendem a implantação das tecnologias "smart" como uma oportunidade de negócios sem assumir compromissos sobre os efeitos que essas podem ter sobre o direito à cidade.

Enquanto na Coréia do Sul constroem-se distritos tecnológicos, permanentemente, conectados digitalmente, a maior parte do estado do Amapá, no Brasil, encontra-se neste momento, há três semanas, sem fornecimento de energia elétrica (portanto sem fornecimento de água, combustível e outros serviços essenciais). Enquanto os Emirados Árabes Unidos projetam cidades "caminháveis" e, energeticamente, eficientes que buscam o rótulo de produção de "carbono neutro", cidades no Caribe são devastadas periodicamente, por uma crescente quantidade de furacões, e territórios insulares e costeiros correm o risco de serem engolidos pelo aumento do nível do mar associado às mudanças climáticas. Enquanto no Reino Unido e China a vigilância constante dos cidadãos por câmeras instaladas pelas autoridades - equipadas com reconhecimento facial e conectadas a perfis cadastrados que identificam e registram cada movimento e interação dos indivíduos - provoca receios sobre as garantias democráticas, no Brasil, alunos da rede pública de ensino economizam seus limitados minutos de acesso às redes de internet sem fio na tentativa de ter acesso à transmissão de aulas remotas em meio a uma pandemia global. Enquanto as sociedades avançam na direção de se tornarem, predominantemente, urbanas, continuam a carregar consigo suas contradições e conflitos étnicos, culturais e de classes, que não serão resolvidos, unicamente, a partir da instalação de mais sensores ou o desenvolvimento de novos softwares de predição de comportamentos sociais.

Se vislumbramos o século XXI como o século das cidades inteligentes - representadas em arquivos digitais e interpretadas pelos algoritmos computacionais, com sistemas de controles precisos que podem ser ativados, a partir da alteração de parâmetros acessíveis a um toque de tela - precisamos ter em mente que a maneira como os distintos agentes (cidadãos, planejadores, administradores, corporações) acessarão essas informações e definirão esses parâmetros continuará a ser determinada por intermédio da ação político-social em suas diversas instâncias. O aproveitamento das tecnologias da quarta revolução industrial nas práticas de planejamento urbano, realidade em franco desenvolvimento em certas cidades e ainda distante em muitas outras, parece apresentar aos profissionais mais desafios do que facilidades. Exatamente por isso tem sido campo fértil para a discussão, das salas de aula da academia aos salões de reunião da administração pública, dos laboratórios de desenvolvimento de software às *timelines* e grupos de discussão nas redes sociais. São discussões permeadas pela intervenção dos algoritmos, oniscientes em seu domínio sobre os dados na "nuvem" e onipresentes nas palmas de cada cidadão que, voluntariamente ou não, constrói, a partir de um smartphone, suas próprias redes de relações – e a partir destas reconstrói a cidade em que vive.

REFERÊNCIAS

AL-KODMANY, Kheir. Public participation: Technology and democracy. *Journal of Architectural Education*. Abingdon, 2000. v. 53, n. 4, p. 220-228.

AL-KODMANY, Kheir. Visualization tools and methods in community planning: From freehand sketches to virtual reality. *Journal of Planning Literature*, Nova Iorque, 2002. v. 17, n. 2, p. 189-211.

ALMEIDA, Cláudia M.; CÂMARA, Gilberto; MONTEIRO, Antonio. M. V. *Geoinformação em urbanismo: Cidade real x cidade virtual*. 1a Reimpre ed. São Paulo: Oficina Textos, 2009.

AMORIM, Arivaldo L. Discutindo City Information Modeling (Cim) e Conceitos Correlatos. *Gestão e Tecnologia de Projetos*, São Paulo, 2015. v. 10, n. Cim, p. 342-343.

BATTY, Michael. *The New Science of Cities*. Cambridge/Londres: MIT Press, 2013a.

BATTY, Michael. Big data, smart cities and city planning. *Dialogues in Human Geography*, 2013b. v. 3, n. 3, p. 274-279.

BATTY, Michael; STEADMAN, Philip; XIE, Yichun. *Visualization in Spatial Modeling*. *UCL Working Papers*, Londres, 2004. v. 79, n. 0, p. 1-28. Disponível em: http://www.springerlink.com/index/j3863x4mm7gu8645.pdf.

BELHADI, Asma *et al.* Deep learning for pedestrian collective behavior analysis in smart cities: A model of group trajectory outlier detection. *Information Fusion*, Amsterdam, 2021. v. 65, n. August 2020, p. 13-20.

BELLOTTI, Francesco *et al.* An architectural approach to efficient 3D urban modeling. *Computers and Graphics (Pergamon)*, Nova Iorque, 2011. v. 35, n. 5, p. 1001-1012. Disponível em: http://dx.doi.org/10.1016/j.cag.2011.07.004.

BRAIL, Richard; KLOSTERMAN, Richard. *Planning support systems: integrating Geographic Information Systems, models and visualization tools.* California: ESRI Press, 2001.

ÇALIŞKAN, Olgu. Parametric Design in Urbanism: A Critical Reflection. *Planning Practice & research*, Abingdon, 2017. v. 32, n. 4.

CALVINO, Italo. *As Cidades Invisíveis.* 2. ed. São Paulo: Companhia das Letras, 2009.

CARDONE, Greig *et al.* Fostering participaction in smart cities: A geo-social crowdsensing platform. *IEEE Communications Magazine*, Nova Iorque, 2013. v. 51, n. 6, p. 112-119.

CASTELLS, Manuel. *A Sociedade em Rede.* 6. ed. São Paulo: Terra e Paz, 1999.

CASTRO, Marina. M. *et al.* Parametric modeling as an alternative tool for planning and management of the Urban Landscape in Brazil - Case study of Balneario Camboriu. *Disegnarecon*, L'Aquila, 2018. v. 11, n. 20, p. 17.1-17.13.

CHARNOCK, Greig; MARCH, Hug; RIBERA-FUMAZ, Ramon. From smart to rebel city? Worlding, provincialising and the Barcelona Model. *Urban Studies*, Nova Iorque, 2019.

DAVIDOFF, P. Advocacy and Pluralism in Planning. *Journal of the American Planning Association*, Abingdon, 1965. v. 31, n. 4, p. 331-338.

DEININGER, Martina E. *et al.* A Continuous, Semi-Automated Workflow: From 3D City Models with Geometric Optimization and CFD Simulations to Visualization of Wind in an Urban Environment. *ISPRS International Journal of Geo-Information*, Basel, 2020. v. 9, n. 11, p. 657.

DELSON, Roberta M. *Novas vilas para o Brasil-Colônia:* Planejamento espacial e social no séc. XVIII. Brasília: Alva, 1979.

FERREIRA, ANGELA L. *et al*; *Uma Cidade Sã e Bela:* A Trajetória do Saneamento em Natal. Natal: IAB-RN/CREA-RN, 2008.

GARSON, G. David. Computerized Simulation in the Social Sciences. *Simulation & Gaming*, Nova Iorque, 2009. v. 40, n. 2, p. 267-279.

GOOGLE EARTH. *GES Imagery Reel.* 2018. Disponível em: https://youtu.be/PQqHxSDZENs. Acesso em: 20 nov. 2020.

GRANTZ, Kyra. H. *et al.* The use of mobile phone data to inform analysis of COVID-19 pandemic epidemiology. *Nature Communications*, London, 2020. v. 11, n. 1, p. 1-8. Disponível em: http://dx.doi.org/10.1038/s41467-020-18190-5.

HARVEY, David. *A Produção Capitalista do Espaço*. São Paulo: Annablume, 2005.

FARIAS, Hélio. T. M. de. *Atividades de integração de ferramentas computacionais no ensino de planejamento urbano*. 2017. 295f. Tese (Doutorado em Arquitetura e Urbanismo) – Centro de Tecnologia, Universidade Federal do Rio Grande do Norte, Natal, 2017.

HILLIER, Bill. *Space is the Machine: A Configurational Theory of Architecture*. London: Cambridge University Press, 1998.

INFRASTRUCTURE, A. *Autodesk Urban Canvas Overview*. 2015. Disponível em: https://youtu.be/rpAnmHbQIdg. Acesso em: 20 nov. 2020.

JESUS, E. G. V. *et al.* Modeling cities for 3D_GIS purposes. *International Archives of the Photogrammetry, Remote Sensing and Spatial Information Sciences - ISPRS Archives*, Delft, 2018. v. 42, n. 4, p. 209-215.

KOWALIK, Krzystok. Social media as a distribution of emotions, not participation. Polish exploratory study in the EU smart city communication context. *Cities*, Amsterdam, 2021. v. 108, n. June 2020, p. 102995. Disponível em: https://doi.org/10.1016/j.cities.2020.102995.

KRAFTA, Romulo. Space is the Machine, with a Ghost Inside. *Developments in Design & Decision Support Systems in Architecture and Urban Planning*, Eindhoven, 2004. p. 157-173.

LEFEBVRE, Henri. *O Direito à Cidade*. 5. ed. São Paulo: Centauro, 2008.

LINDQUIST, Mark; LANGE, Eckart; KANG, Jian. From 3D landscape visualization to environmental simulation: The contribution of sound to the perception of virtual environments. *Landscape and Urban Planning*, Amsterdam, 2016. v. 148, p. 216-231. Disponível em: http://dx.doi.org/10.1016/j.landurbplan.2015.12.017.

LOCH, Carlos. Cadastro técnico multifinalitário: instrumento de política fiscal e urbana. *In*: ERBA, Diego A.; OLIVEIRA, Fabrício L.; LIMA JÚNIOR, Pedro (org.). *Cadastro multifinalitário como instrumento de política fiscal e urbana*. Rio de Janeiro: *[s.n.]*, 2005.

LONGLEY, Paul. *Sistemas e ciência da informação geográfica*. 3. ed. Porto Alegre: Bookman, 2013.

LOVETT, Andrew *et al.* Using 3D visualization methods in landscape planning: An evaluation of options and practical issues. *Landscape and Urban Planning*, Amsterdam, 2015. v. 142, p. 85-94. Disponível em: http://dx.doi.org/10.1016/j.landurbplan.2015.02.021.

MARTINEZ-BALLESTE, Antoni; PEREZ-MARTINEZ, Pablo; SOLANAS, Agusti. The pursuit of citizens' privacy: A privacy-aware smart city is possible. *IEEE Communications Magazine*, Nova Iorque, 2013. v. 51, n. 6, p. 136-141.

MERRELL, Paul; MANOCHA, Dinesh. Model synthesis: A general procedural modeling algorithm. *IEEE Transactions on Visualization and Computer Graphics*, Nova Iorque, 2011. v. 17, n. 6, p. 715-728.

MOHANTY, Saraju P.; CHOPPALI, Uma; KOUGIANOS, Elias. Everything You About Smart Cities. *IEEE Consumer Electronics Magazine*, Nova Iorque, 2016. n. JULY 2016, p. 60-70.

NISHIDA, Gen; GARCIA-DORADO, I.; ALIAGA, Daniel G. Example-Driven Procedural Urban Roads. *Computer Graphics Forum*, Nova Jersei, 2016. v. 35, n. 6, p. 5-17.

NORTE PINTO, Nuno; PAIS ANTUNES, António. Cellular automata and urban studies: a literature survey. *ACE: Architecture, City and Environment,* Barcelona, 2007. v. 1, n. 3, p. 368-399.

NOURIAN, Pirouz; MARTINEZ-ORTIZ, Carlos; OHORI, Ken A. Essential means for urban computing: Specification of web-based computing platforms for urban planning, a hitchhiker's guide. *Urban Planning*, Lisboa, 2018. v. 3, n. 1, p. 47-57.

PETTIT, Christopher J.; CARTWRIGHT, William; BERRY, Michael. A participatory planning support tool for imagining landscape futures. *Applied GIS*, Melbourne, 2006. v. 2, n. 3, p. 1-17.

POLIDORI, Mauricio. C. *Crescimento urbano e ambiente:* Um estudo exploratório sobre as transformações e o futuro da cidade. Tese. UFRGS, 2004.

RATHORE, M. Mazhar *et al.* Urban planning and building smart cities based on the Internet of Things using Big Data analytics. *Computer Networks,* Amsterdam, 2016. v. 101, n. 2016, p. 63-80.

REMAKING CITIES INSTITUTE. *3D / Data Visualization for Urban Design and Planning. [S.l.]: [s.n.]*, 2019.

SADOWSKI, Jathan; MAALSEN, Sophia. Modes of making smart cities: Or, practices of variegated smart urbanism. *Telematics and Informatics,* Amsterdam, 2020. v. 55, n. June, p. 101449. Disponível em: https://doi.org/10.1016/j.tele.2020.101449.

SÆBØ, Øystein; ROSE, Jeremy; SKIFTENES FLAK, Leif. The shape of eParticipation: Characterizing an emerging research area. *Government Information Quarterly*, Amsterdam, 2008. v. 25, n. 3, p. 400-428.

SANTOS, Milton. *A Natureza do Espaco: Técnica e Tempo. Razão e Emoção – Coleção Milton Santos*. São Paulo: Edusp, 2014.

SHEPPARD, Stephen R. J. Guidance for crystal ball gazers: Developing a code of ethics for landscape visualization. *Landscape and Urban Planning*, Amsterdam, 2001. v. 54, n. 1-4, p. 183-199.

TAVARES, Jeferson. 50 anos do concurso para Brasília – um breve histórico (1). *arquitextos*, 2007. n. 086. Disponível em: https://www.vitruvius.com.br/revistas/read/arquitextos/08.086/234.

UCL. *Space Syntax*. 2020. Disponível em: https://www.spacesyntax.online/. Acesso em: 20 nov. 2020.

VANEGAS, Carlos. A. *et al.* Modelling the appearance and behaviour of urban spaces. *Computer Graphics Forum*, Nova Jersei, 2010. v. 29, n. 1, p. 25-42.

WADDELL, Paul. UrbanSim: Modeling Urban Development for Land Use, Transportation, and Environmental Planning. *Journal of the American Planning Association*, Abingdon, 2002, v. 68, n. 3, p. 297-314.

WALRAVENS, Nils. Mobile city applications for Brussels citizens: Smart City trends, challenges and a reality check. *Telematics and Informatics*, Amsterdam, 2015. v. 32, n. 2, p. 282-299. Disponível em: http://dx.doi.org/10.1016/j.tele.2014.09.004.

WALRAVENS, Nils; BALLON, Pieter. Platform business models for smart cities: From control and value to governance and public value. *IEEE Communications Magazine*, Nova Iorque, 2013. v. 51, n. 6, p. 72-79.

WANG, Ruisheng; PEETHAMBARAN, Jiju; CHEN, Dong. LiDAR Point Clouds to 3-D Urban Models: A Review. *IEEE Journal of Selected Topics in Applied Earth Observations and Remote Sensing*, Nova Iorque, 2018. v. 11, n. 2, p. 606-627.

WEAVER, Warren. Science and complexity. *American scientist*, 1948. v. 36, n. 4, p. 536-544.

YANG, Weijun *et al.* Evaluation of urban traffic noise pollution based on noise maps. *Transportation Research Part D: Transport and Environment*, Amsterdam, 2020. v. 87, n. August, p. 102516. Disponível em: https://doi.org/10.1016/j.trd.2020.102516.

YIN, Li. Integrating 3D visualization and GIS in planning education. *Journal of Geography in Higher Education*, Abingdon, 2010. v. 34, n. 3, p. 419-438.

CAPÍTULO 2
A CONSTRUÇÃO CIVIL E SEUS IMPACTOS NO MEIO AMBIENTE

José de Almendra Freitas Jr.

INTRODUÇÃO

A construção civil com suas obras é pedra angular da nossa sociedade. Sem os edifícios e as obras de infraestrutura viária e energética não existiria a nossa sociedade. Em especial, quanto aos edifícios, passamos mais de 90% do nosso tempo dentro destes, as pessoas confiam neles para sobreviver, mas eles dependem dos recursos finitos do mundo para serem construídos e operados.

Duas formas de impactos ambientais, diretamente, ligados à construção civil estão entre os maiores problemas que a humanidade enfrenta hoje – são a geração de resíduos sólidos e as emissões de gases do efeito estufa (GEE).

A construção e a operação de edifícios são responsáveis por 36% do consumo final de energia global e quase 40% do total de emissões de CO_2 (PROCELInfo, 2019), sendo que 40% a 50% dos resíduos sólidos que vão para os aterros sanitários são provenientes de construções e demolições (RCD) (CABRAL et al., 2009).

A GESTÃO AMBIENTAL NA CONSTRUÇÃO CIVIL

A preocupação de que nossas obras e edifícios sejam, ambientalmente, sustentáveis é cada vez mais significativa. Uma pesquisa desenvolvida em 2018, com grande número de profissionais do setor em 86 países (relatório *World Green Building Trends*, 2018), descobriu que 47% destes esperavam que mais de 60% de seus projetos sejam ecológicos até 2021. Nos EUA, os profissionais que antecipam uma mudança nos projetos para uma orientação ecológica aumentaram de 32% para 45%. Os motivos para tornar essa decisão foram atender as demandas dos clientes (34%), cumprir as regulamentações ambientais (33%) e razões sociais para construir edifícios mais saudáveis (27%). De todos os fatores sociais apresentados na pesquisa, a melhoria da saúde e bem-estar dos ocupantes foi a mais importante (77%).

Os profissionais pesquisados relataram que existem obstáculos à construção verde, e as principais barreiras foram os aumentos nos custos, a falta de apoio ou incentivos políticos, a acessibilidade, a falta de conscientização do público e a falta de demanda do mercado.

No Brasil, uma porcentagem moderada dos profissionais (21%) faz a maioria de seus projetos verdes atualmente, mas o dobro (42%) espera o fazer até 2021. Uma ampla gama de gatilhos impulsiona esse mercado de construção verde, incluindo demandas de mercado, transformação de mercado, demandas de clientes e edifícios mais saudáveis. A conservação de energia e a proteção dos recursos naturais são as principais razões ambientais para a construção verde no Brasil.

A indústria da construção verde também está prestes a obter algum apoio prático adicional do *International Code Council* (ICC). A ICC lançou a edição de 2018 do Código Internacional de Construção Verde (IgCC), que trata de elementos, como eficiência energética, conservação de recursos, desenvolvimento de sites e desempenho de edifícios. O *Green Building Council* (GBC) dos EUA disse que "reconhecerá e recompensará" projetos que cumpram certas disposições do IgCC dentro de seu processo de certificação LEED (WORLD GREEN BUILDING TRENDS, 2018).

O LEED do GBC é, provavelmente, o programa de certificação mais familiar para os participantes da indústria da construção, mas existem outras certificações ecológicas por aí, como o BREEAM (Reino Unido), Selo ÁQUA (França), Selo Casa Azul da Caixa Econômica Federal, entre outros.

INICIATIVAS PARA MELHORAR O DESEMPENHO AMBIENTAL NA CONSTRUÇÃO CIVIL

A seguir estão apresentadas, de forma resumida, algumas ações para melhorar o desempenho ambiental dos edifícios, como a NBR 15575, o selo LEED, o selo Procel Edificações, o selo AQUA, o Selo Casa Azul da Caixa Econômica Federal, a Certificação de Desempenho Energético (CEP) da União Europeia e a Declaração de Impacto Ambiental de um Produto (DAP) da NBR ISO 14025:2015. Cabe salientar que, no Brasil, com exceção da NBR 15575, que é obrigatória, os demais são de aplicação voluntária.

A norma NBR 15575/2013 (Edificações Habitacionais – Desempenho) foi publicada com o principal objetivo de criar parâmetros preestabelecidos para uma edificação residencial. Entre eles, podemos apontar os desempenhos acústico e térmico, as características de manutenção e a durabilidade das edificações. Foi a primeira norma brasileira a colocar o termo "Vida Útil de Projeto" (VUP). Visa à determinação de um nível mínimo de desempenho para as habitações, dividindo as responsabilidades entre os projetistas, construtores, fabricantes e usuários.

A Certificação LEED (*Leadership in Energy and Environmental Design*), do *United States Green Building Council* (USGBC), foi criada com o intuito de promover e fomentar práticas de construções sustentáveis, entendendo-se que havia a necessidade de viabilizar essa ideia para a indústria. Trata-se de um sistema de classificação como uma forma de se estabelecerem estratégias e padrões para a criação de edifícios sustentáveis. O LEED define "edifícios verdes" por meio do estabelecimento de um padrão comum de medição para promover práticas de projeto e de construção integrativas, estimular a concorrência verde, sensibilizar os consumidores para os benefícios da construção verde e propagar a visão sobre o desempenho de um edifício ao longo do ciclo de vida do mesmo e transformar o mercado de construção.

De forma resumida, o LEED certifica projetos que alcancem pontuações mínimas. Essa pontuação está relacionada à satisfação de diversos requisitos de "construção verde", divididos nas seguintes categorias de crédito: localização e transporte, lotes sustentáveis, eficiência da água, energia e atmosfera, materiais e recursos, qualidade interna dos ambientes e inovação e prioridades regionais.

O Selo Procel Edificações do Instituto Nacional de Metrologia (Inmetro), estabelecido em novembro de 2014, instrumento de adesão voluntária, tem por objetivo principal identificar as edificações que apresentem as melhores classificações de eficiência energética em uma dada categoria, motivando o mercado consumidor a adquirir e utilizar imóveis mais eficientes. O selo é outorgado na etapa de projeto e validado quando a edificação está construída. Outorgado pela Eletrobras, o selo identifica as edificações que apresentam as melhores classificações de eficiência energética em uma dada categoria, motivando o mercado consumidor a adquirir e utilizar imóveis mais eficientes. Os quesitos avaliados são o sistema de iluminação, o sistema de ar-condicionado e as características físicas de ventilação e isolamento térmico da edificação (envoltória).

O processo de certificação AQUA-HQE traz exigências de um sistema de gestão de um empreendimento que permite o planejamento e o controle de todas as etapas de seu desenvolvimento, partindo do comprometimento com um padrão de desempenho definido de Qualidade Ambiental do Edifício (QAE). O empreendedor realiza a avaliação da qualidade ambiental do edifício em três fases: pré-projeto, projeto e execução. A avaliação da QAE é feita sobre 14 categorias de preocupação ambiental e as classifica nos níveis "BASE", "BOAS PRÁTICAS" ou "MELHORES PRÁTICAS". Para um empreendimento ser certificado AQUA-HQE, deve-se alcançar no mínimo um perfil de desempenho com três categorias no nível "MELHORES PRÁTICAS", quatro categorias no nível "BOAS PRÁTICAS" e sete categorias no nível "BASE".

O Selo Casa Azul da Caixa Econômica Federal (CEF) é um instrumento de classificação socioambiental, com baixo custo de obtenção, destinado a empreendimentos habitacionais que adotem soluções eficientes na concepção, execução, uso, ocupação e manutenção das edificações. É um sistema de classificação dos projetos habitacionais financiados pela CEF, que reconhece e certifica a adoção de soluções eficientes na construção, uso, ocupação e manutenção dos edifícios. Esse selo avalia 53 critérios distribuídos nas categorias de qualidade urbana, projeto e conforto, eficiência energética, conservação de recursos materiais, gestão da água e práticas sociais. São 19 critérios obrigatórios e, de acordo com o número de critérios opcionais atendidos, o projeto ganha o selo nível bronze, prata ou ouro.

O certificado de desempenho energético europeu (CEP) é um sistema de classificação que resume a eficiência energética dos edifícios na União Europeia (UE) e é obrigatório para imóveis de aluguel na União Europeia. O certificado é um documento que indica o desempenho energético de um edifício ou unidade predial, calculado de acordo com a metodologia adotada em conformidade com regras da UE. Além do consumo de energia, nesses documentos são publicadas também as emissões de GEE do imóvel. Um CEP contém detalhes e fornece valores de referência para que proprietários e inquilinos possam comparar o desempenho com outros edifícios. Eles também incluem recomendações para melhorar o desempenho energético do edifício, com elementos de construção específicos a serem aprimorados.

A Declaração de Impacto Ambiental de um Produto (DAP) segue a NBR ISO 14025:2015, que é a versão nacional da norma ISO 14025:2009 para declaração ambiental de um produto. A *International Organization for Standardization* (ISO) é a instituição internacional de padronização industrial. Um EPD é um documento resumo de uma Análise de Ciclo de Vida (ACV) do produto, que sem expor segredos industriais, preserva a metodologia para definir os impactos ambientais de um produto ou processo. Tem amplo uso voluntário na Europa, EUA, Canadá, Turquia e países árabes. São documentos emitidos por laboratórios especializados, por solicitação dos fabricantes, que contêm uma descrição do processo de produção e os impactos ambientais, sendo válidos por cinco anos. Esses documentos fornecem informações precisas e importantes para os engenheiros e arquitetos poderem avaliar os impactos ambientais das suas obras.

A CONTRUÇÃO CIVIL E OS RESÍDUOS SÓLIDOS

A construção civil é um setor industrial da economia que causa impactos ambientais, extremamente, significativos. Somente as fases de construção e fim de vida útil (demolição) são a origem de 40% a 50% dos resíduos sólidos que vão para os aterros sanitários. São os chamados Resíduos de Construções e Demolições (RCD). A segunda fase, a de uso da edificação, além dos resíduos operacionais que não serão considerados neste capítulo, também é fonte da produção de RCD decorrente de reformas e manutenção.

A tendência da evolução das tecnologias atuais é, para a fase da construção, o uso de tecnologias que gerem menos perdas e resíduos, e, principalmente, o foco na confecção de edificações mais duráveis, com vidas úteis maiores e que demandem menos manutenção.

O fim de vida ou a demolição da edificação será inevitável e vai ocorrer em algum momento. Portanto os projetos das obras devem prever, antecipadamente, esta fase, que se caracteriza pela imensa geração de resíduos sólidos. Esses RCD's demandam grandes ações de transporte, reciclagem e consomem grande parte dos nossos aterros sanitários. Cabe salientar que alguns resíduos são perigosos para o meio ambiente, como sobras de cimento-amianto e outros exigem processamento relativamente custoso, como o gesso.

Os RCD ou entulho sempre foram considerados como lixo, paga-se a alguém para levá-los, sem se preocupar sobre o destino que lhe será dado, sendo resolvido pelos transportadores de resíduos jogar o material em bota-foras oficiais ou em locais não permitidos. O resultado pode ser visto na degradação de áreas urbanas: rios e córregos assoreados, bueiros e galerias entupidos e, consequentemente, enchentes, que acabam comprometendo a qualidade de vida da sociedade.

Atualmente, já é consenso que a disposição de resíduos é problemática, sendo frequentes novas regulamentações sobre o assunto. A constatação sobre a toxicidade de certos materiais de construção (como a madeira tratada, resíduos de tintas e resíduos de cimento amianto) tem provocado necessidades de aumento na segurança, tornando necessárias alternativas mais amplas e, tecnologicamente, complexas.

O entulho geral tem como problema ser um material heterogêneo, que deve passar por processos de seleção e tratamento antes de ser reincorporado a novos materiais da construção. Além da separação de resíduos de materiais diferentes, como metais, madeira e papel, para o entulho geral, o ideal é a separação por tipos.

Para tratarmos da "reciclagem de materiais", é importante definir alguns termos e expressões usuais, como "reciclagem primária", que é definida como a reutilização de um produto para a mesma finalidade que o gerou e a "reciclagem secundária", que é a reutilização de um produto para uma finalidade que não a mesma que o gerou.

Para salientarmos as dimensões do problema dos RCD (Resíduos de Construção e Demolição), para obras novas podemos estimar a geração de 100 a 150 kg/m^2, para reformas 50 kg/m^2 e para demolições 1.000 kg/m^2 (ZORDAN, 1997). O Brasil gera cerca de 500 kg por habitante de RCD por ano.

Dentro do contexto da dimensão do problema, o Conselho Nacional do Meio Ambiente (Conama) publicou a resolução 307/2002, seguindo a Lei Federal 10.257/2001 que coloca a obrigatoriedade de confecção pelas empresas do setor de um "Plano Integrado de Gerenciamento de RCD" em conformidade com Estatuto da Cidade e a legislação municipal pertinente.

Essa regulamentação estabelece que obras que excedam 600 m^2 de área construída ou demolição com área acima de 100 m^2 deverão apresentar o Plano de Gerenciamento de Resíduos da Construção Civil (PGRCC), que deverá ser aprovado por ocasião da obtenção do licenciamento ambiental da obra ou da obtenção do alvará de construção, reforma, ampliação ou demolição. Quando da conclusão da obra deve ser apresentado o Relatório de Gerenciamento de Resíduos da Construção Civil (RGRCC).

No Relatório de Gerenciamento de Resíduos da Construção Civil deverão ser evidenciadas as colocações do projeto, como volumes e tipos de resíduos, relação dos Manifestos de Transporte Rodoviário (MTR) utilizados, os efetivos destinatários ou recebedores dos resíduos autorizados, com a apresentação da relação dos Certificados de Destinação Final (CDF).

O Conama, dentro das diretrizes, critérios e procedimentos para a gestão de resíduos sólidos da construção civil classifica os resíduos de construção em:

- Classe A – resíduos reutilizáveis, como agregados e resíduos de escavação de terra;
- Classe B – resíduos recicláveis para outras destinações (plásticos, papel/papelão, metais, vidros, madeiras, gesso...);
- Classe C – resíduo sem tecnologias ou aplicações economicamente viáveis para sua reciclagem;
- Classe D – resíduos perigosos oriundos do processo de construção.

A RECICLAGEM E O REAPROVEITAMENTO DE RCD

Como já vimos, o setor da construção civil produz uma grande quantidade de resíduos de construção, e por mais que haja uma constante reavaliação para o aperfeiçoamento dos processos construtivos de forma a reduzir os custos e a quantidade de material desperdiçado, não há nenhuma mágica que possa ser feita – sempre haverá algo, inevitavelmente, perdido.

Se pensarmos em longo prazo, devemos nos perguntar quanto tempo vão durar as nossas obras. Tendo ciência que a vida das obras sempre têm um fim, obrigatoriamente, temos o dever de planejar o que vamos fazer com os resíduos da sua demolição. Por isso existe a necessidade de se encontrar soluções para o problema dos resíduos, com formas práticas de reciclagem na própria obra ou em usinas apropriadas para minimizar a sua geração.

A reciclagem proporciona melhorias significativas do ponto de vista ambiental, introduz no mercado novos materiais com grande potencialidade de uso, transformando o entulho, novamente, em matéria-prima. No mundo todo, processos de tratamento desses resíduos começam a produzir resultados concretos.

Atualmente, o foco é no que se chama "economia circular", que é um conceito baseado na inteligência da natureza, opondo-se ao processo produtivo linear. O processo circular significa que os resíduos são insumos para a produção de novos produtos. Esse conceito também é chamado de "*cradle to cradle*" (do berço ao berço), em que não existe a ideia de resíduo, e tudo é continuamente nutriente para um novo ciclo.

Transportando essa dimensão para a indústria de produtos, a cadeia produtiva precisa ser repensada para que elementos ou partes usadas, por exemplo, possam ser reprocessadas e reintegradas à cadeia de produção como componentes ou materiais para a fabricação de novos produtos por meio de alguma forma de reciclagem.

Para um processo de reciclagem mais eficiente, se faz necessária a separação e processamento dos resíduos de metais ferrosos e não ferrosos, plásticos, madeiras, papel/papelão, entulho para reciclagem, como agregados e gesso. Também é necessário selecionar aplicações conforme as características físico-químicas para determinar o destino e o desempenho do resíduo a ser reciclado. São importantes para os resíduos, a análise de desempenho ambiental, a verificação de possíveis danos à saúde e os possíveis danos ao meio ambiente.

As instalações de reciclagem têm como característica um alto investimento inicial, necessitando-se adequar o equipamento ao tipo de entulho recebido. O principal material produzido nessas instalações são agregados (RCD Classe A), que podem substituir a brita e a areia, com aplicações principais, como base para pavimentação, argamassas, envelopamento de tubulações, contenções, drenagem etc. O agregado reciclado normalmente é de 20% a 50% mais barato que o natural, mas tem aplicações bastante limitadas.

A utilização de agregado reciclado de RCD geral como agregado para concreto é complicada, piora a resistência do concreto e dificulta sua produção de forma econômica. Na aplicação de processos de seleção, melhorando a qualidade do entulho, é possível a obtenção de bons resultados, mas tem custos altos. Em alguns casos especiais, como a demolição de uma estrutura abandonada, há uma homogeneidade muito maior do RCD, proporcionando agregados de melhor qualidade. Cabe ressaltar que, aqui no Brasil, as normas ainda vetam o uso de agregados de RCD em concretos com finalidade estrutural. Para pavimentos, a NBR 15116/2006, que trata de agregados reciclados para utilização em pavimentos e concreto sem função estrutural, já admite essa possibilidade.

Ao contrário dos concretos, a utilização de agregados reciclados em argamassas, em geral, proporciona bons resultados, permitindo a redução de custos sem prejudicar a sua qualidade.

A reciclagem de pavimento de asfalto torna disponível um resíduo Classe A o qual é possível reciclar como agregados para bases de pavimentação ou em um novo concreto asfáltico para pavimentação. Ocorre que para o uso desses agregados em bases, a aplicação é bem simples e pouquíssimo tratamento é exigido sobre o agregado removido pela fresa. Já para o uso em novos concretos asfálticos para pavimentação, o tratamento é complexo. Existem técnicas para reuso em pavimentos asfálticos novos que permitem substituição parcial dos agregados novos, mas exigem centrais de produção mais sofisticadas e ainda são muito pouco utilizadas no Brasil (ANTUNES; BATISTA, 2011).

Os metais em geral são materiais de alto valor agregado tornando relativamente viáveis as suas cadeias de coleta e reciclagem. Outro ponto positivo é que os metais reciclados, praticamente, não perdem qualidade em relação ao novo, virtualmente, podendo ser aplicados em praticamente todos os usos.

O aço reciclado (sucata) pode ser utilizado, complementarmente, na produção de aço novo a partir de minério de ferro, acrescentando-se a sucata na aciaria, misturando ao ferro gusa. O Brasil recicla 70% do aço produzido anualmente, a reciclagem economiza 75% da energia e praticamente não há perda de qualidade do aço com o processo de reciclagem.

O alumínio possui valor agregado ainda maior que o aço, fazendo com que sua cadeia de coleta e reciclagem seja bastante viável. Da mesma forma, não há perda de qualidade com o processo de reciclagem. O alumínio tem índice de reciclagem muito alto, com o Brasil reciclando, aproximadamente, 90% do alumínio produzido anualmente. A reciclagem poupa 95% da energia aplicada e as perdas devido ao processo de reciclagem são pequenas, da ordem de 5%.

Embora tecnicamente o vidro seja um material fácil de reciclar, os vidros planos, que são os utilizados na construção civil, são difíceis de reciclar. Devido a sua necessidade de transparência, é necessária uma alta qualidade da matéria-prima. Nos vidros planos reciclados, atualmente, é, virtualmente, impossível remover as impurezas para garantir a transparência do produto novo. Nas indústrias produtoras de vidro, só se usa material reciclado, resíduos da própria linha de produção, em que a pureza é assegurada. Vidros provenientes de potes e garrafas são fáceis de reciclar, mas têm composição química e ponto de fusão diferente dos vidros planos. Não é viável reciclar vidro plano para produzir potes ou garrafas e a recíproca é idêntica.

Os resíduos de materiais de madeira e derivados provenientes de RCD podem ser processados para reciclagem com aplicações em diversas finalidades. A operação de coleta e processamento só é, economicamente, viável com o resíduo a custo zero, os limites de custo e valor do produto reciclado são muito próximos com resultados financeiros reduzidos.

Os resíduos de gesso podem ser reciclados e utilizados na indústria do cimento, na agricultura, na própria indústria gesseira ou em argamassas de gesso de projeção, para reuso na construção civil. A operação de coleta e processamento só fica, economicamente, viável com boa parte do custo sendo pago pelo gerador do resíduo, por esta razão, as empresas que coletam resíduos de gesso nas obras cobram valores da ordem de 3 a 4 vezes superiores ao custo de entulho comum. Não é recomendável que os resíduos de gesso sejam enterrados, pois como o gesso é um sulfato, sua decomposição produz ácidos e gases malcheirosos, contaminando o ar e o lençol freático das adjacências. O gesso é solúvel em água, a sua disseminação pelo solo é rápida e inclusive desestabiliza as suas áreas de aterro.

Quanto à reciclagem de polímeros (plásticos), cabe em primeiro lugar ressaltar que os polímeros são constituídos de moléculas muito grandes e são divididos em dois grandes grupos: os termofixos, que polimerizam com calor durante a moldagem, mas não remoldam depois de polimerizados, e se aquecidos sofrem decomposição, e os termoplásticos, que amolecem ao calor e endurecem com o resfriamento.

O reuso de sucata de plásticos pode ser feito como matéria-prima para produtos novos somente para termoplásticos; para bons resultados necessita da separação por tipos de polímeros, mas ocorrem ligeiras perdas de qualidade a cada reciclagem. Por norma técnica é proibido o uso de polímeros reciclados em recipientes para o acondicionamento de alimentos porque as baixas temperaturas de fusão dos polímeros não esterilizam completamente o material.

Os resíduos de plásticos também podem ser aproveitados sem fusão – somente com processamentos mecânicos – e podem-se produzir partículas leves, fibras, fragmentos para isolamento térmico etc. Outra forma de reuso é a sua queima como fonte de energia, em substituição de combustíveis novos. A indústria cimenteira queima mais de 30 milhões de pneus por ano no Brasil com essa finalidade.

A reciclagem de papel e papelão tem boa viabilidade e uso. Resíduos usuais em obras são sacos de papel Kraft (embalagens de cimento, cal, argamassas) e caixas de papel e papelão. Para os sacos de cimento e cal, para poderem ser reciclados, há a necessidade de se reduzir as sobras destes materiais para quantidades bem baixas. A reciclagem aproveita as fibras de celulose existentes nos papéis e papelões usados, podendo ser fabricado um novo papel/papelão com material 100% reciclado ou ter a incorporação de pasta de papel novo (virgem). As fibras apenas podem ser recicladas cinco a sete vezes, o que implica adicionar alguma quantidade de pasta de papel novo para substituir fibras degradadas.

OS EDIFÍCIOS, A ENERGIA E AS EMISSÕES DE GEE

De acordo com o Painel Intergovernamental de Mudanças Climáticas (*Intergovernmental Panel on Climate Change, IPCC*), em seu relatório de 2015 (IPCC, 2006), o setor de edificações respondeu em 2010 por um terço do uso final de energia e 18% das emissões globais de GEE. O relatório prevê que a demanda de energia deve quase dobrar, e as emissões de CO_2, crescer de 50% e 150% até 2050. O aumento da demanda é atribuído a melhorias na saúde, mudança do estilo de vida e um maior acesso aos serviços de fornecimento de eletricidade e gás.

O ritmo da transição global para energia limpa não está de acordo com as metas climáticas pactuadas no acordo de Paris. As emissões de dióxido de carbono (CO_2) relacionadas à energia aumentaram novamente em 2018 em 1,7%. O setor de edifícios representou 28% dessas emissões (dois terços em eletricidade) e está em rápido crescimento. Na realidade, desde 2000, a demanda de eletricidade em edifícios aumentou cinco vezes mais rápido do que as melhorias na intensidade de carbono do setor de energia. A Agência Internacional de Energia (*International Energy Agency,* IEA) projeta que as emissões de GEE atingirão um ápice por volta de 2020 e devem declinar depois. As emissões do setor de energia deverão cair devido a uma melhor eficiência energética, um maior uso de tecnologias de energia renovável e transições na geração para eletricidade de baixo carbono. O setor de construção prevê a redução em uma média de 6% ao ano, dos níveis atuais, até 2050 (IEA, 2019).

O uso de combustíveis de origem fóssil, como carvão, petróleo e gás é a principal fonte de emissões de GEE no mundo, mas a energia elétrica também é causadora de emissões de GEE. Essa energia, no Brasil, é proveniente de usinas hidroelétricas, usinas térmicas (a carvão, diesel e gás), usinas eólicas e fotovoltaicas entre outras, todas são emissoras de GEE em maior ou menor grau.

A hidroeletricidade, devido à construção das barragens, produz emissões decorrentes do imenso uso de materiais (concreto, cimento e aço), além de serviços de equipamentos de grande porte movidos a diesel. Os principais materiais de construção utilizados são altamente emissores, como o cimento e o aço. Também os processos para produção de agregados (brita e areia) e o seu transporte também o são. Além dos materiais, o metano advindo da decomposição de matéria orgânica dos reservatórios inundados pode ser muitíssimo significativo.

Atualmente, está ocorrendo um aumento das emissões de GEE pela geração de eletricidade da matriz elétrica brasileira, devido ao crescente uso de combustível de origem fóssil para produção de energia. As termoelétricas, que despacham energia para complementar o fornecimento de hidroeletricidade, empregam combustíveis fósseis. Em recentes acordos sobre o Clima Global, o Brasil se comprometeu a reduzir suas emissões de GEE até 2030, e para isso ser alcançado, necessita aumentar o uso de fontes de energia não fóssil, aumentando a parcela de energias renováveis pelo aumento da participação de eólica, biomassa e solar.

Os biocombustíveis são apresentados como alternativas aos combustíveis fósseis, que não são renováveis. Em geral, apresentam um balanço de CO_2 melhor que os combustíveis fósseis, pois os cultivos absorvem o carbono atmosférico durante o seu crescimento. Todavia, é preciso atentar que o avanço das lavouras para biocombustíveis pode competir com a produção de alimentos ou exercer pressão sobre áreas de ecossistemas nativos.

O uso de energia nas edificações deve reduzir pela duplicação da eficiência do ar-condicionado, mesmo com um e meio bilhão de residências ganhando acesso à refrigeração. As bombas de calor reduzirão o consumo de energia para aquecimento, enquanto a energia solar térmica fornecerá calor sem emissões para quase três bilhões de pessoas (IEA, 2019).

O esforço do governamental é fundamental para tornar as construções sustentáveis uma realidade. São necessárias ações para expandir as políticas de energia, e estas devem ser obrigatórias em todos os lugares. O apoio de políticas para a inovação permitirá à indústria fornecer soluções com pequeno aumento de custo. A intervenção política também pode melhorar o acesso ao financiamento, reduzir o risco de investimentos em energia limpa e possibilitar instrumentos baseados no mercado que reduzem o custo da transição para energia limpa (IEA, 2019).

Quase dois terços dos países não tinham códigos de energia de construção obrigatórios em 2017, o que significa que bilhões de m^2 estão sendo construídos sem requisitos de desempenho obrigatórios. Para estarem de acordo com o *Sustainable Development Scenario* (Cenário de Desenvolvimento Sustentável) da IEA até 2030: todos os países precisam estabelecer códigos de energia de construção obrigatórios; as novas construções de alto desempenho precisam estar presentes em maiores quantidades nas estatísticas para cobrir os quase cinco bilhões de metros quadrados; e as reduções de intensidade energética por reformas para melhorar a eficiência energética de edifícios existentes devem dobrar de 15% para pelo menos 30% (EVANS et al., 2017).

Dentro de um contexto resumido para avaliação do impacto ambiental decorrente da construção civil quanto às suas emissões de GEE, podemos dividir a "vida" de uma obra de construção civil em três fases ou etapas, sendo a primeira a sua construção, a segunda a sua fase de uso, e por fim a sua desconstrução (demolição) ou fim de vida (FREITAS JR. et al., 2017).

A fase de construção inicia os impactos com os danos ambientais ao terreno decorrentes da sua implantação, incluindo a supressão de vegetação e efeitos sobre o lençol freático, córregos etc. Os impactos ambientais, nessa fase, englobam o consumo de recursos de materiais e energia. A indústria de materiais de construção é grande consumidora de recursos minerais e energia, também a construção civil, devido ao fato de movimentarem grande quantidade de cargas, e serem grandes demandantes de transportes, com significativo consumo de combustíveis fósseis.

Cabe salientar que a produção dos principais materiais de construção civil (cimento, cal, aço e alumínio, cerâmicas, entre outros) é marcante emissora de CO_2, que é o principal gás do efeito estufa. As emissões se dão principalmente pela descarbonatação do calcário, do consumo de energia e combustíveis para a produção dos materiais de construção e do transporte destes (FREITAS JR. et al., 2019).

A segunda fase, a de uso da edificação, ou sua vida útil propriamente dita é marcada pelo consumo de energia (eletricidade e gás). Um detalhe importante dessa fase é que ela, normamente, é bastante longa (décadas), e um grande objetivo do setor industrial da construção civil atual é a produção de obras com vida útil mais prolongada (FREITAS JR. et al., 2017).

O fim de vida ou a demolição da edificação é inevitável, vai ocorrer em algum momento e se caracteriza pela imensa geração de resíduos sólidos, mas também é origem de GEE.

Finalmente, podemos salientar que a construção civil é um setor industrial da economia que causa impactos ambientais extremamente significativos, sendo que de 40% a 50% da energia demandada por nossa sociedade é consumida pelos edifícios: fase da construção 10 a 20% e período do uso de 80 a 90%. As quantidades de energia e emissões da fase de fim de vida útil, comparativamente, ficam bem abaixo de 1%.

Dentro desse contexto preocupante, procurando abrir caminho para um futuro de energia limpa, e minimizar as perturbações climáticas, diversas tecnologias visando melhorar esse cenário vêm sendo implementadas, em especial nos países desenvolvidos.

Pode-se citar como exemplo a cidade de Berkeley, Califórnia – EUA, que proibiu a instalação de infraestrutura de gás em novos edifícios residenciais baixos, a partir de 1º de janeiro de 2020, exigindo que todos os novos edifícios em Berkeley estejam "prontos para uso elétrico", com painéis e conduítes para suportar a infraestrutura elétrica. Dentro da mesma orientação, o governo inglês (21/02/2019) proibiu a ligação de rede de gás para novas moradias a partir de 2025. A ideia é que as casas novas no campo sejam aquecidas por bombas de calor (o cozimento de alimentos seja feito em placas de indução, em vez de usar caldeiras a gás e placas) e, nas cidades, novos conjuntos habitacionais e apartamentos devem ser mantidos aquecidos por redes de água quente. Uma abordagem alternativa é usar bombas de calor, que extraem calor do mar ou dos lagos; ou queimar gás de resíduos (DELFORGE, 2019).

Como incentivos ao controle de gasto de energia pelos usuários o governo inglês está obrigando a instalação de medidores inteligentes que mostram quanto está sendo usado de gás e eletricidade em tempo real. O medidor também envia, automaticamente, as leituras diretamente para as companhias de gás e eletricidade.

Outra abordagem para conscientizar os usuários, utilizada em toda a Europa, é a instalação de painéis com medições de energia e emissões de CO_2 nos halls de entrada dos edifícios de uso público.

Algumas tecnologias recentes, aplicadas na construção civil, minimizam o consumo de energia e as emissões de CO_2 pelos edifícios, são encontradas em fachadas mais, energeticamente, eficientes, vidros reflexivos de calor, esquadrias mais eficientes, paredes com melhor desempenho de isolamento térmico (são exigidas na NBR 15575), coberturas e paredes verdes (como suporte de vegetação), equipamentos mais eficientes de ar-condicionado, aquecedores de água supereficientes, aquecedores de água com bomba de calor (equipamento similar aos de ar-condicionado), aquecimento solar de água conjugado à autogeração de energia elétrica, iluminação com maior eficiência energética, e equipamentos para autogeração de energia (painéis fotovoltaicos e geradores eólicos).

OS MATERIAIS DE CONSTRUÇÃO E AS EMISSÕES DE GEE

A principal origem das emissões de GEE pelos edifícios é devido ao consumo de energia (eletricidade e gás) durante o período de vida útil destes, mas os processos de construção e os materiais utilizados também são importantes contribuintes de emissões.

Os GEE são emitidos ao longo dos processos de extração de matérias-primas, da produção dos materiais de construção e dos processos de construção da obra. O dióxido de carbono (principal GEE), emitido durante a fase de construção dos edifícios, chama-se carbono incorporado: são emissões associadas à construção civil incluindo extração, transporte e fabricação de materiais (FREITAS JR. et al., 2017).

A redução de carbono incorporado às obras é imperativa para o setor da construção civil cumprir seus deveres ambientais e sociais com objetivos de carbono em longo prazo. Até agora, devido à falta de dados ou dados muito complexos para serem avaliados, poucas referências estão disponíveis para facilitar o conhecimento do carbono incorporado, e o objetivo desse entendimento é reduzir a "pegada de carbono" de uma obra antes mesmo desta se tornar operacional. O setor industrial da construção deve avaliar a sua cadeia de suprimentos pelas lentes de seu impacto no carbono para ter como objetivo construir uma sociedade melhor, capacitando nossa indústria a reduzir sua pegada de carbono e criar um futuro mais sustentável.

Grande parte das origens das emissões das obras é gerada pelo uso da energia na forma da queima de combustíveis para o transporte, e por esta razão, sistemas de certificação ambiental, como o selo do LEED, incentivam o uso de materiais com menores índices de produção local. Cabe observar que a energia elétrica também é causadora de emissões de GEE.

Como referência de quantidades de emissões de GEE decorrentes da construção de edifícios, pode-se usar os relatórios anuais de emissões de GEE de grandes incorporadoras ou estudos de análise de ciclo de vida (ACV) feitos internacionalmente. Nesses documentos são encontrados valores de fator de emissão (FE), que é um índice de emissões de GEE por unidade do produto, de 145 a 404 $kgCO_2eq/m^2$. Usa-se, nesses índices, o termo CO_2eq, ou dióxido de carbono equivalente, devido ao fato que se considera nessas emissões não somente o CO_2, mas outros gases de GEE também, como metano e CFCs (Gases Cloro-Fluor-Carbono) entre outros (ENSLIC BUILDING, 2010a, 2010b). Um ACV é a metodologia, internacionalmente, normatizada para definir os impactos ambientais de um produto ou processo durante todo o seu 'ciclo de vida'.

A redução das emissões de GEE pela construção dos edifícios só é possível por meio do controle das emissões pelos materiais de construção utilizados e sua substituição ou otimização de uso.

A grande maioria dos materiais de construção que são intensivamente utilizados atualmente é grande causadora de emissões, exemplos:

- Cimento: FE de 0,40 a 0,90 $kgCO_2eq/kg$;
- Aço: FE de 0,65 a 2,4 $kgCO_2eq/kg$, reciclagem crédito de 0,20 $kgCO_2eq/kg$;
- Alumínio: FE de 6,5 a 12 $kgCO_2eq/kg$, reciclagem crédito de 4,05 $kgCO_2eq/kg$;
- Cerâmicas: FE de 0,95 $kgCO_2eq/kg$;
- Vidro 6 mm: FE de 7,65 $kgCO_2eq/m^2$.

As origens das emissões de CO_2 na produção dos materiais de construção:

- Queima do combustível para produção;
- Decomposição química da matéria-prima para transformação no material;
- Combustível gasto para o transporte;
- Energia elétrica;
- Decomposição de material que contém carbono (papel, madeira).

OS MATERIAIS DE CONSTRUÇÃO DE MADEIRA

A madeira é única entre os principais materiais de construção, pois requer menos energia para processamento e pode ser usada para bioenergia no final da sua vida útil. Outro detalhe relevante é que a madeira armazena quantidades significativas de carbono da atmosfera em sua biomassa. Essas características naturais oferecem vantagens ambientais aos materiais à base de madeira. Para que uma sociedade possa se beneficiar das propriedades inerentes à madeira, é fundamental que esta seja de origem sustentável, seja por produção por plantios de árvores ou extração de florestas naturais adequadamente manejadas. O IPCC (2006) fornece orientação sobre como estimar e relatar a contribuição desses Produtos de Madeira Colhida (PMC) para considerações de emissões/remoções anuais de CO_2.

O interessante do uso da madeira de origem sustentável em materiais de construção é que estes materiais continuam estocando carbono que foi retirado da atmosfera, enquanto a recomposição da floresta retira novo carbono da atmosfera.

O tempo que o carbono permanece em produtos pode variar dependendo do produto e de seu uso. A madeira serrada ou painéis utilizados na construção civil podem durar por décadas ou por períodos superiores a 100 anos. Muito comum encontrarmos na Europa edificações de madeira com centenas de anos de idade.

As árvores são muito eficientes para retirar CO_2 do ar, armazenando o carbono e liberando o oxigênio, e ainda fazem isto sem custo. Para se ter uma ideia, cada kg de madeira existente em um edifício, significa a retirada de aproximadamente 1,5 kg de CO_2 da atmosfera.

O Protocolo de Gases de Efeito Estufa do IPCC define carbono "biogênico" como produzido por organismos vivos ou processos biológicos, mas não fossilizado ou de fontes fósseis. Em todo o mundo (UNFCCC, 2003) a quantidade de carbono armazenada em produtos de madeira é provável que seja cada vez maior (IPCC, 2006).

MANEIRAS PARA REDUZIR AS EMISSÕES DE GEE PELA CONSTRUÇÃO CIVIL

Representantes de quase 100 cidades importantes juntaram-se em 2019 em Copenhagen, Dinamarca no C40 *Mayors Summit* (Encontro Mundial de Prefeitos), para identificar metas climáticas concretas e orientações que podem empurrar cidades para o futuro que queremos. Por meio de uma parceria com a Universidade de Leeds, publicaram um relatório destacando as principais maneiras de reduzir as emissões de construção, no qual foram apresentadas as cinco maneiras principais para reduzir as emissões de GEE na construção civil (MUSULIN, 2019). As recomendações citadas são:

I) Implementar eficiência no design de materiais – Aumentar a eficiência no projeto e no uso dos materiais de construção. Eliminando desperdícios podem alcançar uma redução de 18% nas emissões de GEE entre 2017 e 2050. Particularmente, atingindo as metas de redução do uso de aço e cimento.

II) Reutilizar materiais e componentes de construção – A reciclagem e redução de uso de componentes novos em edifícios, como o aço, podem levar a uma redução de 3% das emissões de GEE entre 2017 e 2050. Os autores sugerem uma meta progressiva de redução de metal novo e materiais petroquímicos para alcançar essa redução de emissões, embora observem que é improvável que materiais de construção reutilizáveis atendam a demanda por novas construções no curto prazo. No entanto, a reutilização de pelo menos uma fração do aço estrutural nas fases de construção pode avançar nesse objetivo.

III) Aprimorar a utilização dos edifícios já existentes – Os edifícios são subutilizados e, geralmente, descartados antes de atingirem o fim de sua vida útil, diz o relatório. A implementação estratégica do uso do espaço e infraestrutura existentes pode levar a uma redução de 11% nas emissões de GEE até 2050 e uma redução de 10% a 20% na demanda por novos edifícios. À medida que conceitos como os varejos físicos enfrentam um declínio, algumas cidades estão se tornando mais conscientes de como reutilizar esses edifícios.

IV) Substituir materiais de alta emissão para madeira sustentável – A construção com amplo uso de madeira vem ganhando popularidade como forma de reduzir as emissões de materiais de construção, principalmente, utilizando florestas locais e manejadas de forma sustentável. O relatório sugere que a mudança para o uso de madeira na construção civil poderia reduzir as emissões de GEE em 6% entre 2017 e 2050, exigindo uma meta progressiva de 75% de edifícios residenciais e 50% comerciais sendo construídos com madeira sustentável.

V) Usar cimento de baixo carbono – O concreto é um dos materiais de construção que mais emitem carbono, pois a produção do cimento requer calor extremo e libera uma grande quantidade de CO_2. O uso de alternativas de baixo carbono ao cimento tradicional poderia reduzir as emissões de GEE em 6% entre 2017 e 2050. A Conferência dos Prefeitos dos EUA (2019) instou seus membros a usar concreto de baixo carbono em relação aos materiais tradicionais. O Departamento de Transportes do Havaí anunciou planos de usar concreto injetado em carbono em toda a construção, como parte de uma solução de mudança climática. Tecnologias atuais mostram que 70% do cimento Portland tradicional pode ser substituído por materiais cimentícios complementares, com melhorias drásticas na durabilidade do concreto.

CONSIDERAÇÕES FINAIS

A construção civil é um setor industrial muito importante na nossa sociedade do século XXI, por outro lado ainda é um setor que causa impactos ambientais negativos muito significativos, como as enormes gerações de resíduos sólidos e de emissões de GEE. Exatamente por essas razões é fundamental que sejam implementadas pelo setor, tecnologias que minimizem esses impactos negativos.

Como foi descrito neste documento, existem diversas ações governamentais e não governamentais procurando quebrar paradigmas e incentivar melhores e maiores cuidados do setor com o meio ambiente, salientando que a maioria das ações ainda são de aplicação voluntária. Também foram aqui apresentadas as alternativas atuais mais promissoras para alcançar esses objetivos.

Analisando esses fatos, não há por que não concluir que o setor da construção civil possui todas as ferramentas para ser muito mais adequado do ponto de vista ambiental em um futuro próximo.

REFERÊNCIAS

ANTUNES Maria de Lurdes Baptista da Costa; BATISTA Fátima. Reciclagem de pavimentos utilizando ligantes betuminosos. 2as Jornadas CEPSA Betumes/CRP. LNEC, Lisboa, Portugal, 2011. Disponível em: http://www.crp.pt/docs/A25S2-02_M_Antunes_F_Baptista.pdf. Acesso em: 26 out. 2020.

CABRAL Antonio Eduardo Bezerra; SCHALCH Valdir; DAL MOLIN, Denise Carpena Coitinho; RIBEIRO, Jose Luis Duarte; RAVINDRARAJAH, Rasiah Sri. Desempenho de concretos com agregados reciclados de cerâmica vermelha. *Cerâmica*, São Paulo. v. 55, n. 336, p. 448-460, 2009, SP, 2009.

DELFORGE, Pierre. Berkeley Passes Nation's 1st All-Electric Building Ordinance. NRDC – Natural Resources Defense Council, July 17, 2019. Disponível em: https://www.nrdc.org/experts/pierre-delforge/berkeley-passes-nations-1st-all-electric-building-ordinance. Acesso em: 26 out. 2020.

ENSLIC BUILDING. *D 4.2. CIRCE*. Pilot Case 3. ENSLIC – Energy Saving through Promotion of Life Cycle Assessment in Buildings, 2010a. 6 p.

ENSLIC BUILDING. *LCA of Housing Building in Frankfurt* – Case 18. ENSLIC – Energy Saving through Promotion of Life Cycle Assessment in Buildings, 2010b. 8 p.

EVANS, Meredydd; ROSHCHANKA, Volha; GRAHAM, Peter. An international survey of building energy codes and their implementation. *Journal of Cleaner Production*, 2017. Disponível em: https://www.osti.gov/pages/servlets/purl/1341745. Acesso em: 22 out. 2020.

FREITAS JR. José de Almeida; SANQUETTA, Carlos Roberto; COSTA, Marienne R. M. M. da. O uso da madeira em materiais de construção para mitigação de gases de efeito estufa. *Novas Edições Acadêmicas, International Book Market Service Ltd.* – Omni Scriptum Publishing, Beau Bassin, Mauritius, 2017.

FREITAS JR., José de Almeida; COSTA, Marienne R. M. M. da; ARTIGAS, Laila Valduga; SANQUETTA, Carlos Roberto; MARTINS, Leidimara. Assessment of the impact of binders in the evolution of carbonation in mortars. *Construction and Building Materials*, 225 (2019) p. 496-501.

IEA. *The Critical Role of Buildings*. Perspectives for the Clean Energy Transition.Report – April 2019. Disponível em: https://www.iea.org/reports/the-critical-role-of-buildings. Acesso em: 22 out. 2020.

IPCC. *Intergovernmental Panel on Climate Change*, Harvested Wood Products. Guidelines for National Greenhouse Gas Inventories – Chapter 12, 2006.

MUSULIN, Kristin. *5 key ways to reduce GHG emissions in building construction*. SmartCities Dive, Oct. 11, 2019. Disponível em: https://www.smartcitiesdive.com/news/5-key-ways-to-reduce-ghg-emissions-in-building-construction/564707/. Acesso em: 22 out. 2020.

PROCELInfo. *Os benefícios da Eficiência Energética para a Indústria da Construção*. 07.08.19. Disponível em: http://www.procelinfo.com.br/main.asp?View=%7BF5EAADD6-CCB0-4E29-A0C4-482D3D66BB65%7D&Team=&params=itemID=%7B5CFCF3D9-6573-4BD7-B71F-F9FE5F59ED85%7D;&UIPartUID=%7BD90F22DB-05D4-4644-A8F2-FAD4803C8898%7D. Acesso em: 31 ago. 2020.

UNFCCC. United Nations Framework Convention on Climate Change. Framework Convention on Climate Change – FCCC/CP/2015/L.9. 12 United Nations, December 2015.

UNFCCC. United Nations Framework Convention on Climate Change. Framework Convention on Climate Change – FCCC/SBI/2003/7/Add.1, United Nations, May 2003.

WORLD GREEN BUILDING TRENDS. Smart Market Report – 2018. Disponível em: https://www.worldgbc.org/news-media/world-green-building-trends-2018-smart-market-report-publication. Acesso em: 22 out. 2020.

ZORDAN S, E. *A utilização do entulho como agregado, na confecção do concreto*. Dissertação de mestrado, Faculdade de Engenharia Civil da Universidade Estadual de Campinas, Campinas, SP. 1997. Disponível em: https://mac.arq.br/wp-content/uploads/2016/03/entulho-como-agregado-concreto.pdf. Acesso em: 22 out. 2020.

CAPÍTULO 3
UM MUSEU DIGITAL É MAIS DO QUE UM SITE: REFLEXÕES SOBRE OS MUSEUS E O ESPAÇO DIGITAL

Anna Lucia S. A. Vörös
Cláudia Bordin Rodrigues da Silva

INTRODUÇÃO

Elaborado em meio à pandemia de COVID-19 de 2020, este capítulo apresenta considerações sobre as relações de fronteira entre as pesquisas sobre os museus e as dimensões culturais e sociais do espaço digital – temas de interesse das duas autoras que se encontram em quarentena. Trata-se então de um exercício de observação, crítica e reflexão, a partir do campo do Design e dos estudos da cultura material, sobre os pontos de contato entre a cultura, as interações e os artefatos no espaço digital, suas diversas particularidades e contradições. Esses aspectos nos conduziram para uma discussão sobre os museus presentes nos espaços digitais, suas produções e disseminações globais.

Nesse sentido, não cabe aqui defender ou rechaçar os modelos de atuação desses museus, mas problematizar questões que emergem, a partir do cruzamento das fronteiras dos nossos campos de estudo. Cabe ainda destacar que compreendemos que são muitos os museus presentes no espaço digital. Cada um é constituído por muitas particularidades e está sujeito a diferentes contextos sociais, econômicos, culturais, geográficos, étnicos, simbólicos, éticos etc. Ou seja, mesmo que utilizemos a palavra museu no plural, de modo a representar essa diversidade, desejamos explicitar que incidem sobre essas instituições e são também produtoras de práticas, de novas formas de mediação, de interações distintas, inclusive, desiguais se comparadas entre si.

As percepções de um mundo em trânsito, na emergência do digital, sobre o qual se depositaram transformações nos modos de interação social de espaços digitais e da percepção sobre eles foram cruciais para a discussão de algumas categorias sobre as interações e os artefatos. As instituições museais apropriaram e ressignificaram, em certas vezes, esses novos modos de interação do uso dos espaços digitais e do aumento do fluxo de pessoas, criando estratégias de circulação na rede, dos acervos e das coleções, bem como de outras documentações de natureza coletiva, identitária e de registro da memória, além das potencialidades do acesso e da inclusão.[1] Articulamos que as relações estabelecidas entre as práticas dos museus nos espaços físicos e no digital são complexas, políticas e não podem ser analisadas, a partir de um referencial reducionista de uma mera transposição de meios e formatos.

Os estudos das humanidades digitais (Digital Humanities) assumem as perspectivas que as ciências humanas e sociais trazem para a reflexão sobre os artefatos digitais, incluindo o uso sistemático de recursos digitais nas humanidades, bem como a análise de sua aplicação (GOLD; KLEIN, 2019). Já os estudos do interagir (MERKLE, 2016) contemplam os aspectos de uso, de projeto e da interação humana com os artefatos digitais e são assumidas a partir de outras áreas, mas não delimitantes, da Computação, das Artes, do Design, como a Interação Humano Computador (IHC), o Design de Interação, as comunidades de praticantes de diversas áreas de saber e atuação, na projetação e no uso. Ambas possuem atravessamentos, entre suas fronteiras, de conceitos e categorias do entendimento do digital.

Entendemos também como espaço digital[2] uma visão ampliada daquela situada a partir da Internet e do conceito preconizante de ciberespaço, que definiam a Internet como um conjunto de páginas baseadas em hipertexto (com textos, imagens, vídeos etc.) distribuídas em servidores em diversas localidades geográficas. Entretanto, as dimensões da Internet - materialidades ou, ainda, as neomaterialidades (LEMOS, 2020, p. 56) - poderiam ampliar as concepções limitantes que esses termos têm trazido para os estudos das interações no contexto das humanidades digitais.

O espaço digital e o entendimento das interações humanas e os artefatos e seus estudos, oscilaram, nas últimas décadas, entre a perspectiva do artefato digital, entendido aqui como os dispositivos digitais, físicos e não físicos, percebidos como mediações tecnológicas computacionais, sendo produtos, serviços, páginas web, dentre outros e por sua

1 A Unesco tem orientado, ao longo de duas décadas, estudos sobre as possibilidades de documentação e digitalização de acervos. Essa orientação tem como base um debate mundial e global sobre o Acesso Aberto, a Cultura Livre e outros movimentos correlatos às discussões sobre direitos e distribuição de conteúdo intelectual, motivados por questões éticas, políticas, sociais, econômicas e ambientais (SWAN, 2016).

2 O conceito de "espaço digital ou espaço informação" foi criado, segundo JOHNSON (2001, p. 15-17) pelo visionário Douglas Engelbart, nos anos de 1968, definindo o conceito que futuramente foi desenvolvido como ciberespaço. Inspirado pelo manuscrito de Vannevar Bush, "*As We May think*", Engelbart apresentou uma proposta concreta e teórica de um modelo de arquitetura informacional, precursora do multimídia e das interações com o computador em rede.

vez, a perspectiva das análises das interações, que consideram inúmeros aspectos sociais, cognitivos, históricos, políticos, entre outros (SILVA, 2007).

O entendimento dessas perspectivas contribuem para observarmos e problematizamos a atuação dos museus no espaço digital e, por consequência, suas gestões, estruturas, orientações teórico-metodológicas e práticas. Desde o advento da Internet e sua abertura para uso público, os museus criaram e modificaram suas atuações no espaço digital: oscilaram ora como parte de uma transposição do mundo físico (com ênfase nas décadas de 1970 e 1980) ora como novas narrativas do ciberespaço (ao longo de 1990) ora como redes de artefatos e interações (anos 2000/2010), incluindo então as redes sociais. Ainda, as perspectivas do acesso e da inclusão também se mostraram, a partir das décadas de 1990 e 2000, a expansão dos alcances do ambiente do museu.

Por meio da revisão bibliográfica, estabelecemos uma reflexão que parte das intenções e práticas dos museus e as contradições emergentes nas relações do acesso – aparentemente mais inclusivo e aberto – e da interação mediada – ou, ainda, como nos propõe Lemos (2020), estendida e neomaterializada. Para guiar tal reflexão, em um primeiro momento, articularemos uma visão geral sobre o museu como uma instituição situada, historicamente, em espaços físicos e que, com a abertura pública para uso da rede de computadores, passou a criar maneiras para estar presente no espaço digital. Distante de ser algo somente como uma transposição de conteúdo para as linguagens digitais e implantação de recursos tecnológicos, elencamos aspectos que exprimem a complexidade que os museus enfrentaram e enfrentam para assumir suas atividades no espaço digital. Por fim, apresentaremos uma conclusão que busca propor questões para incitar novas investigações.

OS MUSEUS E O ESPAÇO DIGITAL

Os museus são instituições seculares que se constituíram, historicamente, como lugares para a preservação e difusão de artefatos e das memórias a eles vinculadas, consideradas patrimônios culturais – locais, regionais e/ou globais. O estabelecimento da instituição museu representou a criação de um espaço de caráter público e permanente (CURY, 2011; ENCICLOPÉDIA ITAÚ CULTURAL, 2020).

Considera-se que os museus começaram a ser concebidos na Europa, no século XVIII, para exibir ao público coleções privadas e particulares, compostas por artefatos considerados exóticos, dos mais variados tipos e origens geográficas e culturais. Entende-se que o primeiro museu inaugurado foi o Ashmolean Museum[3] (1683, em Oxford, Grã-Bretanha), seguido do Museu Capitolino[4] (1734, em Roma, Itália), o British Museum[5] (1753,

3 Disponível em: https://www.ashmolean.org/. Acessado em dezembro de 2020.

4 Disponível em: http://www.museicapitolini.org/it/informazioni_pratiche/biglietti_e_videoguide. Acessado em dezembro de 2020.

5 Disponível em: www.britishm useum.org. Acessado em dezembro de 2020.

em Londres, Grã-Bretanha), o Hermitage[6] (1764, em São Petersburgo, Rússia), o Museu Pio Clementino[7] (1773, no Vaticano) e o Museu do Prado[8] (1785, em Madrid, Espanha). A inauguração do Museu do Louvre[9] (1793, em Paris, França), constituído a partir dos ideais da Revolução Francesa, marcou a história dos museus por fortalecer a democratização e o acesso da população a bens patrimoniais, com acesso, anteriormente, restrito. Além disso, é considerado a primeira galeria pública nacional, tendo nacionalizado bens do clero e da nobreza e transformado em acervo público (ENCICLOPÉDIA ITAÚ CULTURAL, 2020; LOUVRE, s/d).

No século XVIII, os museus passaram a exibir coleções e acervos de obras de arte, antes particulares e de acesso limitado, culminando como espaços para circulação pública de obras de arte, bem como espaços de socialização e aprendizagem de artistas. Nesse contexto, a criação das narrativas embutidas do valor histórico para a produção de uma história da arte, ocidental e situada, são afirmadas dentro do espaço expositivo por meio das coleções, das exposições e de seus discursos (ENCICLOPÉDIA ITAÚ CULTURAL, 2020; LOUVRE, s/d).

Ao longo do século XIX, vários museus foram inaugurados na Europa, orientados a documentação de artefatos científicos, como os de ciência e história natural, ou de tecnologia, estética e arte de determinados períodos históricos ou estilos. Surgem assim os museus especializados, a partir de um ideal de classificação de uma narrativa temática, convergentes a um pensamento das áreas e campos de estudo, bem como adequados ao pensamento burguês de acesso à cultura, à educação e à ciência. Com a implantação do ideário nacionalista, os museus também participam da construção de narrativas históricas sobre as memórias e as identidades nacionais (ENCICLOPÉDIA ITAÚ CULTURAL, 2020; RIGOTTO, s/d). Como afirma Cury sobre o pensamento de Martín-Barbero (1997 apud CURY, 2011), "os museus nesse período foram instrumentos da integração cultural e da enculturação da cultura popular para a definição da cultura nacional", reforçando os aspectos relacionais entre museus e sociedade.

Segundo o ICOM,[10] uma definição contemporânea acordada sobre os museus estabelece que:

> Os Museus são espaços democratizantes, inclusivos e polifónicos, orientados para o diálogo crítico sobre os passados e os futuros. Reconhecendo e lidando com os conflitos e desafios do presente, detém, em nome da sociedade, a custódia de artefactos e espécimes, por ela preservam memórias diversas para as gerações futuras, garantindo

6 Disponível em: //www.hermitagemuseum.org/. Acessado em dezembro de 2020.

7 Disponível em: http://m.museivaticani.va/content/museivaticani-mobile/en/collezioni/musei/museo-pio-clementino/Museo-Pio-Clementino.html. Acessado em dezembro de 2020.

8 Disponível em: https://www.museodelprado.es/. Acessado em dezembro de 2020.

9 Disponível em: https://www.louvre.fr/en. Acessado em dezembro de 2020.

10 Cabe mencionar que desde 2013 o ICOM discute se há necessidade em se criar uma nova definição de museu, segundo informação apresentada por Renata Motta em sua palestra (LOURENÇO; MOTTA, 2020).

> a igualdade de direitos e de acesso ao património a todas as pessoas. Os museus não têm fins lucrativos. São participativos e transparentes; trabalham em parceria activa com e para comunidades diversas na recolha, conservação, investigação, interpretação, exposição e aprofundamento dos vários entendimentos do mundo, com o objectivo de contribuir para a dignidade humana e para a justiça social, a igualdade global e o bem-estar planetário (International Council of Museums, ICOM, s/d).

Desde sua invenção, muito se tem sido discutido sobre seu papel social, cultural, político, ético, educacional e científico. Notadamente ao longo do século XX e durante o XXI, muitos debates levantaram questões sobre os rumos e atuações dos museus. Ou ainda, como propõe Marília Xavier Cury, "o que são os museus e para que servem?" (CURY, 2011, p. 18) é uma questão, destaca a museóloga, sempre revisitada e atualizada conforme os diferentes olhares dos profissionais ligados ao campo. Contemporaneamente, pode-se constatar que coexistem múltiplas visões sobre os museus, o que revela o caráter complexo e multifacetado dos museus (MOTTA, 2011).

Existem diferentes órgãos, conselhos e grupos de trabalho, de âmbito regional, nacional e internacional, que procuram debater e definir suas perspectivas e práticas. Seguindo esse raciocínio, observamos que essas discussões se estendem à atuação dos museus no espaço digital. Como nosso objetivo é tratar dessas iniciativas no espaço digital, apresentaremos, sucintamente, alguns pontos que se sobressaem nessas discussões, delineadas desde as primeiras iniciativas dos museus no contexto da web.

A década de 1970 pode ser considerada como um marco temporal que baliza a história da atuação dos museus na Internet, quando se deu a abertura da rede de computadores para acesso público. Com a expansão da Internet, se estabeleceram vários debates sobre o acesso à informação, tendo como um dos resultados políticas à documentação digital e acesso a acervos e coleções. Essas políticas foram responsáveis pela produção de inúmeras iniciativas no espaço digital e partiram – de modo exponencial – de espaços, como bibliotecas, museus, galerias, instituições filantrópicas, editoras (desde seu início, notadamente dos aglomerados acadêmicos e científicos) e outros locais com arquivos.

Ao longo dessa história, os museus procuraram adaptar ou criar conteúdo para o espaço digital. Diferentes tipos de iniciativas foram mapeadas por pesquisadores e pesquisadoras do tema. Segundo constata Nadezhda Povroznik (2020, p. 02), "a identidade digital[11] dos museus mudou significativamente ao longo de sua história na Internet".[12] Portanto, destaca Povroznik (2020), deve-se considerar a formação de uma identidade digital dos museus a partir da criação dos primeiros recursos públicos da Internet.

---

11 A identidade digital é um termo criado no âmbito da ciência computacional e informática para designar a identidade de uma entidade (pessoa, sistema, empresa, máquina) para codificar e assegurar sua identidade e evitar fraudes.

12 No original: "The digital identity of museums has changed significantly over their web history" (POVROZNIK, 2020, p. 02). Tradução das autoras.

No início do uso da Internet, os museus tiveram diferentes entendimentos sobre como usar uma plataforma digital para transmitir suas atividades via rede de computadores. Naquela época, a plataforma era comumente configurada como um website, que focava na divulgação da programação de atividades da sede física, bem como de informações sobre visitação e sua localização geográfica. Em seguida, outras propostas foram sendo criadas, das quais destacamos a digitalização e catalogação de itens de acervos e coleções, bem como de documentos e materiais de exposições para serem consultados via Internet. Também foram experimentadas inovações, como a produção de audiovisuais e de representações gráficas 3D de artefatos de acervos e animações que simulavam seu uso. Seguindo essa linha de simulações gráficas e tridimensionais, foram criadas também experiências para a visitação do espaço da sede física do museu por meio da simulação em ambiente virtual 3D. Ao mesmo tempo que floresciam as experiências criadas para a Internet, o acesso remoto aos museus foi imaginado e experimentado por meio de outros recursos digitais, como a disponibilização de conteúdos por meio de CDs, viabilizando o acesso ao espaço dos museus, de suas coleções e acervos, independente da rede de comutadores (DIGITAL HISTORY OF VIRTUAL MUSEUMS. History, s/d).

Também houve museus que constituíram sua face pública e aberta à visitação no espaço digital, chamados propriamente de museu digital. Podemos compreender que um museu digital é aquele que atua no espaço digital da rede mundial de computadores e que realiza a maior parte de suas ações museológicas em uma plataforma digital e online. Para Rosali Henriques (2004, 2018), um museu virtual[13] é um espaço totalmente diferente do museu físico. Segundo sua concepção, "o museu virtual não é a reprodução de um museu físico, mas um museu completamente novo, criado para traduzir as ações museológicas no espaço virtual" e que, muitas vezes, não disponibilizam acesso aos conteúdos do museu em um espaço físico (HENRIQUES, 2004, p. 67).

Seguindo o raciocínio de Henriques (2018), a atuação dos museus no espaço digital trouxe uma nova perspectiva para a museologia, "[...] Não só porque permitiu potencializar o acesso aos museus de forma mais ampla, mas também por dar oportunidade aos museus de saírem de seus muros" (HENRIQUES, 2018, p. 68). Nesse sentido, observamos que, ao longo do tempo, as instituições museais foram construindo diferentes compreensões sobre seu papel no espaço digital, bem como sobre os modos de funcionamento da Internet, sua abrangência e potencialidades. O que levou, gradualmente, ao fortalecimento dos debates e pesquisas acerca das atuações e influências sociais, culturais e políticas dos museus no espaço digital. Os temas discutidos são abordados por profissionais ligados aos mais diversos campos, que se dedicam às diversas especificidades, como a comunicação, infraestrutura e recursos tecnológicos, gestão, acessibilidade e políticas de educação e acesso. Nesse sentido, compreendemos que a presença dos museus na web fomentou o estabelecimento de novos olhares e peculiaridades, afetando inclusive a compreensão da atuação dos museus nos espaços físicos.

13 Nesse texto, assumimos que o termo museu virtual é um sinônimo de museu digital. No entanto, muitas pesquisas indicam diferenças entre os termos. Portanto, sugerimos a consulta da pesquisa de Henriques (2004, 2008) para uma aproximação com esse debate.

Diante do exposto, compreendemos que um museu no espaço digital não é um simples website. Há que se desconstruir a ideia de que basta preencher uma estrutura de website com vídeos, imagens, textos e hiperlinks para se fazer um museu digital. Propomos encarar o museu no espaço digital como uma instituição secular que se localiza em um espaço orientado por parâmetros diferentes dos, anteriormente, conhecidos. É nesse lugar onde os museus se instalaram e onde realizam suas ações, funções, propostas, desejos e escolhas.

Quando falamos de um, museu, temos como referência a ideia de Instituição, que produz modos de interação – sociais e culturais – situados historicamente. Os museus instituídos, a partir de uma sede física, são, claramente, percebidos como espaços contextuais e situados – territorialmente, geograficamente, culturalmente, economicamente e politicamente. Já os museus instituídos nos espaços digitais, ou as plataformas digitais mantidas pelos museus com sede física, nem sempre são percebidos como espaços que também mantêm relações com um território, uma geografia, uma cultura e com aspectos políticos e econômicos.

Partindo da leitura recente de Maria Cecília de França Lourenço,[14] podemos sublinhar que a função, historicamente, situada dos museus é ser como uma "extensão da memória", um espaço para a preservação, difusão e exposição da memória coletiva (LOURENÇO; MOTTA, 2020, 15'40" a 16'). Um museu é feito de escolhas de artefatos, de memórias e de narrativas e, portanto, de pontos de vistas, de inclusões e exclusões, em um jogo político materializado em suas ações museológicas (CHAGAS, 2019; RAMOS, 2004). Seja no espaço físico, seja no espaço digital, as ações museológicas se estabelecem a partir da mediação entre o museu e seu público, a partir do trabalho com o seu patrimônio (HENRIQUES, 2004, 2018; RAMOS, 2004).

Faz-se necessário lembrar que, junto das memórias e artefatos, nos museus circulam pessoas, histórias e memórias. Tal como organiza Francisco Régis Lopes Ramos (2004), essas ideias circulam por meio de narrativas em ações educativas dos museus, preponderantemente, por meio de suas exposições e pesquisas. Desse modo, Ramos (2004) argumenta que o museu é uma "instituição argumentativa", pois constrói narrativas específicas sobre seus temas de interesse. Os museus selecionam e decidem sobre o que se fala; são espaços para lembrar, mas também para esquecer. São também agentes de discurso do poder, visto que apresentam versões da história, da cultura, da tecnologia, das identidades e dos patrimônios (CHAGAS, 2019).

Inspiradas pelas questões delineadas por Ulpiano T. B. de Meneses (1994, 2009) e por Maria Cecília de França Lourenço (2020), observamos que muitos museus atuam no espaço digital como transmissores de informações e como espaços para a fruição estética, a curiosidade e o lúdico. Sem hierarquizar ou excluir essas práticas, posto que são também necessárias, contestamos: qual é a perspectiva teórico metodológica que as sustenta? Tal qual observa Meneses (2009), muitos museus digitais se pautam no paradigma

14 No 7o encontro do ciclo de palestras "IAU-USP EM CASA – Diálogos", evento online promovido pelo Instituto de Arquitetura e Urbanismo da Universidade de São Paulo, do campus São Carlos.

do conhecimento observacional, trazendo, abundantemente, respostas prontas, sem instigar a formação crítica e o conhecimento. E notamos que esse paradigma se distancia da contribuição genuína dos museus, qual seja, a de gerar perguntas e propiciar argumentos para desnaturalizar a cultura material e imaterial, e prover tanto a fruição, quanto a reflexão e crítica sobre modos de viver.

OS MUSEUS E A NEOMATERIALIDADE DO ESPAÇO DIGITAL

Ao perceber a complexidade de relações estabelecida entre o espaço do museu - tal qual o consideramos como Instituição - e suas incorporações e presença no contexto digital das últimas décadas, uma questão nos pareceu fortalecer a ideia de que o estudo das interações em um museu digital implica compreender que o museu não está isolado e sozinho, mas estabelece diversas relações, desde as redes, como a rede social, com o capitalismo de plataforma e seus modelos de negócio digital.[15] De modo expandido, há também as escolhas de linguagens e narrativas, a escolha e produção de plataformas, dos acessos e da inclusão nas coleções e acervos, bem como as políticas emergentes e circundantes das produções culturais.

Em primeiro, podemos observar que, historicamente, as convenções institucionais do museu no mundo digital, muitas vezes elaboradas a partir de suas relações estabelecidas entre o espaço expositivo físico reforçaram os conceitos de uma metáfora do mundo, como nos propôs Steve Johnson (2001) no início dos anos 2000, sobre os espaços digitais. Acreditando que a metáfora da interface que imita o mundo real pudesse ser "a consistência que nos tranquiliza" no mundo digital, muitas apostas em termos de modelos de navegação, narrativas e interfaces gráficas apostaram nesse trajeto - algumas tradicionais ainda estabelecem planos de visita, navegação por mapas do espaço físico e disponibilizam esse mesmo trajeto no espaço digital (JOHNSON, 2001, p. 167).

Ampliadas pelo potencial de ferramentas digitais, como a realidade aumentada, a visão computacional, as produções multimídia em tempo real, espaços como o Google Arts & Culture[16] permitiram a navegação física por espaços expositivos potencializados pelas narrativas desse espaço da metáfora reforçando que ainda está viva, para além da simulação. De selfies relacionadas aos autorretratos clássicos da história da arte[17] que

15 Como Uber, Ifood, dentre tantos outros modelos presentes na atualidade como exemplos de capitalismo de plataforma.

16 O Google Arts and Culture é uma plataforma da empresa Google que disponibiliza conteúdo de curadoria de arte e cultura, promovidos por meio de parcerias entre repositórios digitais diversos de museus, galerias, bibliotecas etc. e também articulados a ferramentas de navegação espacial, como o Google Maps, Earth e 360 graus, permitindo experiências imersivas, e até mesmo em tempo real, considerando exposições ou eventos. Disponível em: https://artsandculture.google.com/. Acessado em dezembro de 2020.

17 Art Selfie é um aplicativo da Google disponível no Google Play e App Store, que promove a relação de imagens entre fotografias pessoais e autorretratos clássicos da história da arte, utilizando como tecnologia as ferramentas de visão computacional. Disponível em: https://artsandculture.google.com/camera/selfie. Acessado em dezembro de 2020.

utilizam tecnologias de visão computacional para a comparação dos perfis faciais, até ferramentas que permitem ampliação da *Gare Saint Lazare de Monet*[18], em aproximação inusitada e improvável no espaço físico da obra, focando 'a pincelada' com o olhar microscópico do pixel (e ainda, comentada e narrada pelo músico Jarvis Cocker).[19] As possibilidades do espaço digital parecem ter alcançado o estado da arte da metáfora da interface, incorporando os discursos de outras mídias e acessando espaços pouco comuns do museu físico, bem como públicos incomuns nas redes sociais.

Entretanto, o conceito de "literalidade da metáfora" é um aspecto a ser questionado nesses modelos – afinal, como nos diz Johnson, "tomar imagens emprestadas do mundo real pode ser bastante esclarecedor, mas se as metáforas forem demasiado caseiras toda a experiência na tela pode parecer embotadora, insípida" (JOHNSON, 2001, p. 167). O que essa afirmação nos aponta, segundo o autor, é ao questionamento dessas experiências e o que de fato oferecem (ou pretendem oferecer), seja a partir do olhar do entretenimento, da aprendizagem, do "bebedouro virtual" (JOHNSON, 2001, p. 167) da arte, da memória e da cultura material, como modos de viver a informação a partir das mediações.

Já o conceito de mediação, tal qual nos aparece nos estudos culturais da interação, é apresentado por André Lemos, a partir da compreensão dos espaços de agência dos artefatos digitais como produtores de sentido, de materialidades, redes, afetações dentre outras características, do que o autor denomina neomaterialismo (LEMOS, 2020, p. 55-56). A perspectiva de análise proposta localiza-se, como nos propõe Lemos (2020, p. 58), em perguntar como "algoritmos, interfaces, dispositivos, leis, regulações, patentes, redes de comunicação, espaços de uso etc. constroem determinado fenômeno". E não o seu contrário, qual seja, a partir da análise fragmentada e isolada das redes, das práticas digitais, das culturas de plataformas (e outras materialidades) e as agências assumidas como estáveis.

Lemos (2020) nos aponta que as teorias da neomaterialidade partem de quatro perspectivas, que estabelecem modos de compreensão na relação entre interações, espaços e objetos. A primeira delas, a partir do materialismo, estabelece que as interações e objetos estão interligados, afetando e sendo afetados pelo mundo material, a partir da ideia de que "todo fenômeno se desenvolve em redes, produzindo efeitos ou afetações materiais" (LEMOS, 2020, p. 56). A partir dessa perspectiva, é possível assumir que as produções que encontramos em museus, acervos e coleções (como recorte) relacionam-se aos movimentos subjetivos e coletivos, no que concerne à produção digital e aos espaços de circulação das redes. Big-data,[20] Inteligência Artificial (IA – ou em inglês *Artificial Intelligence – AI*),

---

18 A ferramenta Zoom Art permite visualizar com aproximação microscópica grandes clássicos de obras em museus diversos. O exemplo de Monet: The Gare St-Lazare está disponível em: https://artsandculture.google.com/story/monet-the-gare-st-lazare/bQKiOoXhWAzXLA. Acessado em dezembro de 2020.

19 A narração de Jarvis Cocker sobre a obra de Monet está disponível no canal Zoom Art, do Google Arts and Culture. Disponível em: https://youtu.be/IQ-IN9M2gfM?t=2. Acessado em dezembro de 2020.

20 Big data é um campo do saber que contempla os estudos do tratamento, análise e obtenção de informações a partir dos conjuntos de dados, obtidos por meio de sistemas de diversas naturezas.

o capitalismo de plataforma[21] e outras emergências dos macro dados de rede têm evidenciado que a perspectiva dos acervos e coleções, como "recortes da curadoria", "espaços de subjetividade e memória" ou, ainda, "sentenças do espaço fechado expositivo na pandemia" estão longe de serem as únicas possibilidades de compreensão das realidades que se colocam nos espaços da midiatização dos artefatos circulantes na cultura material.

Na segunda perspectiva proposta por Lemos (2020), a visão não essencialista ou pragmática, tem orientação à atividade (ou à ação e interação dos objetos no contexto), e segundo Lemos: "a visão não-essencialista/pragmática sustenta que o objeto (humanos e não humanos) é o que ele faz e não pode ser definido por substância, ou categorias a priori" (LEMOS, 2020, p. 56), relacionando as perspectivas de agência humana e não humana da interação, a partir de Bruno Latour e de uma sociologia que aponta para as relações de redes sociocomunicacionais (apud LEMOS 2020, p. 57). Nessa abordagem, podemos inferir que as perspectivas de análise das interações do museu no espaço digital tendem a ser vistas, muitas vezes, como unidirecionais, na relação da obra com espectador ou ainda, na narrativa expositiva como linear ou controlada. Mas poderia ser ampliada a todas as relações da ação e interação da própria rede e das possibilidades estabelecidas para a interação com os artefatos expostos – reforçando os aspectos que a perspectiva de mediadores não humanos afetam – desde os tipos de dispositivo, a plataforma escolhida para o espaço expositivo, as linguagens e narrativas estabelecidas pelos modos de navegação de cada modelo de interação, bem como nas possibilidades dos mediadores humanos.

É pela terceira perspectiva, da posição não antropocêntrica, que a definição de agência distribuída é assumida por Lemos (2020) como a integração e associação com as redes, tendo em vista a ideia de que tudo está conectado, local ou globalmente. Assim, reforça-se também as relações de controle (ou assimetrias) presentes nas interações, que podem ser vistas no espaço do museu digital, como as forças presentes em redes globais e locais e suas presenças – principalmente, quando tratando de instituições de nome, força política e econômica no cenário expositivo. Espaços digitais, como do Museu do Louvre, do Museu de Arte de Nova York, do *Victoria and Albert Museum*, entre outros de mesma força econômica de relação com as redes, possuem alcances e interações ampliadas pelas percepções de rede – seus alcances ultrapassam as esferas do local e inferem modos de visitação e formatos.

Na última abordagem, chamada por Lemos de associativa/local, "valorizam-se os processos materiais e os fluxos de agências em experiências nas quais as questões sociais são sempre resultado de coletivos humanos e não humanos" (LEMOS, 2020, p. 57), assim questionando a leitura ou interpretação do fenômeno da interação isoladamente. Entendemos que os museus no ambiente digital são produtores de sentido que vão além da mera transposição dos meios, vão além da assunção de uma narrativa expositiva do espaço físico, dialogando com outros elementos em rede colocados pelos seus contextos e suas dicotomias. Como nos afirma Lemos (2020, p. 59), é a partir dessa perspectiva materialista

21 Capitalismo de plataforma é o termo usado para designar os sistemas de intermediários comunicacionais que articulam uma relação de serviços e negócios entre indivíduos ou instituições, em sua maioria, determinando os modos de produção e trabalho a partir das ferramentas tecnológicas e seus controles.

> Para uma perspectiva neomaterialista, a questão é como artefatos fazem emergir (produzem) o público e sua opinião, como eles aparecem agora nesse sistema sociotécnico algorítmico (diferente de sua produção pela ágora, *piazza*, imprensa, rádio, TV etc.). Mais interessante do que saber o que é o público e sua opinião (em essência), é ver em que condições de agenciamento eles são construídos, discutidos, disseminados. Essa é a perspectiva não essencialista, pragmática, imanente, associativa e não antropocêntrica (LEMOS, 2020, p. 59).

A proposta então é pensar essa presença do museu a partir de uma perspectiva que assuma as redes e seus espaços – como a "rede é montada e como ela age", por meio das relações e de "afetações", no reconhecimento do poder e das forças que agem – concreta e materialmente – e no modo como pessoas, objetos se relacionam no espaço digital.

Assim, numa abordagem que se aproxima muito da perspectiva dos estudos das Ciência, Tecnologia e Sociedades (CTS), como os citados de Bruno Latour e Michel Callon, e na aproximação de conceitos sobre poder, dispositivos e, agenciamento, advindos de Michel Foucault, Gilles Delleuze e Félix Guattari, a perspectiva analítica da neomaterialidade desafia abordagens situadas em fragmentos da interação ou do uso, da narrativa ou da plataforma, propondo um olhar para a cultura digital , tendo em vista as categorias ampliadas (ainda que mais complexas) que extrapolam a ideia de analisar "um site" ou "as interações que dele advém", como nos fala Lemos:

> No caso da cultura digital, analisar fenômenos tais como a sociabilidade em redes sociais, as fake news, a prática do selfie, a questão do design e da privacidade na internet das coisas (Internet of Things, IoT), a cultura de plataformas, partindo de uma análise macrossocial da estrutura econômica do capitalismo de dados, ou pelo viés da comunicação entre humanos em situação específica, ofereceria pouca clareza sobre os desafios comunicacionais atuais, pois não levaria em conta as materialidades e a agência dos objetos aí envolvidos (interfaces, lógica algorítmica, construção de banco de dados, princípios escondidos em documentos técnicos e patentes etc.). Quem posta quando postamos no Facebook? Pensar, nesse caso, em uma agência humana independente e soberana é investir em erro grosseiro (LEMOS, 2020, p. 58).

Dessas perspectivas, a construção de uma metodologia que permita um olhar para as relações que o museu digital estabelece no contexto sócio-histórico precisa contemplar, a seu modo específico, a análise concreta de materiais – documentação, práticas, discursos, descritiva de elementos de mediação, modos de afetação humana e não humana, além da análise da controvérsia (LEMOS, 2020), ou ainda, na perspectiva dialética, a análise das contradições emergentes.

Nesse entendimento, as questões que se colocam sobre a presença do museu no espaço digital podem ser respondidas por um apontamento em construção: de que o museu digital é mais do que um website, na medida que o museu não pode ser definido como mera transposição midiática, desvinculado das institucionalidades – das relações de poder, de seus discursos, sua presença física ou não, tampouco um website pode ser compreendido apenas como um suporte ou um lugar de armazenamento, uma linguagem ou um espaço dispositivo, sem agência ou desvinculado de uma rede estabelecida entre meios que produzem materialidades.

CONSIDERAÇÕES FINAIS

Este capítulo procurou relatar um exercício de observação, de crítica e de reflexão, que estabelecemos partindo do campo do Design para outros campos do nosso interesse – os dos estudos da cultura material e visual, dos estudos sobre os museus e suas práticas e dos estudos culturais da interação. Nossa intenção foi delinear as fronteiras entre eles, e a partir delas, construir intersecções que nos fizeram visualizar a complexidade do tema.

Ressaltamos que percorrer novos trajetos metodológicos – nas perspectivas do neomaterialismo de Lemos (2020) e de outras abordagens críticas nos estudos culturais – desloca uma aparente simplicidade de transposição de mídias e da análise das interações, reverbera junto a uma perspectiva crítica da tecnologia e promove novos olhares para estudos que conectam humanidades – do espaço criativo e da tecnologia.

Iniciamos com a ideia de que um museu no espaço digital é mais do que um website.[22] Procuramos ampliar a noção de que os artefatos digitais não são estáveis e isolados da cultura material. Pelo contrário, os artefatos digitais produzem sentidos, afetos, materialidades em redes e em espaços digitais e físicos a partir das interações humanas e não humanas.

Inspiradas pelas reflexões de Chagas (2019) a respeito dos museus, trazemos então mais algumas questões necessárias aos museus físicos para o contexto do espaço digital: para quem se guarda a memória no espaço digital? E a memória de quem, afinal, é guardada? Quem seleciona o que é guardado? E como fazem essas seleções? O que deve ser lembrado e transmitido? E o que deve ser esquecido? Por onde e como circulam as memórias e histórias?

A disseminação dos acervos e a inclusão, entendidos como universais, são apenas parte de uma perspectiva de acesso e um recorte da discussão sobre o acesso aberto e a inclusão. Há de se problematizar ainda os interesses e extensões dos contextos, historicamente, constituídos dos acervos e de suas características identitárias. Os acervos provenientes dos

22 Cabe aqui apresentar uma constatação de Rosali Henriques (2018) sobre o uso da internet pelos profissionais dos museus brasileiros. A pesquisadora traçou uma comparação entre as práticas observadas em 2004 e as observadas em 2018: os museus virtuais no Brasil se multiplicaram e somam 45 instituições cadastradas na Rede Nacional de Identificação de Museus, do Instituto Brasileiro de Museus. No entanto, destaca que a maioria apresenta sites de informações sobre acervos, exposições etc. Esses dados nos fornecem pistas sobre a situação no Brasil e reforçam a constatação das assimetrias entre as diversas instituições espalhadas no espaço digital.

museus, muitas vezes, se conectam com a representação de um contexto com espaço físico, elitizado e excludente; em contraposição, contradição ou relacional com outros espaços não hegemônicos ou institucionalmente constituídos, que também reúnem acervos para a preservação da memória coletiva, por exemplo, páginas ou perfis em redes sociais de comunidades, associações de bairro e movimentos sociais.

Para finalizar, questionamos quais constituições estabelecidas no meio digital, fora das percepções hegemônicas ou tradicionais, podem nos ajudar a refletir sobre as potências do museu digital e da memória – política, social e culturalmente constituídos – que reforçam as identidades e as comunidades e podem nos servir, a partir daí, para pensar em outros lugares de circulação dos artefatos e das memórias a eles vinculadas. Entendemos que as esferas de poder – que tangem às políticas públicas, de acesso à cultura, às artes, aos espaços culturais etc. – impactam diretamente nas concepções e visões que utilizamos como base para a discussão. Entretanto, pretendemos explorar esses aspectos em outros momentos e espaços de diálogo, articulando exemplos e práticas que possam contribuir aos estudos do museu digital e de outros espaços de memórias.

REFERÊNCIAS

CHAGAS, Mário. Programa Saber Museu – Ibram. Videoaula: "Museu, memória, cidadania". 2019. Disponível em: https://www.youtube.com/watch?v=Eu_7hh2yAkE. Acesso em: 19 set. 2020.

CURY, Marília X. Museus em Transição. *In:* Sistema Estadual de Museus – SISEM SP (org.). Museus: o que são, para que servem? Brodowski (SP): ACAM Portinari; Secretaria de Estado da Cultura de São Paulo. São Paulo, 2011. (Coleção Museu Aberto).

DIGITAL HISTORY OF VIRTUAL MUSEUMS. History. Disponível em: http://virtualmuseumhistory.com/history/. Acesso em: 17 nov. 2020.

ENCICLOPÉDIA Itaú Cultural de Arte e Cultura Brasileiras. São Paulo: Itaú Cultural, 2020. Disponível em: http://enciclopedia.itaucultural.org.br/termo3807/museu. Acesso em: 10 de dez. 2020. Verbete da Enciclopédia. ISBN: 978-85-7979-060-7.

GOLD, Matthew K.; KLEIN, Lauren. Debates in the Digital Humanities: 2019. Minneapolis, MN: University of Minnesota Press, 2019.

HENRIQUES, Rosali M. N. Memória, museologia e virtualidade: um estudo sobre o Museu da Pessoa. 187 f. Dissertação (Mestrado) – Curso de Museologia, Departamento de Arquitectura, Urbanismo e Geografia, Universidade Lusófona de Humanidades e Tecnologias, Lisboa, 2004.

HENRIQUES, Rosali M. N. Os museus virtuais: conceito e configurações. Cadernos de Sociomuseologia, Lisboa, *[s. l.]*, v. 55, n. 12, p. 53-70, 2018. Department of Museology – Lusophone University. http://dx.doi.org/10.36572/csm.2018.vol.56.03. Disponível em: https://revistas.ulusofona.pt/index.php/cadernosociomuseologia/article/view/6337. Acesso em: 19 nov. 2020.

ICOM – International Council of Museums. Website Institucional. Disponível em: https://icom.museum/en/. Acessado em dezembro de 2020.

JOHNSON, Steven. Cultura da Interface: como o computador transforma nossa maneira de criar e comunicar. Rio de Janeiro: Jorge Zahar, 2001.

LEMOS, André. Epistemologia da Comunicação, Neomaterialismo e Cultura Digital. Galáxia. *In:* Revista do Programa de Pós-Graduação em Comunicação e Semiótica, São Paulo, v. 1, n. 43, 2020. ISSN 1982-2553. Disponível em: https://revistas.pucsp.br/index.php/galaxia/article/view/43970/31631. Acesso em: 12 nov. 2020.

LOURENÇO, Maria Cecília França; MOTTA, Renata Vieira da. Museus: novos enquadramentos. 24 jun. 2020. Organizada por Instituto de Arquitetura e Urbanismo (USP) São Carlos. Facebook: https://www.facebook.com/watch/iau.usp/. Disponível em: https://www.facebook.com/559763624167383/videos/330933491641662/. Acesso em: 24 jun. 2020.

LOUVRE. History Of The Louvre. Disponível em: https://www.louvre.fr/en/histoirelouvres/history-louvre/periode-4#tabs. Acesso em: 15 dez. 2020.

MENESES, U. T. B. de. Do teatro da memória ao laboratório da História: a exposição museológica e o conhecimento histórico. *In:* Anais do Museu Paulista, v. 2, 1994, p. 9-42, 1 jan. 1994.

MENESES, U. T. B. de. Museu virtual: é o museu do futuro? Nossa América: Revista do Memorial da América Latina, São Paulo, n. 33, p. 56-59, 2009.

MERKLE, Luiz Ernesto. Computar na Vida e Computar nas Ciências, nas Tecnologias, ou nas Artes (desafios sobre algumas poéticas do interagir). Cadernos de Informática – UFRG, Porto Alegre, 9, nº 1 (2016).

MOTTA, Renata. Entre o invisível e o visível. *In:* Sistema Estadual de Museus – SISEM SP (org.). Museus: o que são, para que servem? Brodowski (SP): ACAM Portinari; Secretaria de Estado da Cultura de São Paulo. São Paulo, 2011. (Coleção Museu Aberto).

POVROZNIK, Nadezhda. Building Museum Identity Online: Two Decades of Progress. Proceedings Digital Humanities Benelux Conference, maio, 2020. Disponível em: https://zenodo.org/record/3868100#.X6_1ZxNKhPU. Acesso em: 14 nov. 2020.

RAMOS, Francisco R. L. A danação do objeto: o museu no ensino de história. Chapecó: Argos, 2004.

RIGOTTO, Maria Helena C. A história e a memória da província do Paraná (1853-1889): a experiência do Museu Paranaense. Disponível em: http://www.diaadiaeducacao.pr.gov.br/portals/pde/arquivos/152-4.pdf. Acesso em: 10 dez. 2020.

SILVA, Claudia Bordin Rodrigues da. Dimensões Culturais em Design de Interação: reflexões sobre as práticas de Design de Artefatos Digitais. Dissertação de Mestrado – Programa de Pós-Graduação em Tecnologia e Sociedade (PPGTE – UTFPR). Ano de obtenção: 2007.

SWAN, Alma. Diretrizes para políticas de desenvolvimento e promoção do acesso aberto / Alma Swan. Brasília: UNESCO Brasil, IBICT, 2016. 82p. – (Série diretrizes para o acesso aberto).

CAPÍTULO 4

INDÚSTRIA 4.0: PERSPECTIVAS DA MODA E DAS RELAÇÕES DE TRABALHO AO LONGO DAS REVOLUÇÕES INDUSTRIAIS

João Guilherme da Trindade Curado
Nélia Cristina Pinheiro Finotti

As mulheres pensam em todas as cores, exceto na ausência de cor.

Eu sempre disse que o preto é tudo. O branco também.

Sua beleza é absoluta. Trata-se da harmonia perfeita.

(Coco Chanel)

INTRODUÇÃO

A frase da estilista Coco Chanel (1883-1971), epígrafe do presente capítulo, remete-nos, imediatamente, a dois extremos, entre os quais existem pelo menos "Cinquenta tons de Cinza"! A metáfora, acreditamos, não poderia ser mais apropriada, mesmo que só a abordaremos aqui, nas preliminares.

Informações sobre o casal protagonista nos informam que Christian Grey é um rico empresário que controla tudo e todos à sua volta, seu mundo é organizado e conta com rígida disciplina; tanto na vida pessoal quanto na profissional, a tecnologia móvel é utilizada em profusão, visando o "controle", o "domínio". Anastácia, segundo a mitologia, tem origem no nome grego e significa a "que tem força para ressurreição" (ANASTÁCIA, 2020). No catolicismo "santa Anastácia" teria sido martirizada ao ser queimada viva em 25 de dezembro do ano de 304.

O Natal é um importante referencial para o calendário cristão no qual o capitalismo se apropriou, e a partir do qual pontuaremos as Revoluções Industriais, tendo também por foco o Brasil e Goiás, no que tange à produção de moda por meio da indústria têxtil e das roupas.

E. L. James, o nome utilizado pela autora Erika Leonard James, lançou o primeiro livro na versão e-book em 2011, por falta de entusiasmo das editoras para as quais apresentou o projeto. Dados referentes a 2015 apontam que, até então, 150 milhões de exemplares da trilogia tinham sido vendidos e a tradução realizada para pelo menos 50 países (GLOBO, 2015), alavancados também pelo sucesso da franquia cinematográfica da obra. No mundo da moda, segundo Ortiz (2019), as grandes marcas de luxo utilizam-se de "licenças" de suas "assinaturas" para outros produtos, como perfumes e relógios, o que colabora na ampliação da divulgação da marca e dos lucros. Literatura e cinema seguem na mesma tendência.

Os três "Cinquenta Tons de Cinza" adaptados para o cinema, contaram com cenários, carros e figurinos sóbrios e com predominância de cinzas. O "Grey Enterprise Holding" é altamente tecnológico no que tange à administração e investimentos; já Anastácia trabalha em uma editora que recebe originais por meio digital e parte da equipe trabalha em sistema remoto. São duas características presentes e abordadas ao longo do texto ao discutir a moda em tempos de Indústria 4.0.

No filme existe um contrato "consensual e confidencial" entre Grey e Anastácia, cujas designações passam, respectivamente, a "Dominante" e "Submissa", dentre as cláusulas, duas nos chamam a atenção ao se referirem à segurança da "Submissa", por serem cores: "amarelo [...] a Submissa está chegando ao limite de resistência" e "vermelho [...] a Submissa já não pode tolerar mais exigências" (WEFASHIONTRENDS, sem data).

Sem pretender *spolier*, termo derivado do meio jurídico, a trilogia cinematográfica se encerra com "Cinquenta Tons de Liberdade", enquanto na vida real a situação é mais complexa, como pretendemos discorrer a seguir, partindo de abordagens sobre as três primeiras Revoluções Industriais, para cada qual o fio condutor será a moda e as questões sociais e profissionais que dela decorrem, inserido o Brasil e Goiás nas urdiduras. Em seguida, a trama tem a Indústria 4.0 como a investigação do tecer e do trabalhar. Para tanto, a pesquisa bibliográfica em livros sobre moda e em artigos científicos selecionados, a partir do assunto: Indústria 4.0, com busca refinada no que se refere à data, entre os anos de 2017 e 2020, foi uma ação desenvolvida entre julho e novembro de 2020. Selecionamos para a leitura e o diálogo os textos que achamos mais pertinentes à abordagem sobre moda e ainda à temática de contextualização da Indústria 4.0.

A elaboração do texto recorreu a vários dos contextos vigentes na Indústria 4.0, desde a busca de bibliografia e teóricos que pudessem contribuir, pesquisando em plataformas digitais, como Portal de Periódico Capes, e ainda em plataformas de empresas que comercializam livros, que foram adquiridos em livrarias virtuais e pagos com cartões de *startup* no segmento de serviços financeiros. Os diálogos entre os autores se deram por aplicativos multiplataforma de mensagens instantâneas e chamadas de voz e vídeo para smartphones. O texto foi tramado por e-mails.

Enfim, é hora de adentrar ao universo da moda passeando pelas Revoluções Industriais até alcançar o clímax, aqui representado pela Indústria 4.0, que afetou significativamente, as questões sociais e profissionais recentes. Para tanto, nos desvencilharemos de nossa metáfora, mais uma vez a partir da contribuição da eterna Coco Chanel, que nos lembra que: "a melhor cor do mundo é a que fica bem em você".

AS TRÊS PRIMEIRAS ETAPAS DA REVOLUÇÃO INDUSTRIAL

A abordagem sobre a Revolução Industrial contempla as suas quatro fases, em especial a última, designada como Indústria 4.0. Buscaremos enfoques gerais das três primeiras fases, e como diferencial, a proposta de inserção do Brasil e de Goiás nos contextos, voltados sempre para a temática da moda, perpassando pela produção de tecidos e das relações sociais e profissionais advindos de cada um dos momentos em estudo.

Como esboçado, nosso objetivo é compreender as dinâmicas da moda no contexto da Indústria 4.0, com destaque para o cenário brasileiro e goiano. No entanto, uma breve retrospectiva nas etapas anteriores da Revolução Industrial constituem nossos objetivos secundários, no intuito de verificar as questões sociais e profissionais envolvendo a moda. O primeiro problema encontrado nos textos que tratam da Indústria 4.0 é a falta de padronização em relação à datação das quatro Revoluções Industriais a que se referem, apontando variações de até meio século. A perspectiva interdisciplinar se faz presente, mas temos consciência de que as datações históricas partem das alterações mais econômicas e direcionadas para as relações de trabalho, enquanto na Geografia o mote seria a expansão territorial da Revolução Industrial pela Europa. Como o interesse é mais abrangente, acabamos por optar entre datas apresentadas em estudos sobre a Indústria 4.0, no entanto, salientamos, que poucos autores fazem uma retrospectiva, sendo que a grande maioria das obras consultadas partem já da Indústria 4.0.

PRIMEIRA REVOLUÇÃO INDUSTRIAL

Abrange basicamente um século ou pouco mais, tendo início em 1760 e terminando entre 1860 e 1870, conforme Assad Neto et al. (2017) e Ledesma (2017). Ocorreu na Inglaterra e a precursora foi a indústria têxtil, assim a produção de tecidos destinados à produção de roupas teria constituído a gênese do processo de industrialização. Portanto, é indispensável observar, mesmo que superficialmente, as etapas da Revolução Industrial, pelo fato dos processos terem os tecidos, matéria-prima para a elaboração da moda, como mercadoria fundante. O pioneirismo da indústria têxtil modificou a paisagem inglesa, não só com o fluxo de pessoas indo e voltando do trabalho nas fábricas, pois como sabemos "a Revolução Industrial na Inglaterra não foi planejada, e também não houve planejamento nas cidades que cresciam em torno das novas fábricas", portanto, "para acomodar os trabalhadores, moradores da região alugavam quartos – do sótão ao porão. Um quarto era a moradia de uma família inteira. Casas geminadas começaram a ser construídas, amontoadas uma sobre as outras" e ainda: "as ruas não eram pavimentadas nem havia tubulações de esgoto ou sarjetas; sujeira de todo tipo se acumulava nas ruas e em terrenos baldios", conforme relata Hirst (2018, p. 171-172).

Ainda de acordo com o autor, as indústrias propiciaram a polarização da sociedade em classe média (os donos das fábricas) e os trabalhadores (HIRST, 2018). Além do mais, as relações de trabalho não eram bem estabelecidas, a jornada era exaustiva e os salários irrisórios. Homens, mulheres e crianças eram inseridos nas fábricas, em especial as têxtis, produzindo cada vez mais tecidos, no intuito de sanar as demandas, uma vez que a Inglaterra era a responsável por abastecer, inicialmente, quase todo mercado europeu. Vale ressaltar que ao longo da primeira Revolução Industrial algumas questões foram modificadas, como a expansão da Revolução por outros países da Europa, e as relações de trabalho foram alteradas por movimentos como o Cartismo, em que cartas eram enviadas ao Parlamente inglês denunciando as condições e explorações de trabalho. Um dos marcos finais do período foi a Lei Bill Aberdeen, que proibiu o tráfico de escravos pelo Atlântico e que visava a ampliação do mercado consumidor.

No Brasil, mudanças significativas ocorreram no período. Em 1763 a primeira mudança da capital administrativa de Salvador (representava o Nordeste produtor de açúcar e com base no trabalho escravo e de monocultura) para o Rio de Janeiro (Sudeste), região da propagação dos Bandeirantes, que se embrenham pelo "sertão" em busca de metais e pedras preciosas, expandindo a ocupação e povoação de áreas ermas. Em 05 de janeiro de 1785, o Alvará expedido por d. Maria I determinava proibição de produção de tecidos e teares no Brasil, "excetuando tão somente aqueles dos ditos teares, e manufaturas, em que se tecem, ou manufaturam fazendas grossas de algodão que servem para o uso, e vestuário dos negros, para enfardar, e empacotar fazendas, e para outros mistérios semelhantes" (ALVARÁ, 1785). Todos os outros tecidos ficam proibidos, a iniciativa era concentrar a mão de obra disponível na produção agrícola e nas minas.

As terras goianas, ocupadas inicialmente durante a busca pelo ouro iniciada na década de 1720, atraiu muitos aventureiros que traziam escravos deixando as famílias tanto em Portugal, São Paulo e outras localidades da então Colônia. Assim, a produção de vestimentas era algo quase dispensável, o que importava era a quantidade de ouro extraído. As roupas eram poucas ou quase inexistentes, os escravos que trabalhavam nos leitos dos rios quase nunca usavam camisas. O contato com os indígenas propiciou vários intercâmbios culturais, o afastamento dos mesmos diante de extermínio, quase os dizimaram, como o ocorrido com os índios Goya, que hoje denominam o nome do estado. A mineração nos rios goianos foi bastante efêmera, menos de meio século, como apontam autores que analisam o período, dentre eles Salles (1992), Palacín (1994) e Chaul (2018). Os autores são unanimes em afirmar que grande parte dos que aqui permaneceram após a queda da produção aurífera se dedicaram a uma economia de subsistência rural, o que implicava, inclusive na desobediência ao Alvará que proibia a tecelagem e manufatura em Goiás, pois era talvez a única possibilidade de vestir a população.

Por ocasião da chegada da Família Real portuguesa ao Brasil, D. João VI se viu obrigado a revogar o Alvará de 1785, pois o Brasil, agora Reino Unido, precisava suprir as necessidades da corte que aqui se instalou. Mesmo assim, nos alerta Prado e Braga (2011, p. 25) que "'produtos mais refinados, destinados a uma seleta freguesia', sempre importados, puderam ser encontrados nos centros de comércio mais elegantes do Rio e do Brasil", foi quando "os habitantes da Colônia tentaram se igualar aos nobres europeus, adornando-se e vestindo-se com roupas que se assemelhavam àquelas oriundas do Velho Mundo" (LOPES, 2014, p. 63).

A visão eurocêntrica ganha proporção com as várias expedições de viajantes europeus que circulam pelo Brasil nas duas primeiras décadas do século XIX, que descrevem o "atraso" local tendo por parâmetro a Europa, desconsiderando, inclusive, que o Alvará de 1785 foi grande aliado no que tange à quase ausência de desenvolvimentos tecnológicos relacionados às manufaturas no Brasil, e consequentemente, à conservação do trabalho escravo. O francês Auguste de Saint-Hilaire descreve o atraso encontrado em solo goiano, mas faz-se necessário relembrar que "no decorrer do século XIX a França permaneceu uma sociedade agrícola, com grande parte da terra nas mãos dos camponeses, que tinham se tornado os donos dela durante a Revolução de 1789" (HIRST, 2018, p. 177). Sobre uma propriedade rural em Meia Ponte (atual Pirenópolis) Saint-Hilaire comenta, em 1819, que: "tratava-se, inegavelmente, da mais bela propriedade que havia em toda a região de Goiás que eu tinha percorrido" (SAINT-HILAIRE, 1975, p. 98), segue descrevendo a casa, o engenho de açúcar, as demais dependências da fazenda, como paiol, moinho de farinha de mandioca, e ainda "onde ficava instalada a máquina de descaroçar o algodão, a fábrica de fiação" (p. 99). As relações de trabalho, quando "o domingo pertencia aos escravos" cujo tratamento consistia em "mantê-los bem alimentados e vestidos decentemente".

Joaquim Alves de Oliveira, o proprietário, exportava o algodão para a Bahia e o Rio de Janeiro e em 1819 "estava planejando aumentar ainda mais suas plantações de algodão e tinha a intenção de instalar no próprio Arraial de Meia-Ponte uma descaroçadora, bem como uma fiação onde pretendia empregar mulheres e crianças sem trabalho" (SAINT-HILAIRE, 1975, p. 99). Era o proprietário rural um comerciante nato, que buscava auferir maiores lucros com o produto em voga naquele momento: o algodão. No entanto, a produção, ao que indica era voltada apenas à exportação, não abastecendo o mercado goiano. Diante da ausência de dinheiro em circulação e os preços "exorbitantes" das mercadorias, inclusive as relacionadas ao vestir, o viajante relata, ao passar por Santa Luzia (atual Luziânia) que era comum "quando o vigário percorre as fazendas, para a confissão pascal, acontece muitas vezes que todas as mulheres de uma mesma família se apresentavam diante dele, uma de cada vez, usando o mesmo vestido" (SAINT-HILAIRE, 1975, p. 27).

Os relatos mencionados no trecho anterior indicam a disponibilidade de mão de obra feminina e infantil a ser aproveitada na incipiente "indústria têxtil" goiana por volta da década de 1820, assim como a penúria social quando para receber a visita do giro paroquial, as integrantes de uma mesma família revezam o uso de um mesmo vestido, provavelmente, a conhecida "roupa de ver Deus". Essa designação separava as vestes comuns do cotidiano daquela reservada a momentos especiais de sociabilidades, geralmente, a missa dominical ou as festas religiosas que aconteciam nas proximidades. Às mulheres goianas, que eram em número bastante reduzido em relação aos homens no período em questão, cabiam os serviços da casa e quando não contavam com o trabalho escravo, muitas acabavam laborando junto com os demais integrantes da família.

Monteleone (2019, p. 1) relembra que "ao longo de todo o século XIX, costurar em casa era muito comum. Esperava-se que as mulheres soubessem cuidar da roupa da casa, que incluía um sem número de remendos, recosturas e transformações", afinal, havia pouco dinheiro, em especial no interior, para manter as vestimentas familiares; com as costuras em casa era possível a custo irrisório transformar um vestido em calças e camisas para as crianças e outras tantas adaptações. Nas cidades maiores o cuidado se ampliava, uma vez que "no espaço urbano, a identificação da condição social das camadas superiores podia ser feita na figura da mulher, que ostentava riquezas através das roupas, adereços, atitudes e gestos codificados pela moda" (MALUF, 1994, p. 188).

De volta ao Rio de Janeiro, a dinâmica da produção das roupas passou a ser uma atividade especializada "eram as modistas e as lojas de tecidos, como a Walterstein, na cote, que copiavam modelos europeus que chegavam ao Brasil por meio de revistas ilustradas e gravuras" (MONTELEONE, 2019, p. 3). Os menos afortunados desenvolveram outros hábitos, como o de ter "uma costureira *por dia*, *por semana* ou *por mês* [que] não era apenas brasileiro. Na Europa, assim como aqui, esse tipo de serviço doméstico sobreviveu por muitas décadas" (MONTELEONE, 2019, p. 3, grifo do autor). Fazia, inclusive, parte da formação das mulheres os primeiros passos em corte e costura, além de bordados; mesmo entre as mais pobres, pois poderia ser uma fonte extra, o que inseriu muitas escravas em outro universo no ambiente doméstico do trabalho, sendo consideradas especialistas, por isso mais caras e ainda passíveis de prestação de serviços em casas de terceiros, gerando lucro para os proprietários.

No Brasil, a Lei de Terras (1850) contribui para a acumulação da terra nas mãos de poucos e mesmo com os reflexos das proibições do Tráfico Negreiro, a mão de obra permanece sendo escrava e a habitar as fazendas, onde poucas eram as possibilidades de alterações das relações de trabalho. No entanto, na área urbana, de modo geral, tanto nas pequenas vilas quanto nos centros maiores, as relações de trabalho são modificadas, mesmo que timidamente. Os "escravos de ganho" eram constantes geradores de dinheiro para os proprietários e ainda para os trabalhadores negros que vislumbram algumas possibilidades. No mesmo ano foi sancionada lei que proibia o tráfico de escravos, que no Brasil proporcionou alterações significativas, como mudanças nas práticas econômicas que "foram carreados para investimentos em títulos, ações, empreendimentos imobiliários e na expansão de diversos processos produtivos, entre eles, a lavoura cafeeira" (ARAÚJO, 2018, p. 236), o que acentuou o tráfico interno de deslocamentos do Nordeste para o Sudeste do país. A nova configuração brasileira daquele momento se relaciona com a segunda etapa da Revolução Industrial, como veremos a seguir.

SEGUNDA REVOLUÇÃO INDUSTRIAL

O período compreendido pela Segunda Revolução Industrial, ainda segundo Assad Neto et al. (2017) e Ledesma (2017), teria início entre 1840 e 1870, finalizando entre as décadas de 1960 e 1970. Não há, conforme exposto, uma delimitação muito rígida para a datação, especialmente em relação às duas primeiras etapas da Revolução Industrial pelos que estudam a Indústria 4.0; entretanto são unânimes ao contextualizá-la a partir da utilização de novas fontes de energia, em especial o petróleo e depois a eletricidade. Outras características importantes seriam: a substituição do ferro pelo aço que é mais resistente devido a sua mistura com outros elementos, o que o tornou mais acessível também; e o surgimento, em 1913, da linha de montagem, idealizada pelo empresário estadunidense Henry Ford, que desenvolveu a produção em série, que passou a ser designada de fordismo.

As indústrias, antes basicamente restritas ao território inglês, passaram a expandir-se mundo afora, período em que foi consolidada a divisão do trabalho, fazendo com que o trabalhador perdesse o controle da produção total, passando a conhecer apenas a etapa a ele designada. Vale ressaltar que a ampliação industrial fora da Inglaterra não colaborou na diminuição dos preços, muito menos em melhorias para os trabalhadores; pelo contrário, foram sobrecarregados em cargas horárias cada vez maiores e salários ainda mais insignificantes, acentuando a desigualdade social.

Coube à Segunda Revolução Industrial proporcionar práticas de políticas imperialistas, que visavam a novos mercados consumidores, uma vez que o mercado interno europeu tendia à estagnação. A implantação de indústrias em outros países, em especial na África e na Ásia, propiciou maior proximidade com as matérias-primas, mas contribuiu para regimes de trabalhos que não eram legislados e, portanto, exploravam sobremaneira os trabalhadores. Era a política Imperialista europeia e suas práticas de neocolonização e ampliação do poder capitalista, o que mais tarde acabou levando aos conflitos mundiais.

No Brasil, o Segundo Reinado iniciava-se com D. Pedro II no poder, com apenas 15 anos, graças à "declaração de maioridade", dentre as políticas a Tarifa Alves Branco (1844), que visava proteger as manufaturas brasileiras, cujos resultados viriam posteriormente, sendo que o número de trabalhadores na indústria passou de cerca de 5 mil em 1864 para 78 mil em 1914 (FAUSTO, 1995). Outra informação importante em termos econômicos foi a presença do algodão dentre os oito principais produtos ao longo do período imperial brasileiro. O referido autor relembra que em 1850 foi aprovado o primeiro Código Comercial que "definiu os tipos de companhias que poderiam ser organizadas no país e regulou suas operações" (FAUSTO, 1995, p. 197).

Há informações de que nem tudo que era vestido no Brasil era aqui produzido, sendo que a "importação de roupas prontas oscilava entre 1 e 3% das importações entre 1859 e 1909" segundo Monteleone (2019 apud GRAHAM, 1979). A mesma autora aponta mudanças nas relações de trabalho diante da produção de roupas, ao relatar que "o trabalho de modistas e costureiras que faziam roupas em casa diminuiu quando as máquinas de costura se tornaram mais comuns no Rio de Janeiro, em meados da década de 1870", período em que "diversos anúncios de jornal destacavam as qualidades de escravas costureiras, que podiam ser alugadas por dia" (MONTELEONE, 2019, p. 4).

Monteleone traz a lume um importante fato relacionado com o trabalho. Ao pontuar que "a algumas mulheres era permitido ser empresária, dona loja de importações [*sic*]. A outras, a abertura de ateliês de costura" e segue afirmando que "essas mulheres tiveram negócios e os administrariam com relativo sucesso, empregando outras mulheres como vendedoras ou costureiras" (MONTELEONE, 2019, p. 8). Com o tempo, a máquina de costura começou a ser vendida no Brasil, primeiro para a elite, mas logo tornaram-se mais baratas e as classes populares passaram a consumir e ampliar o número de costureiras que mantinham as funções de dona de casa e que permaneceram trabalhando em casa onde recebiam as clientes, prática ainda comum em pequenas cidades. No entanto, havia no final do século XIX, dois problemas relacionados ao ato de costurar pelas mulheres, ainda segundo a autora, um ligado ao controle do corpo feminino que afirmava que o repetido movimento de pés e pernas nos pedais das máquinas de costura "causariam uma excitação sexual nas mulheres", o que não era bem-visto, mas fez surgir as máquinas de costura de mesa, movidas à mão. O outro foi o movimento liderado pelos socialistas que se preocupavam com a regulamentação do trabalho feminino e questões salariais, algo ainda pendente na agenda atual.

No Brasil, as relações de trabalho passam por significativa alteração a partir da libertação dos escravos e com a chegada de imigrantes europeus, quando "eram negros cerca de 30% dos trabalhadores fabris cariocas em 1891, ao passo que só os imigrantes ocupavam 84% dos empregos na indústria paulista em 1893" (FAUSTO, 1995, p. 220-221), o que evidencia e denuncia a exclusão social latente naquele contexto e que se arrasta à atualidade.

O início do século XX trouxe significativas alterações no contexto mundial. Com a Primeira Guerra Mundial a produção estadunidense desponta, o que, posteriormente, vai contribuir para a Crise de 1929, que afeta o sistema monocultor de café no Brasil, trazendo novas perspectivas políticas. A Revolução de 1930 substitui o modelo oligárquico rural pela urbanização e industrialização do país, ampliando os debates ligados às questões sociais e profissionais a serem absorvidos pela nova dinâmica econômica, que no final da mencionada década adotou uma política nacionalista. Essa política contribuiu para o desenvolvimento da industrialização ao mesmo tempo que instituiu a política trabalhista no Brasil, um incentivo ao trabalho e produção industriais. Em Goiás, a capital era transferida da "antiga" e colonial cidade de Goiás para Goiânia, uma "nova" capital, construída em estilo Art Dèco que simbolizava a modernidade chegando ao estado, inclusive com a ferrovia que possibilitava modificações na economia até então agrária.

Com o fim da Segunda Guerra Mundial, em 1945, ocorreu a consolidação dos Estados Unidos da América como grande potência econômica e industrial mundial. O Brasil, com a saída de Vargas do poder, abriu a economia, trazendo indústrias multinacionais para o território brasileiro, assim como as novas tecnologias de produção. Em Goiás, a década de 1940 foi marcada por intensa migração proveniente de Minas Gerais, na esperança de conseguirem terras na Colônia Agrícola Nacional de Ceres (CANG), projeto de "Marcha para o Oeste" de Vargas junto com Ludovico. Os migrantes trouxeram na bagagem rodas, teares, saberes e fazeres ligados à tecelagem e à Folia de Reis, conhecimentos perpetuados nas propriedades rurais goianas em que passaram a habitar.

Na goiana cidade de Anápolis, foi lançado em 1946 um manifesto popular a favor da fundação da Companhia Goiana de Tecelagem (Vicunha S/A, Indústrias Reunidas), e no ano seguinte, de acordo com Alves (2011), o marketing ficou mais intenso, sendo que a antiga fábrica da Companhia de Tecelagem e Fiação de Algodão começou os trabalhos em 1951. Foi uma das primeiras indústrias têxteis em Goiás, substituindo as antigas manufaturas de tecidos produzidos por rodas de fiar e teares espalhadas pelo universo rural goiano, que passaram a conviver com nova organização, produção e de trabalho. O cenário ideológico goiano do período em questão remetia ao "novo", ao "moderno" em que o "rompimento" com o rural era premissa percebida até mesmo no modo de se vestir, buscando nas vestimentas industrializadas, um referencial para o habitar na cidade, quando os tecidos de algodão produzidos nos teares rurais passam por significativa desvalorização. As rodas de fiar, em especial deixaram de ser instrumentos de ofício e foram transformadas em objeto de decoração.

TERCEIRA REVOLUÇÃO INDUSTRIAL

Existe maior consenso no que tange à data inicial da Terceira Revolução Industrial, convergindo para o ano de 1970, dentre os autores pesquisados que abordam a Indústria 4.0, conforme exemplificamos a partir de Morais, Moura e Denani (2018) e Carvalho (2019), assim como a obra já mencionada de Assad Neto et al. (2017).

Muitas eram as novidades no cenário de crises políticas e em especial econômicas. Hobsbawm (1995, p. 394) relata algumas novas dinâmicas do setor produtivo: "controle de inventário computadorizado, melhores comunicações e transportes mais rápidos reduziram [...] o 'ciclo de estoque' da velha produção de massa" e continua "o novo método, iniciado pelos japoneses, e tornado possível pelas tecnologias da década de 1970, iria ter estoques muito menores" ao mesmo tempo que "produzir o suficiente para abastecer os vendedores *just in time* (na hora), e de qualquer modo com uma capacidade muito maior de variar a produção de uma hora para outra". Relembra ainda que "a maioria das pessoas na verdade se tornou mais pobre na década de 1980, e a produção caiu durante a maior parte dos anos" (HOBSBAWM, 1995, P. 395).

Outras características da presente etapa seria a expansão das multinacionais, aproximação das indústrias dos centros de pesquisas, surgimentos de polos tecnológicos como o do Vale do Silício, que passam a ter importâncias mundiais pelo desenvolvimento de novas tecnologias, como a microeletrônica, o que contribuiu para a eliminação de postos de trabalho, acentuando o desemprego e consequentemente, a pobreza.

Com o desenvolvimento do modelo denominado Toyotismo houve maior inserção do Oriente na economia mundial. Na mesma década de 1970, países asiáticos despontam e passam a serem conhecidos como "Tigres Asiáticos" com grande produção e custo baixo devido a utilização de grande mão de obra barata, foram eles Hong Kong, Coreia do Sul, Singapura e Taiwan, vantagem que se estendeu até o final da década de 1990, quando Japão e China passam a ocupar local de destaque na produção e nas economias asiática e mundial.

No contexto da Guerra Fria, muita tecnologia bélica e de espionagem foram desenvolvidas, sendo algumas absorvidas pelas indústrias, como novos equipamentos e produtos. Na indústria da moda, os sintéticos ganham espaço em contraste com os movimentos de contracultura que deram origem aos hippies, que pregavam paz e amor, a volta da vida em comunidades e estilos que fugiam dos padrões estabelecidos pela indústria da moda.

Os alternativos, designação pela qual eram também conhecidos, migraram das grandes cidades, abandonando empregos convencionais, muitas vezes nas indústrias, rumo ao campo, revalorizando a alimentação natural, a vida saudável e o artesanato, fazendo ressurgir em várias localidades a tecelagem produzida em teares. Em Goiás, dois estudos etnográficos apontam a resiliência de tal saber: Garcia (1981) e Mirandola (1993).

A América Latina vivia os reflexos da Guerra Fria, com os países buscando desenvolver as indústrias nacionais, geradoras de riquezas e também possibilidades de diminuir o crescente desemprego. Todavia as intervenções dos Estados Unidos da América se faziam cada vez mais presentes, inclusive com apoio/incentivo a Ditaduras Militares que dentre outras consequências, como o fim da livre expressão, buscava limitar a criatividade artística, o que incluía a moda. Ainda assim, em alguns países como Argentina, Colômbia e Chile, criaram-se modas de protestos unificadas à criatividade, em especial das mulheres, "muitas delas donas de casa, costureiras e secretárias, de famílias de trabalhadores e da classe média" como as caracteriza Allucci (2019, p. 5). No Chile, a produção de tapetes pelas "*arpilleras* eram poderosos instrumentos de denúncia e testemunho de uma realidade que se queria camuflar e que, por trás do colorido de suas tapeçarias estavam sempre aparentes a desolação e a injustiça que procuravam revelar" contra o governo Pinochet (ALLUCCI, 2019, p. 11). Na Colômbia, os bordados denunciavam o assassinato de 11 camponeses e o abandono forçado de aproximadamente 300 famílias da Mampuján, nordeste do país, e foi quando as mulheres se organizaram e desenvolveram projetos de bordados que denunciavam as atrocidades ocorridas no antigo local de morada. Ainda segundo a referida autora, dentre os três países, a Argentina teve a maior repercussão com as ações das "mães da praça de maio" durante o governo de Videla (1976-1981), que inicialmente, amarravam fraldas à cabeça e posteriormente "as fraldas foram substituídas por lenços brancos e nestes, logo depois, começaram a ser bordados os nomes dos filhos e as datas de seus desaparecimentos" (ALLUCCI, 2019, p. 5).

No Brasil, a situação não era diferente, e foi durante a Ditadura Militar (1964-1985) que despontou também uma moda de protesto que extrapolou o território nacional por meio das criações da estilista Zuleika de Souza Netto, a Zuzu Angel, cujo reconhecimento ocorreu, especialmente, após sua participação no 2º Salão de Moda da Feira Brasileira do Atlântico, no Rio de Janeiro, em 1966. De acordo com Shemes, Araújo e Puhl (2012, p. 6): "o ano de 1967 foi emblemático para a carreira de Zuzu, pois, em plena ditadura militar, ela realizou um desfile com o nome *Fashion and Freedom* (Moda e Liberdade), o que representava claramente uma crítica ao regime" foi nesse período que "ela começou a fazer prêt-à-porter, uma inovação para a época". Há concordância de que o desfile realizado em 1971, em Nova York, o *International Dateline Collection III – Hollyday and Resort* foi um marco, tanto na divulgação da marca Angel, como pelo protesto de Zuzu Angel que substituiu as flores e anjos por "pássaros em gaiolas, balas de canhão, tanques, quepes, pombas negras e anjos mortos" (SIMILI; MORGADO, 2015, p. 186-187) e para o encerramento, ela apareceu vestida de preto e com a foto do filho morto nas mãos, o que abriu espaço nos jornais internacionais sobre a ditadura no Brasil. No entanto, "seu comportamento relevante e desafiador desagradava a elite militar. Em abril de 1975, sua história ganhou um desfecho ainda mais trágico. Zuzu morreu num forjado acidente de carro" (ANDRADE, 2009, p. 87).

No mesmo período, "entre 1972 e 1974, o setor têxtil viveu um boom de investimentos que lhe permitiu se modernizar – em particular no segmento de malharia" e ainda apontam Prado e Braga (2011, p. 321) que "houve, contudo, um aumento exagerado da capacidade produtiva (de cerca de 40%) que, mais tarde, teve reflexos negativos ante um quadro de economia recessiva", ou seja, contribuiu para elevar o índice de desemprego no país. Seguem os mencionados autores destacando os avanços em relação à moda no Brasil, no contexto delimitado da Terceira Revolução Industrial, como a melhoria da qualidade das revistas que divulgavam moda (Manequim, Cláudia, Desfile), os grandes show-desfiles, maior preocupação com a moda masculina e também com a unissex, a "era das butiques" que se espalharam pelo país, assim como o jeans, tecido que passou a ser muito utilizado, firmando espaço no mercado. Relembram que "foi a partir da década de 1990 que as primeiras gerações de estilistas e profissionais da moda graduados nas escolas pioneiras do país chegaram ao mercado" (PRADO; BRAGA, 2011, p. 537). Em 1995 ocorreu a primeira edição do São Paulo *Fashion Week*, um dos maiores e mais aguardados eventos de moda, quando são mostradas coleções de estilistas renomados e revelados novos talentos. As questões ambientais também passam a compor as coleções desde a década de 1980.

Em Goiás, a criação do Distrito Agroindustrial em Anápolis no ano de 1976 teve contribuição significativa, conforme dados apresentados por Estevam (2004), que indicam a participação da indústria goiana em relação ao Brasil, de 0,4% em 1970 e chegando a 1,8% em 1995, o que mesmo diante da timidez representa um significativo aumento. Na concepção percentual da renda interna goiana, a indústria contribuía com 7,3% em 1960, e passou a representativos 25,4% no ano de 1995 (ESTEVAM, 2004), ou seja, um quarto da produção goiana naquele ano provinha do setor industrial. Em relação às confecções, Rocha (2016, p. 5) as contextualiza espacialmente: "na capital goiana, as primeiras indústrias de confecções surgiram por volta da década de 1960, e foram se instalando em três regiões, no setor Campinas, mais precisamente na Rua Alberto Miguel, no setor Fama, onde se localiza a Avenida Bernardo Sayão, e na Avenida 85 no setor Marista".

INDÚSTRIA 4.0

A divisão das Revoluções Industriais tornou-se possível pelo fato de que elas "representam marcos no desenvolvimento das forças produtivas capitalistas. São períodos em que o desenvolvimento tecnológico culmina em saltos qualitativos na capacidade produtiva, na organização e controle do trabalho" (MORAES; OLIVEIRA; ACCORSI, 2019b, p. 73). Buscando historicamente contextualizar o surgimento da mais comumente designada Indústria 4.0, recorremos a Oliveira et al. (2020, p. 4): "o surgimento das iniciativas para a quarta revolução industrial tiveram início por conta da crise econômica mundial de 2009, onde houve iniciativas de países desenvolvidos de repensarem suas economias". Todavia, autores como Carvalho (2019, p. 52) indicam que "o fenômeno da Indústria 4.0 foi mencionando na língua alemã pela primeira vez durante o evento '*Hannover Fair*', em 2011, na Alemanha, como uma proposta para o desenvolvimento de um novo conceito de política econômica alemã". Seguindo a nova tendência, países e blocos logo se inseriram no novo contexto, com destaque para os Estados Unidos da América, a União Europeia, países asiáticos (China e Japão), dentre outros, que possuem inclusive planos nacionais para a Indústria 4.0, conforme Silva (2019, p. 35).

Em menos de uma década, a Indústria 4.0 vem sendo bastante debatida e analisada, o que reflete na grande produção bibliográfica sobre o assunto, a partir da qual serão apontadas algumas características mais recorrentes. Santos et al. (2018, p. 115) afirmam que "em uma visão holística, a abordagem Indústria 4.0 representa os fenómenos de mudanças nos processos de produção e modelos de negócios, configurando um novo patamar de desenvolvimento e gestão para as organizações". Tais mudanças contariam com as inovações tecnológicas, como "sistemas cyber-físicos, internet das coisas e internet dos serviços [...] uma produção controlada pela tecnologia, totalmente automatizada e interconectada", segundo Pasqualotto e Bublitz (2017, p. 65). Lucena, Roselino e Diegues (2020, p. 118) explicam, ao estudarem alguns países referencias, que a internet das coisas, "a IoT [internet das coisas] é um elemento central para a Indústria 4.0 devido a seu poder conectivo e sensorial, com ampla aplicação e extensão para as atividades econômicas, o que não a restringe apenas às manufaturas". Tecnologia advinda da Terceira Revolução Industrial, como relembra Temporelli (2009, p. 11-12) ao indicar o "West Shift", como designa o movimento da Revolução Industrial, e o avanço originário partindo do Vale do Silício.

Diante de tanta tecnologia não é de se estranhar que a Indústria 4.0 dispusesse de vários vocábulos próprios para designar a recente configuração industrial, alguns em uso no cotidiano, outros mais restritos ao mundo dos negócios, como aponta Silva (2019, p. 34) em ilustração que indica o termo e os autores que os define. Aqui, apontaremos apenas os termos, uma vez que optamos por Indústria 4.0, os demais seguem apenas como indicativo da ampla designação: *Advanced Manufacturing, Digital Manufacturing, Factory 4.0, Fourth Industrial Revolution, Industrie 4.0, Industry 4.0, Intelligent Manufacturing, Smart Industry* e *Smart Manufacturing.*

Morais, Moura e Denani (2018, p. 3.734-3.725) afirmam que a Indústria 4.0 "baseia-se em pilares como: Internet das coisas (IoT), Sistemas Ciber Físicos (Cyber-Physical Systems) e Fábricas Inteligentes (Smart Factories)" em que se destacam as *big data*, análise ampliando a grande quantidades dados; Robôs autônomos designados para tarefas mais complexas; Simulação, geralmente em 3D sobre o produto em desenvolvimento; Sistema de integração, tanto horizontal quanto vertical; Internet Industrial de Coisas, dispositivos que se conectam por meio de avançados padrões tecnológicos; Cibersegurança, comunicações rápidas, seguras e confiáveis de acesso a máquinas e usuários; *Cloud Computing* uso da computação em nuvem com mais serviços baseados em dados; Fabricação aditiva, destinado a fabricação de pequenos lotes de produtos personalizados; Realidade aumentada, pautada na disponibilização de informações em tempo real, contribuindo para a melhora nas tomadas de decisões.

Diante de tantas transformações é inevitável a preocupação com os trabalhadores, sobre os quais vários autores trouxeram abordagens, dentre eles, salientamos a questão levantada por Pasqualotto e Bublitz (2017, p. 77): "na eventualidade de um dano a uma pessoa, em decorrência de coisas conectadas, a pergunta fatal é: a quem deve ser imputada a responsabilidade, uma vez que a rede é integrada por coisas derivadas de origens diferentes?".

Diante do cenário de incertezas Ottonicar e Valentim (2019, p. 6) conjeturam que: "a tendência do mercado de trabalho no futuro indica a possibilidade da tecnologia e os equipamentos modernos substituírem o trabalho realizado pelo ser humano" e continuam:

"desse modo, não é possível prever quantos cargos/funções desaparecerão ao longo do tempo". Segundo Costa (2019, p. 16), existem "200 milhões de pessoas no mundo sem trabalho; jovens com menos de 25 anos correm duas a três vezes mais riscos de ficar desempregados; 21 milhões de vítimas de trabalho forçado" e acrescenta que "o futuro do trabalho enfrenta realidades complexas que fazem dele, como de qualquer futuro, uma realidade incerta e plural" (COSTA, 2019, p. 16).

Antunes (2020, p. 13) nos apresenta dois novos enfoques pelos quais os trabalhadores começaram a ser designados recentemente: "infropeletariado ou cibertariado", uma vez que, continua o autor: "é quase impossível, hoje, encontrar qualquer trabalho que não tenha alguma forma de dependência do aparelho celular". Lembramos, que aparelho este deve ser adquirido, pertencente e mantido pelo próprio trabalhador, pois "estamos ingressando em uma nova fase da desantropomorfização do trabalho, agora caracterizada pela intensificação da subsunção real do trabalho à nova máquina-ferramenta-informacional". Reitera afirmando: "processualidade que é, subjetivamente, ainda mais complexa quando comparada àquela vivenciada pela introdução de maquinaria durante a primeira fase da Revolução Industrial" (ANTUNES, 2020, p. 21-22).

No encalço de tais transformações Moraes, Oliveira e Accorsi (2019a, p. 652), indicam que "no Brasil, a Pesquisa Nacional por Amostra de Domicílios (Pnad), do Instituto Brasileiro de Geografia e Estatísticas (IBGE), realizado no primeiro trimestre de 2019, estima que 3,8 milhões de pessoas possuem seus trabalhos mediados por plataformas" e acrescentam que a uberização do trabalho vem "sendo sinônimo de trabalho intermitente, em grande parte informal, em que as relações capital-trabalho, outrora negociadas, tornam-se imposições do capital sobre o trabalho" (MORAES; OLIVEIRA; ACCORSI, 2019a, p. 655). Outro aspecto extremamente relevante presente no contexto atual é destacado por Graham e Anwar (2020, p. 51) ao observarem que "dada a maneira como as plataformas são desenhadas, é incentivada a competição e não a colaboração entre os trabalhadores", sendo que "os trabalhadores são classificados como independentes, em vez de empregados, e são impelidos a se sentir como empreendedores relativamente atomizados competindo por trabalhos temporários em um mercado global". Destarte, trabalham por custos próprios, sem vínculos empregatícios, ausência de Previdência Social e dos direitos trabalhistas, como férias remuneradas ou 13º salário. O ganho depende excepcionalmente da produção, por isso os motoristas de aplicativos e de entregas se submetem a jornadas exaustivas de trabalho diário e semanal, o que Filgueiras e Antunes (2020, p. 65) indicam como "um 'novo proletariado de serviços' que padece das vicissitudes da chamada escravidão digital" e complementam que "no presente, a expansão do trabalho digital vem demolindo a separação entre o tempo de vida no trabalho e o tempo de vida fora dele" (FILGUEIRAS; ANTUNES, 2020, p. 74).

Festi (2020, p. 154) adverte que "em vez de as tecnologias estarem a serviço do bem-estar social, elas reforçam o caráter instrumental e opressor que sempre exerceram no interior da lógica do modo capitalista de produção". Situação observada desde a Primeira Revolução Industrial, o diferencial em relação à Indústria 4.0 é que grande parte dos trabalhos são executados ou comandados por meio de equipamentos provenientes dos próprios trabalhadores, o que precisa ser melhor negociado, assim como o tempo de trabalho e as legislações vigentes.

Em relação à moda Rodríguez, Gaviria e Botero (2019, p. 110) afirmam que a computação está cada vez mais presente na indústria da moda pelas características da produção "por tener ciclos de vida cortos, demanda impredecible, distribución rápida".

Sobre a indústria Têxtil brasileira Silva Filho e Lizote (2019, p. 78) apresentam dados que demonstram a importância do setor: "o Brasil, que possui mais de 10 milhões de micro e pequenas empresas (MPEs), representando mais de 95% do total dos empreendimentos brasileiros, é considerado o 5º maior produtor mundial dentro da indústria têxtil". Esses autores continuam asseverando que "a indústria têxtil no país é a segunda maior empregadora da indústria nacional de transformação, perdendo apenas para alimentos e bebidas" (SILVA FILHO; LIZOTE, 2019, p. 79) e complementam que o Brasil "gera 1,5 milhões de empregos diretos e 8 milhões se adicionarmos os indiretos, dos quais 75% são de mão de obra feminina".

A participação de mulheres no mundo do trabalho relacionado à moda é bastante constante em todas as etapas das Revoluções Industriais, permanecendo, quase sempre, as desigualdades salariais. Outra situação de exploração é descrita por Zoratto (2020, p. 2), ao expor que "a indústria da moda, em específico a etapa de confecção, tem sido denunciada mundialmente pelos padrões degradantes aos quais as trabalhadoras são submetidas", uma vez que "as cadeias de valor global permitem não só a descentralização da produção, mas também seu rastreamento, e com auxílio da tecnologia de comunicação [...] os consumidores passaram a conhecer a realidade das fábricas em que suas peças de vestuário são produzidas", o que tem iniciado as alterações do sistema de trabalho. E ainda, "o modelo de produção *fast fashion*, que oferece aos consumidores opções de compra cada vez maiores a preços menores, faz com que o custo real dos preços baixos não raro recaia sobre os trabalhadores" (ZORATTO, 2020, p. 61).

Os dados da Associação Brasileira da Indústria Têxtil e de Confecções (Abit) (2018), fundada em 1957, apresenta os seguintes dados no site institucional (www.abit.org.br), referentes ao ano de 2018: "faturamento da Cadeia Têxtil e de Confecção: US$ 48,3 bilhões", segundo maior gerador do primeiro emprego; mais de 25,2 mil empregos formais em todo o país; quarto maior produtor de malhas do mundo, "a moda brasileira está entra as cinco maiores Semanas de moda do mundo" e "temos mais de 100 escolas e faculdades de moda".

Goiás conta com seis cursos superiores de moda, sendo o primeiro datado de 1996, conforme estudo sobre os cursos de moda realizados por Barbosa, Almeida e Finotti (2020). As autoras fazem parte de um grupo que vem se dedicando a estudar a moda em Goiás em diversas perspectivas, buscando na multidisciplinaridade, possibilidades investigativas diante da grande lacuna existente nos estudos sobre moda em Goiás e moda goiana.

CONSIDERAÇÕES FINAIS

A expectativa de análise da Indústria 4.0, a partir de retrospecto das etapas anteriores da Revolução Industrial, tendo por condução aspectos relacionados à produção têxtil e da moda em geral, igualmente como as relações sociais e as questões profissionais, possibilitam entender cada uma das três primeiras etapas, assim como as perspectivas vislumbradas sobre quarta, a Indústria 4.0.

As percepções advêm das concepções relacionadas aos modos de produzir e de atuar das indústrias perante os trabalhadores. Em cada período ou etapa da Revolução Industrial fica patente as transformações visando ampliar a produção e especialmente o lucro, deixando latente os conflitos entre capital e trabalhadores, estes sempre explorados em função daqueles que detêm os postos de trabalho. Os empregos são cada vez mais necessários no mundo em que vivemos.

Desde a produção de artefatos, depois utilitários, passando pelo artesanato, manufatura, chegando à industrialização com diversos modelos de produção como o fordismo, toyotismo e recentemente pela robotização e Internet das Coisas, há nítida percepção de exploração de uns por outros, alterando os instrumentos ou políticas, ações governistas ou políticas gerais, como atualmente o neoliberalismo. No entanto, uma questão fundamental foi discutir as relações dos humanos diante de tantas alterações nos sistemas de trabalho, o que tentamos fazer, considerando a moda.

Vivemos momento de incertezas diante da implantação e consolidação da Indústria 4.0, o que não foi diferente dos que conviveram com as anteriores Revoluções Industriais, quando tecnologias e relações de trabalhos decorrentes dos modelos impostos alteraram similarmente as questões sociais. No entanto, temos como prerrogativas o uso da mesma tecnologia para divulgar as reflexões sobre a Indústria 4.0, e a presente publicação é uma contribuição que abre possibilidades, assim como para novas inquirições que abordem temáticas diversas. Afinal, a Indústria 4.0 também está na moda!

REFERÊNCIAS

ALLUCCI, Renata Rendelucci. Uma aguja, uma lámpara, um telar. *In: Revista Estudos Feministas*. Florianópolis, v. 27, n. 3, 2019. p. 1-14. Disponível em: https://periodicos.ufsc.br/index.php/ref/article/view/1806-9584-2019v27n354376/42024. Acesso em: 25 set. 2020.

ALVARÁ 05 JAN. 1785. Disponível em: http://historiacolonial.arquivonacional.gov.br/index.php?option=com_content&view=article&id=3674&catid=145&Itemid=286#:~:text=Essa%20repress%C3%A3o%20culminou%20com%20a,da%20manufatura%20de%20panos%20em. Acesso em: 20 set. 2020.

ALVES, Daniel Araújo. Vila Jaiara: primícias da indústria têxtil em Anápolis. *In: Caderno de Pesquisas* – Museu Histórico de Anápolis "Alderico Borges de Carvalho". Ano 3, n. 1 e 2, 2011. p. 76-84. Disponível em: http://www.anapolis.go.gov.br/portal/arquivos/files/Caderno4(1).pdf. Acesso em: 20 out. 2020.

ANASTÁCIA. Dicionário de nomes próprios. Disponível em: https://www.dicionariodenomesproprios.com.br/anastacia. Acesso em: 05 set. 2020.

ANDRADE, Priscila. A marca do anjo: a trajetória de Zuzu Angel e o desenvolvimento da identidade visual de sua grife. *In: Iara*: Revista de Moda, Cultura e Arte. São Paulo, v. 2, n. 2, 2009. p. 85-119. Disponível em: http://www1.sp.senac.br/hotsites/blogs/revistaiara/wp-content/uploads/2015/01/05_IARA_vol2_n2_Dossie.pdf. Acesso em: 22 set. 2020.

ANTUNES, Ricardo. Trabalho intermitente e Uberização do trabalho limiar da Indústria 4.0. *In:* ANTUNES, Ricardo (org.). *Uberização, trabalho digital e Indústria 4.0.* São Paulo: Boitempo, 2020. p. 11-22.

ARAÚJO, Carlos Eduardo Moreira de. Fim do tráfico. *In:* SCHWARCZ, Lilia Moritz; GOMES, Flávio dos Santos (orgs.). *Dicionário da Escravidão e liberdade*: 50 textos críticos. São Paulo: Cia das Letras, 2018. p. 230-336.

ASSAD NETO, Anis *et al.* A busca de uma identidade para a Indústria 4.0. *In: Anais* do XXXVII Encontro Nacional de Engenharia de Produção (Enegep). Joinville, 2017. 14p. Disponível em: https://www.brazilianjournals.com/index.php/BRJD/article/view/183/153. Acesso em: 25 set. 2020.

ASSOCIAÇÃO BRASILEIRA DA INDÚSTRIA TÊXTIL E DE CONFECÇÕES (Abit). Disponível em: https://www.abit.org.br/cont/perfil-do-setor. Acesso em: 15 nov. 2020.

BARBOSA, Maristela Farias; ALMEIDA, Marcia Maria de; FINOTTI, Nélia Cristina Pinheiro. Sustentabilidade nos cursos de Moda: entre o real e o ideal. *In:* FINOTTI, Nélia Cristina Pinheiro; KOCHHANN, Andréa; CURADO, João Guilherme da Trindade (orgs.). *Tessituras da moda*: diálogos entre vestir, modos e comportamentos. Goiânia: Scotti, 2020. p. 197-210.

CARVALHO, Nubia Gabriela Pereira. *Trabalho humano na Indústria 4.0*: percepções brasileiras e alemãs dos setores acadêmico e empresarial a respeito do trabalho de pessoas no novo modelo industrial. (Mestrado em Engenharia de produção). Escola de Engenharia de São Carlos da USP. 2019. 260p. Disponível em: https://www.teses.usp.br/teses/disponiveis/18/18157/tde-10032020-132144/publico/NubiaGabrielaPereiraCarvalhoDEFINITIVO.pdf. Acesso em: 20 set. 2020.

CHAUL, Nars Fayad. *Caminhos de Goiás*: da construção da decadência aos limites da modernidade. 5. ed. Goiânia: UFG, 2018. 293p.

COSTA, Hermes Augusto. O futuro do trabalho entre as vozes da academia e as perspectivas sindicais. *In:* Configurações, *Revista de sociologia*, Araraquara, v. 24, 2019. p. 11-27. Disponível em: https://journals.openedition.org/configuracoes/7638. Acesso em: 21 set. 2020.

ESTEVAM, Luís. *O tempo da transformação*: estrutura e dinâmica da formação econômica de Goiás. 2. ed. Goiânia: Ed. UCG, 2004. 238p.

FAUSTO, Bóris. *História do Brasil.* 2. ed. São Paulo: Ed. USP, 1995. 654p.

FESTI, Ricardo. Contribuições críticas da sociologia do trabalho sobre a automação. *In:* ANTUNES, Ricardo (org.). *Uberização, trabalho digital e Indústria 4.0.* São Paulo: Boitempo, 2020. p. 149-158.

FILGUEIRAS, Vitor; ANTUNES, Ricardo. Plataformas digitais, uberização do trabalho e regulação no capitalismo contemporâneo. *In:* ANTUNES, Ricardo (org.). *Uberização, trabalho digital e Indústria 4.0.* São Paulo: Boitempo, 2020. p. 59-78.

GARCIA, Marcolina Martins. *Tecelagem Artesanal*: estudo etnográfico em Hidrolândia-Goiás. Goiânia: UFG, 1981. 188p.

GLOBO. 'Grey', novo livro '50 tons de cinza', quebra recorde no Reino Unido. Disponível em: http://g1.globo.com/pop-arte/noticia/2015/06/grey-novo-livro-50-tons-de-cinza-quebra-recorde-no-reino-unido.html. Acesso em: 02 set. 2020.

GRAHAM, Mark; ANWAR, Mohammad Amir. Trabalho digital. Trad. Murillo van der Laan e Marco Gonsales. *In:* ANTUNES, Ricardo (org.). *Uberização, trabalho digital e Indústria 4.0*. São Paulo: Boitempo, 2020. p. 147-58.

HIRST, John. *A mais breve história da Europa*. Trad. Paulo Geiger. Rio de janeiro: Sextame, 2018. 224p.

HOBSBAWM, Eric. *Era dos extremos*: o breve século XX: 1914-1991. Trad. Marcos Santarrita. São Paulo: Companhia das Letras, 1995. 598p.

LEDESMA, Javier Fernández. Reflexión sobre los sistemas empresariales y su contribucion desde la perspectiva del manejo de la informacion: una aproximación desde la Industria 4.0. *In: Sistemas, Cibernética e Informática*, v. 14, n. 2, 2017. p. 6-11. Disponível em: http://www.iiisci.org/journal/CV$/risci/pdfs/CA146MC17.pdf. Acesso em: 26 set. 2020.

LOPES, Humberto Pinheiro. *Chafurdos na Moda*: heróis e vilões na história das cópias. Goiânia: Ed. UFG, 2014. 126p.

LUCENA, Felipe Andrade; ROSELINO, José Eduardo; DIEGUES, Antonio Carlos. A Indústria 4.0: uma análise comparativa entre as experiências da Alemanha, EUA, China, Coréia do Sul e Japão. *In: Geosul*, Florianópolis. v. 35, n. 75, 2020. p. 113-138. Disponível em: https://periodicos.ufsc.br/index.php/geosul/article/view/1982-5153.2020v35n75p113/43419. Acesso em: 19 set. 2020.

MALUF, Marina. *Ruídos da Memória*. São Paulo: Siciliano, 1994. 305p.

MIRANDOLA, Norma Simão Adad. *As tecedeiras de Goiás*: estudo lingüístico, etnográfico e folclórico. Goiânia: Cegraf/UFG, 1993. 414p.

MONTELEONE, Joana de Moraes. Costureiras, mucamas, lavadeiras e vendedoras: o trabalho feminino no século XIX e o cuidado com as roupas (Rio de Janeiro, 1850-1920). *In: Revista Estudos Femininos*. Florianópolis, v. 27, n. 1, 2019. 11p. Disponível em: https://www.scielo.br/pdf/ref/v27n1/1806-9584-ref-27-01-e48913.pdf. Acesso em: 25 set. 2020.

MORAES, Rodrigo Bombonati de Souza; OLIVEIRA, Marco Antonio Gonsales de; ACCORSI, André. Uberização do trabalho: a percepção dos motoristas de transporte particular por aplicativo. *In: Revista Brasileira de Estudos Organizacionais*, Curitiba, v. 6, n. 3, 2019a. p. 647-681. Disponível em: https://rbeo.emnuvens.com.br/rbeo/article/view/216/pdf. Acesso em: 01 out. 2020.

MORAES, Rodrigo Bombonati de Souza; OLIVEIRA, Marco Antonio Gonsales de; ACCORSI, André. Uberização no contexto da economia de compartilhamento: um estudo sobre o trabalho dos motoristas de transporte particular por aplicativo em São Paulo. *In: Revista Interface*, Lagoa Nova (RN), v. 16, n. 12, 2019b. p. 71-92. Disponível em: https://ojs.ccsa.ufrn.br/index.php/interface/article/view/1107. Acesso em: 10 out. 2020.

MORAIS, Marcos de Oliveira; MOURA, Ilma de; DENANI, André Luis. A integração entre conhecimento, inovação e Indústria 4.0 nas organizações. *In: Brazilian Journal of Development*, Curitiba, v. 4, n. 7, 2018. p. 3.716-3.731. Disponível em: https://www.brazilianjournals.com/index.php/BRJD/article/view/359/330. Acesso em: 16 out. 2020.

OLIVEIRA, Eduardo Cezar de; BASSO, Leonardo Fernando Cruz; JUNGER, Alex Paubel; SANTOS, Jadir Perpétuo dos. Empresas com potencial de adesão à quarta revolução industrial listadas na Brasil, Bolsa, Balcão. *Research, Society and Development*, Vargem Grande Paulista (SP), v. 9, n. 2, 2020. 22p. Disponível em: https://www.researchgate.net/publication/338318393_Empresas_com_potencial_de_adesao_a_quarta_revolucao_industrial_listadas_na_Brasil_Bolsa_Balcao/link/5e0ce2444585159aa4ab53a1/download. Acesso em: 22 set. 2020.

ORTIZ, Renato. *O universo do luxo*. São Paulo: Ed. Alameda, 2019. 298p.

OTTONICAR, Selma Letícia Capinzaiki; VALENTIM, Marta Lígia Pomim. A competência em informação no contexto do trabalho: uma revisão sistemática da leitura voltada à Indústria 4.0. *In: Revista eletrônica de biblioteconomia e ciência da informação*. Florianópolis, v. 24, n. 56. 2019. p. 01-21. Disponível em: https://periodicos.ufsc.br/index.php/eb/article/view/1518-2924.2019.e65145/40805. Acesso em: 27 set. 2020.

PALACÍN, Luiz. *O século do ouro em Goiás*: 1722-1822, estrutura e conjuntura numa capitania de Minas. 4. ed. Goiânia: Ed. UCG, 1994. 150p.

PASQUALOTTO, Adalberto de Souza; BUBLITZ, Michelle Dias. Desafios do presente e do futuro para as relações de consumo ante Indústria 4.0 e a economia colaborativa. *In: Revista de Direito, Globalização e Responsabilidade nas Relações de Consumo*. Maranhão, v. 3, n. 2, 2017. p. 62-81. Disponível em: https://www.indexlaw.org/index.php/revistadgrc/article/view/2526/pdf. Acesso em: 30 set. 2020.

POLONIAL, Juscelino. *Terra do Anhanguera*: História de Goiás. 5. ed. Goiânia: Kelps, 2013. 156p.

PRADO, Luís André do; BRAGA, João. *História da moda no Brasil*. 2. ed. Ed. Barueri/ Disal Editora/ São Paulo, 2011. 637p.

ROCHA, Cleomar (org.). *Moda em Goiás*. Goiânia: Gráfica da UFG, 2016. 30p.

RODRÍGUEZ, Leidy Vegas; GAVIRIA, Fabio Andrés; BOTERO, Luz Eugenia. La interactividad y la conectividade al servicio de la indústria de la confección. *In: Lámpsakos*, Medellín, n. 22, 2019. p. 106-122. Disponível em: https://www.funlam.edu.co/revistas/index.php/lampsakos/article/viewFile/3071/2636. Acesso em: 29 set. 2020.

SAINT-HILAIRE, Auguste. *Viagem à Província de Goiás*. Trad. Regina Régis Junqueira. Belo Horizonte/São Paulo, Itatiaia/USP, 1975. 158p.

SALLES, Gilka Vasconcelos Ferreira de. *Economia e escravidão na Capitania de Goiás*. Goiânia: CEGRAF/UFG, 1992. 317.

SANTOS, Beatrice Paiva; ALBERTO, Agostinho; LIMA, Tânia Daniela Felgueiras Miranda; SANTOS, Fernando Manuel Bigares Charrua. Indústria 4.0: desafios e oportunidades. *In: Revista Produção e Desenvolvimento*, Nova Iguçu (RJ), v. 4, n. 1, 2018. p. 111-124. Disponível em: https://www.researchgate.net/publication/325060590_INDUSTRIA_40_DESAFIOS_E_OPORTUNIDADES/link/5af426a40f7e9b026bcd081a/download. Acesso em: 01 nov. 2020.

SCHEMES, Claudia; ARAUJO, Denise Castilho de; PUHL, Paula Regina. As manifestações femininas na tela: Zuzu Angel e a moda-protesto. *In: Polêm!ca*, Rio de Janeiro, v. 11, n. 2, 2012. 24 p. Disponível em: https://www.e-publicacoes.uerj.br/index.php/polemica/article/view/3101/2204. Acesso em: 03 nov. 2020.

SILVA FILHO, Stenio Dias da; LIZOTE, Suzete Antonita. Autoeficácia e orientação empreendedora: uma análise de suas relações em pequenas empresas de moda íntima. *In: Revista da micro e pequena empresa*. Campo Limpo Paulista, v. 13, n. 1, 2019. p. 78-103. Disponível em: http://www.cc.faccamp.br/ojs-2.4.8-2/index.php/RMPE/article/view/1342/pdf. Acesso em: 20 set. 2020.

SILVA, Vander Luiz da. *Análise da transferência de tecnologia externa orientada à Indústria 40*: vínculos colaborativos entre fornecedores e indústria de manufatura. (Mestrado em Engenharia de Produção). Universidade Tecnológica do Paraná/Campus Ponta Grossa: Ponta Grossa, 2019. 111p. Disponível em: http://repositorio.utfpr.edu.br/jspui/bitstream/1/3947/1/PG_PPGEP_M_Silva%2c%20Vander%20Luiz%20da_2019.pdf. Acesso em: 27 set. 2020.

SIMILI, Ivana Guilherme; MORGADO, Débora Pinguello. Tecidos, linhas e agulhas: uma narrativa para Zuzu Angel. *In: Revista Tempo e Argumento*, Florianópolis. v. 7, n. 15, 2015. p. 177-201. Disponível em: https://www.researchgate.net/publication/283245951_Tecidos_linhas_e_agulhas_uma_narrativa_para_Zuzu_Angel/link/56af574e08ae43a3980fb867/download. Acesso em: 20 set. 2020.

TEMPORELLI, Massimo. Industria 4.0. *In: S & F Scienzeefilosofia.it*. n. 22, 2019. p. 11-30. Disponível em: https://www.scienzaefilosofia.com/wp-content/uploads/2019/12/SF_22.pdf. Acesso em: 29 set. 2020.

ZORATTO, Mariele Cristina de Abreu. Trabalho feminino na indústria da moda e a luta contínua por Direitos Humanos. *In*: *Revista Internacional de Direitos Humanos e empresas*, Paraná, v. IV, jan/dez, 2020. 17p. Disponível em: https://www.academia.edu/49188704/Trabalho_feminino_na_ind%C3%BAstria_da_moda_e_a_luta_cont%C3%ADnua_por_direitos_humanos_1. Acesso em: 15 set 2020.

WEFASHIONTRENDS. Disponível em: https://www.wefashiontrends.com/conheca-o-contrato-de-christian-grey-em-cinquenta-tons-de-cinza/. Acesso em: 05 set. 2020.

CAPÍTULO 5
INDÚSTRIA 4.0 E O DIREITO PÚBLICO

Andréa Abrahão Costa
Maria Carolina Carvalho Motta

DIREITOS FUNDAMENTAIS E INDÚSTRIA 4.0

O processo de tecnologização do Direito e a busca por uma linguagem preditiva artifical está na pauta de pesquisa e reflexão de muitos campos de investigação científica. Afirma-se que *analytics, big data, machine learning e computação cognitiva* são as novas metodologias que turbinarão o que se pode denominar de Direito 4.0, com a marca de eficiência "quantitativa" não apenas da prestação jurisdicional, mas também da atuação da Administração Pública.

Ao tempo em que esse "novo" Direito pode trazer impactos positivos, contudo também impõe desafios, sobretudo no campo teórico dos direitos fundamentais consagrados nas Constituições das sociedades ocidentais. Eficientização não poderia, portanto, ser sinônimo de assepsia social ou, dito de outra forma, não poderia estar apartada da defesa das disposições constitucionais e da transformação da realidade social. Daí que contrapor o artificial ao social passa a ser um novo dilema para o Direito e, especialmente, para a Administração Pública.

Este artigo tem como propósito discutir os impactos da inteligência artificial (IA) no âmbito do Direito Público e, especialmente, problematizar o seu uso diante das recentes e explícitas garantias quanto ao dever de fundamentação das decisões administrativas, que são, como se sabe, fruto de escolhas públicas.

Nesse sentido, no contexto internacional, deve-se mencionar a atual preocupação da União Europeia ao publicar documento[1] com as principais diretrizes éticas para o desenvolvimento de tecnologias de inteligência artificial, com particular relevância para a participação e o controle dos seres humanos, assim como para os objetivos técnicos que promovam o papel e os direitos das pessoas, de modo que diferentes sistemas garantam a diversidade de segmentos e representação humana, sejam étnicas, raciais, de gênero ou de classe. A premissa é a melhora da mudança social positiva, sem descurar da sustentabilidade e da responsabilidade ecológica. Ou seja, busca-se o equilíbrio entre o avanço tecnológico, seus efeitos, e os desafios e os objetivos de uma sociedade.

A "boca do algoritmo", para lembrar a célebre expressão "juiz boca da lei",[2] é o aspecto fundamental de uma governança pública, ou boa governança, que agora é digital.

Assim é que o controle da motivação de determinado ato, sobremodo o público, é aspecto que emerge com força e o cerne da proposta de reflexão que aqui se propõe. Disso, duas perguntas centrais emergem: como saber se determinado sistema de inteligência artificial é transparente e explicável?; como garantir a confiança em uma aplicação de inteligência artificial?

Sabe-se que quando uma inteligência artificial é acionada, a decisão é produto de vários cálculos matemáticos, os quais exigem uma série de códigos de computador capaz de entender quais dados estão sendo processados. O resultado depende ainda das informações submetidas no processo. E quando algo parece dar errado? Não raras vezes a resposta é a de que a falha provável decorre dos próprios dados lidos pela máquina.[3]

Todavia, é preciso ir além. É urgente que o controle das decisões, sejam humanas, sejam aquelas dadas por algoritmos, se paute pela chamada explicabilidade. Tal premissa converge com o quanto afirma Pinto, já que a IA:

---

1 *Building Trust in Human-Centric Artificial Intelligence*. Disponível em: https://ec.europa.eu/digital-single-market/en/news/communication-building-trust-human-centric-artificial-intelligence. Acesso em: 10 set. 2020.

2 Essa expressão é representante de uma função de dizer o Direito de época não muito distante desta que vivemos e que está pautada nos valores constitucionais e na necessidade do uso da hermenêutica para a aplicação das normas.

3 Nesse ponto é importante compreender os dois campos operacionais da IA. Como explica Pinto (2020, p. 45), "um deles é o analytics, palavra inglesa que se refere aos algoritmos que fazem a análise de dados e seus cruzamentos; o outro é o sistema do *machine learning*, cujos algoritmos 'são capazes de prever ou generalizar padrões apreendidos a partir de um conjunto de dados utilizados para treinar o sistema'. [...] No sistema de algoritmo de análise, os dados já estão estruturados e ajudam o seu usuário a fazer correlações na busca de padrões comportamentais diante da amostra por ele pesquisada: 'Tanto os dados quanto os parâmetros possíveis de tratamento de dados são dados a *priori*, ficando ao operador do algoritmo a possibilidade de manipulá-lo dentro de um contexto específico e com algumas limitações'".

> [...] está na precisão das decisões tomadas pelo sistema (*rationality*), estando elas sistematizadas em quatro categorias básicas: "I – um sistema que pensa como os seres humanos; II – um sistema que age como seres humanos; III – um sistema que pensa racionalmente; e IV – um sistema que age racionalmente". De acordo com Bellman (c1978, p. 2, tradução nossa), que tem uma concepção matemática a respeito do assunto, a IA é "a automatização de atividades que associamos à cognição humana, tais como a tomada de decisões, resolução de problemas e o aprendizado". Genérica e sinteticamente, a IA é a tentativa de transpor a capacidade humana de cognição para sistemas artificiais (PINTO, 2020, p. 44-45).

De mais a mais, não se pode desprezar que decisões têm sofrido um intenso processo de automatização, baseada em critérios na maioria das vezes não conhecidos ou bem explicados por seus criadores, de modo que passam a ter grande influência no dia a dia das pessoas sem que elas necessariamente percebam.

Considerando a universalização do digital, em 2018, debateu-se no Fórum Econômico Mundial em Davos, e depois em diversos fóruns multilaterais, o tema das práticas mais éticas na utilização dos sistemas de tecnologia de IA, com a criação de recomendações para agentes públicos e privados voltadas à criação de ações mais transparentes e passíveis de controle por parte de todos os setores da sociedade. E "a definição universal sobre o que consiste um sistema de IA, qual é o seu ciclo de formação e quais são os seus principais atores" é ponto fundamental na discussão (GUTIERREZ, 2019, p. 88).

Por isso, na primeira parte deste artigo recupera-se o conceito de boa governança e a validade do ato administrativo, para só então abordar-se a sua motivação no contexto da Indústria 4.0.

Na sequência, busca-se evidenciar, no campo do Direito Administrativo contemporâneo, o alerta que se anuncia a respeito da baixa interpretabilidade dos sistemas e sua importância para uma boa Administração.

Sustenta-se, por fim, que ao invés de apostarmos as fichas apenas no papel preditivo da IA, deve-se ter em conta sua função primeira, que é a de atuar como detectora de vieses que não comprometam o rol de direitos fundamentais, ainda mais na tomada de decisões públicas (FREITAS, 2020). Do contrário, parafraseando Becker (2012), estaremos apenas contribuindo para a "fantástica fábrica de decisões administrativas", agora na era digital.

FUNÇÃO ADMINISTRATIVA E A BOA ADMINISTRAÇÃO

Muito se discute sobre eficiência na administração pública como necessidade para combater ações burocráticas e morosas que, em um imaginário social e político, induzem a um Estado indolente e inapto. Mas pouco se discute o significado de eficiência dentro da função administrativa fortemente demarcada por um regime jurídico específico. Função, essa, que instrumentaliza a busca pelo interesse público com vistas a atender os direitos genuínos da sociedade e, portanto, tem diretrizes e requisitos legais a serem registrados. Função, essa, que se compartimenta para viabilizar a atividade administrativa que é, essencialmente, diversa e demanda regulação, fiscalização, prestação de serviços públicos, atividade econômica e fomento.

A relação da administração pública com a sociedade é inata, dada a ideia de objetivos coletivos. No entanto, essa relação pode ser próxima ou distante a depender das habilidades das instituições públicas em resolver as demandas sociais. E na tentativa de traduzir a capacidade do Estado em fazer frente aos desafios sociais, organizações multilaterais, como o Banco Mundial[4] e blocos econômicos, como a União Europeia,[5] cunharam o termo "Governança" e o incorporaram à ideia de administração pública.

Nesse diapasão, a administração dos recursos sociais e econômicos de um país toma a conotação de eficiência de acordo com a maior ou menor possibilidade de reverter tais recursos em solução dos problemas públicos. Para isso, o gestor é o intermediador entre o aparato estatal e a coletividade. Em outras palavras, necessário se faz que o governo desenvolva a aptidão de explorar a força coletiva da sociedade em prol de si própria, disponibilizando os instrumentos estatais essenciais para este intento.

Depreende-se com isso que a administração pública, mais do que nunca, reverte-se de um caráter instrumental com vistas a cumprir a função estatal de forma positiva. Daí decorre que a forma de desenvolvimento da atividade administrativa deve atender à qualidade de ser boa. O direito à boa administração pública, portanto, induz um perfil de eficiência e eficácia às ações e declarações de vontade públicas.

Canotilho (2008) diz que o conceito de *good governance* surgiu no âmbito da economia e política de desenvolvimento, adquiriu direitos de cidade no contexto das ciências sociais e veio a tornar-se uma dimensão básica do Estado Constitucional, passando a conceituar a *good governance* nos termos seguintes:

> *Good Governance* significa, numa compreensão normativa, a condução responsável dos assuntos do Estado. Trata-se, pois, não apenas da direcção de assuntos do governo/administração, mas também da prática responsável de actos por parte de outros poderes do Estado, como o poder legislativo e o poder jurisdicional [...] Mas, a 'governação responsável' diz respeito também à 'essência do Estado', pois o desenvolvimento sustentável, centrado na pessoa humana envolve como elementos essenciais o respeito dos direitos humanos e das liberdades fundamentais,

4 O emprego do conceito de governança restou disseminado sendo, em 1992, abarcado pelo Banco Mundial, que o traduziu como "a maneira pela qual o poder é exercido na administração dos recursos sociais e econômicos de um país, visando ao desenvolvimento" (*THE WORLD BANK*, 1992, p. 14).

5 No âmbito da União Europeia, o tema foi explicitado pela primeira vez no chamado Livro Branco (2001) que enunciou o seguinte conceito: "[...] governança designa as normas, processos e comportamentos que influem no exercício dos poderes a nível europeu, especialmente desde o ponto de vista da abertura, participação, responsabilidade, eficácia e coerência".

incluindo os direitos fundamentais, a democracia assente no Estado de direito, o sistema de governo transparente e responsável (CANOTILHO, 2008, p. 327-328).

É de Juarez Freitas (2007), no entanto, a concepção de que uma administração pública eficiente e eficaz deve atender aos requisitos de transparência, sustentabilidade intergeracional no que tange aos custos diretos e indiretos de suas ações, processos com duração razoável e motivação explícita, imparcialidade como filtro dos desvios cognitivos e redução das desigualdades, probidade, legalidade "temperada" e, ainda, que apresente resultados com indicadores de qualidade de vida em longa duração.

> [...] o direito fundamental à boa administração pública, que pode ser assim compreendido: trata-se do direito fundamental à administração pública eficiente e eficaz, proporcional e cumpridora de seus deveres com transparência, motivação, imparcialidade e respeito à moralidade, à participação social e à plena responsabilidade por suas condutas omissivas e comissivas. A tal direito corresponde o dever de a administração pública observar, nas relações administrativas, a cogência da totalidade dos princípios constitucionais que a regem. [...] direito à administração eficiente e eficaz, proporcional cumpridora de seus deveres, com transparência, motivação, imparcialidade e respeito à moralidade, à participação social e à plena responsabilidade por suas condutas omissivas e comissivas (FREITAS, 2007, p. 20 e 96).

Não por outra razão, a função administrativa, para atingir os objetivos a que se impõe, depende de decisões públicas e declarações de vontade que atentem para os requisitos de validade do ato administrativo a fim de conferir legitimidade às ações públicas. É de se destacar que, diante de um regime jurídico fixado constitucionalmente, há que se entender que essas ações devem transitar entre a formalidade legal e a liberdade decisória.

VALIDADE DO ATO DISCRICIONÁRIO E O EXERCÍCIO DE GOVERNAR

Há uma dicotomia que reveste os atos decisórios da administração pública de validade. Os termos vinculados e discricionários são, corriqueiramente, utilizados para diferenciar a margem de liberdade de que se utiliza o gestor ao traçar as deliberações públicas a depender do que lhe impõe a norma jurídica. Isso porque, ao agente público diante de um fato ou problema coletivo, pouco importa o elemento volitivo, pois o dever de agir em prol do interesse público é uma injunção. No entanto, por vezes, a norma posta à disposição pode não abarcar os mecanismos necessários para se chegar à solução esperada e, neste caso, será imperioso decidir por seu próprio arbítrio, com atenção aos ditames de seu regime jurídico.

De modo que, aos atos de estrito cumprimento da lei, dá-se a denominação de vinculados, e aos que a vontade do agente público importam diante da imprecisão da lei, a de discricionários. Contudo, necessário se faz entender que ao adicionar sua vontade aos parâmetros normativos, a liberdade não é irrestrita. Há um verdadeiro movimento de integração entre a escolha do gestor e os princípios orientadores do Estado do qual deve obediência. As realidades a que esse gestor se depara cotidianamente na administração pública são tão variáveis que não há possibilidade de todas elas encontrarem correspondências na legislação. Mas mesmo as situações autorizadas a desencadear uma escolha pública são limitadas por uma estrutura normativa com fins a propiciar o controle do interesse público.

Assim, a chamada discricionariedade, embora propicie a maleabilidade decisória para alcançar as melhores opções políticas, ainda assim mantém limites nas boas razões de fato e de direito que as situam entre as várias admissíveis com benefícios diretos e indiretos à coletividade. Razões, essas, proclamadas como o motivo que condiciona e fundamenta a ação do Estado, conferindo transparência à decisão discricionária. Daí porque se diz que o motivo do ato administrativo traduz a pertinência ou a impertinência que mantém com o conteúdo deste ato para lhe trazer validade (CINTRA, 1979, p. 102).

Há que se compreender que a legitimidade de uma decisão pública externada por intermédio de um ato administrativo depende da incorporação de alguns requisitos mínimos, correlatos ao Estado democrático de direito. É o motivo do ato ou sua motivação[6] que exterioriza a razão de ser da decisão pública tanto no campo normativo quanto no campo da conveniência e oportunidade do gestor. Se por um lado, há o direito de escolha do gestor diante de várias possibilidades decisórias, por outro, há o dever de realizar a melhor escolha que, somente terá sua otimização validada por exposição dos seus motivos.

De forma que é necessário considerar que indicar os fundamentos de fato e de direito que justificam o ato administrativo é um dever que se apresenta:

> [...]como um ´instituto`, tendo como um centro de referência uma declaração que reúne todas as (quaisquer) razões que o autor assuma como determinantes da decisão, sejam as que exprimam uma intenção justificadora do agir, demonstrando a ocorrência concreta dos pressupostos legais, sejam as que visem explicar o conteúdo escolhido a partir dessa adesão ao fim, manifestando a composição dos interesses considerados para adotar a medida adequada à satisfação do interesse público do caso (ANDRADE, 2007, p. 22).

Portanto, do bom entrelaçamento dos motivos do ato administrativo depende sua validade e eficácia. O controle a se realizar seja, interno, utilizando os mecanismos de autotutela da própria administração pública, seja pelos órgãos externos, focará na análise dos motivos da decisão administrativa para indicar ou reforçar a sua utilidade. Se os motivos não são claros ou não se coadunam com o regime jurídico, daí decorre a sua invalidação e ineficácia. Situação que determina efeitos onerosos à toda coletividade.

---

6 Motivo e Motivação são termos diferenciados para os autores de Direito Administrativo de um modo geral. Motivo é a indicação dos pressupostos de fato e de direito que justificam o ato e motivação é a explicitação do motivo.

Nesse sentido, a fim de equacionar o ordenamento jurídico para a prevenção de tal conjuntura, a Lei de Introdução às normas do Direito Brasileiro (Lei 13.655/2018) aprofundou a exigência da motivação do ato administrativo para fins de segurança jurídica e viabilidade de controle. Ciente de que a motivação ajuda na fiscalização dos órgãos responsáveis pelo controle e no acesso popular dos motivos das ações do Estado, a legislação em comento tem por objeto estabelecer uma interpretação aberta dos atos da administração pública com vistas à eficiência de suas decisões.

Por esse motivo, o seu artigo 20 afasta a possibilidade da motivação genérica em atos da administração fundada em "valores jurídicos abstratos", mormente nos atos discricionários com o intuito claro de afastar situações de arbitrariedade do gestor. O parágrafo único deste artigo 20 foi além, e estabeleceu, por sua vez, a necessidade de demonstrar por meio da motivação, a adequação da medida imposta. Assim, é imperioso indicar a proporcionalidade do ato administrativo pelo exercício de ponderação com as consequências possíveis. É exatamente essa análise consequencialista que reflete sobre os efeitos econômicos, sociais, ambientais ou fiscais do ato, que lhe confere autenticidade e eficiência.

Ao realizar a motivação correta dos atos administrativos, o agente público acaba por agir na prevenção e poupar os custos de uma invalidação. Com esse intuito, o artigo 22 da LINDB direciona seu comando para os atos discricionários, passíveis de maiores questionamentos. De forma que:

> [...] o recomendável é que o gestor faça a interpretação mais equilibrada possível, a partir da adequada e específica motivação, que permita ao controlador ter um espelho mais completo possível da situação vivenciada, para que se possa lastrear as dificuldades e os obstáculos enfrentados e considerar a situação fática para que haja um respeito em relação à liberdade que houve de se optar pela melhor situação, desde que a escolha seja razoável e dentro das possibilidades do ordenamento, hipótese em que se evita a penalização de escolhas possíveis (NOHARA; MOTTA, 2019, p. 69).

E-GOVERNMENT:[7] MOTIVAÇÃO E INTELIGÊNCIA ARTIFICIAL

Transparência e controle foram, certamente, as duas exigências que impulsionaram o uso da internet para as atividades administrativas. E como ocorre na vida cotidiana, o impacto da tecnologia proporcionou a ideia de eficiência, seja do ponto de vista das decisões administrativas que se tornam mais ágeis, seja do ponto de vista dos cidadãos que têm, cada vez mais, as informações sobre a coisa pública disponibilizadas. Portanto, parece

7 *E-government* é o termo em inglês utilizado para Governo Eletrônico ou Administração Pública Eletrônica e se refere ao uso da tecnologia da informação para informar e divulgar serviços ou produtos do Governo à população.

lógico que o passo seguinte seja a adoção de decisões administrativas robóticas, visto que o elo entre a inteligência artificial e os negócios rentáveis têm sido bem avaliados.

Mas tais sentimentos e comparações não podem padecer de uma análise aprofundada dos requisitos que justificam o processo de tomada de decisão pública. A gestão responsável e transparente pode e deve se favorecer dos processos eletrônicos e de inteligência artificial à disposição para garantir acesso e transparência aos atos administrativos. A grande questão que se coloca, no entanto, é se o sistema decisório automatizado será apto a operar com a linguagem do regime jurídico da administração pública a fim de oportunizar o conhecimento dos motivos que ensejaram a escolha pública.

A preocupação com a validade dos atos públicos é explícita quando há a preocupação em editar legislação que reforcem os requisitos dos atos administrativos. É possível verificar esse contexto nas Leis 9.784/1999 (processos administrativos) e 13.655/2018 (LINDB). Acresce-se a isso, a preocupação com as múltiplas interpretações que as legislações podem causar em situações distintas, dada a grande gama de operadores do direito que se debruçam sobre a aplicação do direito administrativo. É o que demonstra o Enunciado 12 da I Jornada de Direito Administrativo do Conselho da Justiça Federal que proclama: "A decisão administrativa robótica deve ser suficientemente motivada, sendo a sua opacidade motivo de invalidação" (CJF, 2020).

O que esse cenário demonstra é que, decisão administrativa é sempre ato público passível de controle e, a depender do caso, de invalidação. Não importa se a decisão é manuscrita, digital ou robótica, há sempre e em qualquer situação que preencher os requisitos de validade. O motivo, como pressuposto formal do ato, com mais ênfase no ato discricionário, não basta que exista, mas que também seja "suficiente" para justificar a decisão administrativa e fundamentar os juízos de razoabilidade do gestor público. Como inserir a qualidade de "suficientemente motivadas" na linguagem da inteligência artificial é o ponto nevral deste paradoxo.

Brynjolfsson e McAfee (2019) apontam que a tecnologia mais importante do momento é a inteligência artificial na sua modalidade aprendizagem computacional que se traduz na "capacidade da máquina continuar a melhorar o seu desempenho sem que os humanos tenham que explicar minuciosamente como realizar todas as tarefas que lhe são atribuídas". Na concepção deles, portanto, a aprendizagem computacional consiste na construção de sistemas que aprendem como desempenhar tarefas sozinhos e o fazem com base em exemplos colocados a sua disposição. Isso é o que a difere dos softwares tradicionais que são, claramente, programados para entregar um resultado em particular.

Esses autores não afastam a vantagem de se operar por meio da aprendizagem computacional, mas apontam riscos e um deles é a baixa interpretabilidade do sistema que se traduz na dificuldade humana de compreender como as decisões foram formuladas porque as máquinas não conseguem dar uma explicação racional sobre suas escolhas. Os dados fornecidos para treinar o sistema é que induzem os resultados entregues pela inteligência artificial. Assim, haverá sempre o perigo das decisões robóticas perpetuarem, de forma explícita ou sutil, as tendências negativas de raça, etnia, gênero e outras características que possam afetar minorias e atingir seus direitos fundamentais.

Levando em consideração que a transparência das decisões administrativas depende da motivação que a gerou, a fim de propiciar sua subsunção aos requisitos de validade que lhe são impostos, é necessário expor as explicações plausíveis que justificam o critério decisório. Essa é uma preocupação geral da legislação para situações que envolvam decisão automatizada, a exemplo da Lei 12.965/2014 (LGPD), e muito mais deve ser para as decisões administrativas com normas próprias. Nesse sentido, como explicam Schiefler, Peixoto e Dezan (2020), a Lei Geral de Proteção de Dados (LGPD) acaba por garantir ao titular dos dados o pleno acesso às informações claras e adequadas quanto aos critérios e aos procedimentos usados para uma decisão automatizada.

CONSIDERAÇÕES FINAIS

A tecnologia é vista como mola propulsora da inserção de eficiência às funções públicas do Estado. No entanto, essa relação guarda seus limites que devem ser bem delineados sob pena de colocar em risco direitos e deveres consagrados constitucionalmente. Assim, há duas perspectivas a serem bem delineadas antes que a inteligência artificial perpasse os muros da administração pública para se tornar instrumento de gestão eficaz. A primeira delas deve considerar a análise de que a função administrativa estatal tem grande dimensão e regime jurídico, constitucionalmente, demarcado. E a segunda, o fato de que os cidadãos têm direitos fundamentais a serem respeitados.

Essas implicações se entrecruzam no que se convencionou denominar de "boa administração". Vista como um direito de cidadania pressupõe, nos limites da legalidade, a ideia de transparência nos custos públicos e duração razoável entre a entrega do problema público e as suas possíveis soluções. Em outras palavras, trata-se de um processo que depende de gestores capazes de tomar as melhores decisões, ao mesmo tempo que obedecem aos comandos de um regime jurídico próprio que determina uma exposição de motivos legítima ao interesse público. Do contrário, a Administração Pública pode até exercer o *múnus* público, mas o fará de forma espúria, com vícios que podem levar à invalidação das decisões com altos custos para o erário.

O controle dos atos da administração pública, elemento essencial para o exercício do direito administrativo e para a transparência governamental, não pode perecer frente ao argumento de que é necessário impulsionar a eficiência do Estado com tecnologia de aprendizagem computacional. Ao contrário, é a tecnologia que deve estar a serviço da "boa administração", apta a fazer cumprir todos os requisitos legais que a atividade pública exige. Distinguir essas duas vertentes é um dos desafios que se impõe no momento.

Outro desafio que se coloca diz respeito à relação entre a eficientização das funções públicas do Estado, o respeito aos direitos fundamentais, consagrados constitucionalmente, e a forma como o papel da inteligência artificial vem sendo construído naquele âmbito. Certamente, não se pode deslocar a discussão para fora do campo dos mecanismos de *accountability*, que se liga às reflexões sobre confiabilidade institucional.

Ora, pensar em mecanismos como tais, no âmbito do desenvolvimento de sistemas de inteligência artificial a serem usados para o incremento da gestão pública, é pensar em elaborá-los como indutores de confiança institucional, e não o inverso.

E, para tanto, uma das formas de gerar dita confiança é minimizar ou eliminar os vieses que atinjam direitos fundamentais na tomada de decisão pública no contexto da IA. Se todos os algoritmos podem ser imperfeitos e se as bases de dados podem ser insuficientes ou portar informações enviesadas e preconceituosas, decisões podem ser minadas, assim como as previsões e as análises advindas das aplicações.

Sustenta-se, portanto, que treinar, adequadamente, máquinas inteligentes nos conduziria a melhores decisões e à efetivação de uma boa governança numa e-democracia. Uma "fantástica e não desejada fábrica de decisões administrativas" no Brasil poderia ser combatida com o aprimoramento do diálogo entre o Direito e as ciências comportamentais. Tema para uma outra rodada de conversa sobre a Indústria 4.0.

REFERÊNCIAS

ANDRADE, José Carlos Vieira de. *O dever da fundamentação expressa de actos administrativos*. Coimbra: Almedina, 2007.

BECKER, Laércio Alexandre. *Qual é o jogo do processo?* Rio Grande do Sul: Sérgio Antonio Fabris Editor, 2012.

BRYNJOLFSSON, Erik; MCAFEE, Andrew. O negócio da inteligência artificial. *In:* AGRAWAL, Ajay *et al. Inteligência artificial*. Lisboa: Conjuntura Actual Editora, 2019.

BUILDING TRUST IN HUMAN-CENTRIC ARTIFICIAL INTELLIGENCE. Disponível em: https://ec.europa.eu/digital-single-market/en/news/communication-building-trust-human-centric-artificial-intelligence. Acesso em: 10 set. 2020.

CANOTILHO, José Joaquim Gomes. *Brancosos e interconstitucionalidade*. Itinerários dos discursos sobre a historicidade constitucional. Coimbra: Almedina, 2008.

CINTRA, Antônio Carlos de Araújo. *Motivo e motivação do ato administrativo*. São Paulo: Editora Revista dos Tribunais, 1979.

CONSELHO DA JUSTIÇA FEDERAL. CJF. Enunciado 12, 2020. Disponível em: file:///C:/Users/profe/Downloads/Enunciados%20Aprovados%20I%20JDA-%20VF.pdf. Acesso em: 13 nov. de 2020.

FREITAS, Juarez de. *Discricionariedade administrativa e o direito fundamental à boa administração pública*. São Paulo: Malheiros, 2007.

FREITAS, Juarez de; FREITAS, Thomas Bellini. *Direito e Inteligência Artificial* – em defesa do humano. Belo Horizonte: Fórum, 2020.

GUTIERREZ, Andriei. É possível confiar em um sistema de inteligência artificial?: práticas em torno da melhoria da sua confiança, segurança e evidências de accountability.

In: FRAZÃO, Ana; MULHOLLAND, Caitlin (coord.). *Inteligência artificial e direito*: ética, regulação e responsabilidade. São Paulo: Revista dos Tribunais, 2019, p. 83-97.

MOTTA, Fabrício; NOHARA, Irene Patrícia. *LINDB no direito público*: Lei 13655/2018. São Paulo: Thomson Reuters Brasil, 2019.

PINTO, Henrique Alves. A utilização da inteligência artificial no processo de tomada de decisões: por uma necessária accountability. *Revista de Informação Legislativa: RIL*, Brasília, DF, v. 57, n. 225, p. 43-60, jan./mar. 2020. Disponível em: http://www12.senado.leg.br/ril/ edicoes/57/225/ril_v57_n225_p43. Acesso em: 10 set. 2020.

SCHIEFLER, Eduardo; PEIXOTO, Fabiano Hartmann; DEZAN, Mateus Lopes. *A decisão administrativa robótica e o dever de motivação*. Disponível em: https://www.jota.info/coberturas-especiais/inova-e-acao/a-decisao-administrativa-robotica-e-o-dever-de-motivacao-01092020. Acesso em: 13 nov. 2020.

CAPÍTULO 6
TRABALHO EM PLATAFORMAS E DIREITO DO TRABALHO DE EXCEÇÃO: A RADICALIZAÇÃO DA PRECARIZAÇÃO?

Renata Queiroz Dutra
Renata Santana Lima

INTRODUÇÃO

Neste artigo, buscaremos refletir sobre o advento do trabalho plataformizado enquanto estratégia empresarial de gestão do trabalho pautada na burla dos mecanismos de regulação do trabalho, que se traduz na radicalização de um processo construído a partir dos cenários neoliberais e de austeridade, cujo resultado tem sido denominado de Direito do Trabalho de Exceção (FERREIRA, 2012).

Para tanto, resgataremos a compreensão de que os contínuos processos de precarização e superexploração do trabalho, que se articulam na dinâmica capitalista global de forma simbiótica a partir das realidades diversas dos países do Sul e do Norte, ensejaram, a partir das reformas neoliberais, uma verdadeira desfiguração do direito do trabalho, transformando-o no seu oposto e legitimando práticas que ele historicamente se constituiu no intuito de combater.

Esse processo, evidentemente, aconteceu em proporções distintas e engendrou resultados diferentes em realidades centrais e periféricas, na medida que, no contexto de países do Sul, como o Brasil, a experiência de regulação do trabalho nunca se completou com um modelo de Bem-Estar Social e a convivência com relações de trabalho extremamente precárias e informais sempre se articulou, com certa naturalidade. Daí porque a assimilação, inclusive institucionalizada, de figuras precárias com maior flexibilidade do que a observada em países Centrais.

A partir desse cenário, que, no caso brasileiro, envolve os impactos prejudiciais ao trabalho instituídos pela Reforma Trabalhista de 2017 (Leis 13.429 e 13.467/2017) e seus desdobramentos no Governo Bolsonaro (Lei 13.874/2019, MP 905/2019), acentuados no cenário pandêmico (MP 927/2020 e MP 936, convertida na Lei 14.020/2020), analisa-se o significado do contexto de plataformização do trabalho em relação ao processo mais amplo de subversão do direito do trabalho.

Com isso, busca-se problematizar os liames entre o direito do trabalho de exceção instituído pelas reformas de austeridade (FERREIRA, 2012) e o novo contexto laboral, no qual a estrutura produtiva de grandes conglomerados econômicos passa a se amparar em trabalho informal. Essas modalidades de trabalho, ventiladas com ares de novidade, recusam não apenas o caráter protetivo do direito do trabalho, como fizeram as reformas laborais em favor de medidas de flexibilização, mas refutam a sua própria incidência e mascaram a condição de trabalhadores dos sujeitos que contrata, sob o argumento de que haveria, no trabalho plataformizado, uma condição *sui generis*, inovadora e traduzida numa experiência de autonomia e empreendedorismo, regida pelo direito civil.

Para cumprir esse percurso, este artigo é composto desta introdução e de outras três partes. Primeiro, contextualizaremos a cenário da regulação do trabalho no mundo, a partir da ascensão do pensamento neoliberal, das reformas laborais e da construção de um direito do trabalho de exceção. No segundo tópico, mapearemos o fenômeno do trabalho plataformizado, de modo a investigar o que há de novo nessa nova forma de organização capitalista, bem como que desafios ele endereça para a regulação do trabalho. Por último, a tensão entre o direito do trabalho de exceção e o trabalho em plataformas será analisada a partir da atuação do Poder Judiciário brasileiro em relação às disputas regulatórias que incidem nessa seara. Ao final, apresentaremos nossas conclusões.

O artigo ampara-se em pesquisa teórica, a partir de revisão bibliográfica e articulação dialética entre os autores, bem como em pesquisas empíricas realizadas com trabalhadores de plataformas e em levantamento documental de jurisprudência.

DIREITO DO TRABALHO DE EXCEÇÃO: DO FORDISMO À AUSTERIDADE

As narrativas que orientam a identificação de uma condição de precariedade cada vez mais acentuada em relação ao mundo do trabalho são indissociáveis dos cenários de desmonte da regulação pública trabalhista constituída, em seus limites e contradições, a partir da experiência fordista.

Também essa experiência, como já ressaltado na introdução deste artigo, foi vivenciada em níveis distintos nas diferentes localidades do mundo capitalista, ensejando, portanto, enquanto produto modelos de regulação do trabalho mais ou menos protetivos e mais ou menos coerentes com os padrões produtivos.

A experiência brasileira, por exemplo, é de alheamento aos anos gloriosos vividos pelos países da Europa Central (CASTEL, 1998), com uma vivência de trabalho protegido limitada a um grupo social urbano e industrial, o qual, ainda assim, experimentou um modelo de trabalho regulado permeado por inefetividades (FRENCH, 2002), ao passo que grande parte da população, composta sobretudo por sujeitos vulneráveis, como mulheres e pessoas negras, sequer abstratamente era contemplada por esse modelo protetivo, trabalhando em condições informais, não reguladas (THEODORO, 2005).

É possível observar as peculiaridades locais em relação ao fordismo como paradigma produtivo e, por consequência, um determinado modelo de regulação do trabalho que lhe corresponde, como hegemônico, ainda que observando gradações em diferentes localidades. Por outro lado, a reestruturação produtiva pós-fordista e sua base ideopolítica - o neoliberalismo - se generalizaram em nível global. A partir da década de 1970, nos países do Norte, e da década de 1980, nos países do Sul, observou-se um longo período de desconstrução das perspectivas de Estado, de trabalho regulado e também de democracia, que parecem se agravar na atual quadra do capitalismo, dando ensejo a experiências políticas autoritárias, ladeadas por um cenário de profundo "desmantelamento epistemológico, político, econômico e cultural" do tecido social (BROWN, 2019, p. 51).

Para além de uma simples política econômica ou de uma ideologia, o neoliberalismo se apresenta como uma verdadeira racionalidade, na medida em que representa um complexo de condutas financeiras, jurídicas, culturais e políticas que estrutura e organiza a postura de governantes e governados a partir da generalização da concorrência na sociedade (DARDOT; LAVAL, 2016).

Os Estados ocupam, desde o início, um papel importante nesse processo. É que foram eles os responsáveis por introduzir e universalizar, por meio de políticas deliberadas, tanto em suas próprias estruturas administrativas, quanto na população sujeita a sua jurisdição, a lógica da concorrência e do modelo de empresa (DARDOT; LAVAL, 2016).

Diferentemente do que possa parecer à primeira vista, não há uma retirada ou diminuição do Estado com o advento do neoliberalismo, mas sim uma transformação do seu modo de ser fazer presente nas relações sociais e econômicas, uma vez que, sem a atuação do Estado, o mercado moderno não teria condições de atuar nas proporções em que opera (DARDOT; LAVAL, 2016). O que se busca é um Estado parceiro da acumulação financeira e dos interesses do mercado, que não abandona a gestão e o controle da população, mas passa a realizá-los a partir do binômio produtividade x custos (DARDOT; LAVAL, 2016).

Apesar disso, essa racionalidade ampara-se, fortemente, em um discurso de crítica sobre a intervenção estatal na sociedade, notadamente, sobre um caráter protecionista em relação aos trabalhadores e demais sujeitos vulneráveis. Esse criticismo, entretanto, é seletivo em relação às condutas adotadas pelo Estado enquanto terceiro garantidor da sociedade, dos vulneráveis e dos direitos fundamentais, notadamente de uma tela de proteção social, como se os mecanismos que o neoliberalismo, demanda para a generalização da concorrência não fossem também uma forma de intervenção estatal, ademais custosa e regulada.

O aprofundamento do pensamento neoliberal se atrela ao discurso da austeridade, fortemente, amparado em um ideário de que os gastos do Estado com políticas sociais deveriam ser enxugados, sob pena de inviabilizarem o crescimento econômico e o equilíbrio fiscal.

As denominadas políticas de austeridade, enquanto receituário de enxugamento das contas públicas essencial ao crescimento econômico e, sobretudo, enquanto alternativa às crises engendradas pelo sistema financeiro, representam um discurso de sacrifício que Mark Blyth (2018, p. 416) adequadamente denomina de "dor virtuosa após a festa imoral", uma vez que imputa aos mais vulneráveis o sacrifício, em direitos e garantias sociais, para o equilíbrio fiscal abalado, justamente, pelos arroubos do sistema financeiro.

O mito do mercado autorregulado, supostamente apartado da atuação do Estado, portanto, representa apenas mais uma das diversas estratégias adotadas a partir da racionalidade neoliberal para o desmonte das políticas públicas que não se limitam a uma visão puramente utilitarista dos sujeitos sociais (DARDOT; LAVAL, 2016).

Nessa esteira, o desmonte da legislação protetiva trabalhista consiste em um dos pontos centrais da racionalidade neoliberal, que passa a ser propagada sob a alcunha de flexibilidade das regras, supostamente, rígidas que regulamentam os mercados de trabalho e que supostamente dificultam a inserção das empresas de forma competitiva no mercado mundial.

Desse modo, após o advento do neoliberalismo, os países assistem a uma desvinculação progressiva do econômico ao social "através de um processo de legitimação das opções políticas assente na indexação dos direitos laborais e sociais aos ciclos económicos; e recontratualização da cidadania pautada pelas orientações *market friendly* e pelas intervenções de um Estado, ele próprio subordinado ao 'bem comum' do mercado" (FERREIRA, 2012, p. 26).

António Casimiro Ferreira, a partir das experiências da troika na União Europeia, debate, desde uma perspectiva da sociologia jurídica, as modificações que o discurso de austeridade implicou para o direito do trabalho. Para o autor, austeridade, enquanto fase acentuada do neoliberalismo, é "o processo de implementação de políticas e de medidas econômicas que conduzem à disciplina, ao rigor e à contenção econômica, social e cultural" (FERREIRA, 2012, p. 11).

Há, nessa perspectiva, um deslocamento em relação ao que se denominou de "Espírito de Filadélfia" (SUPIOT, 2014), paradigma ideopolítico atrelado ao modelo fordista, que regeu a reconstrução da Europa no pós-guerra e que se cristalizou como um vetor humanístico de proteção ao trabalho a partir da Segunda Guerra Mundial, com a consagração, na Constituição da OIT, firmada em Filadélfia em 1944, da ideia de que o trabalho humano não é uma mercadoria e de que a paz permanente depende da justiça social.

Enredadas a partir de uma perspectiva construída de arrocho fiscal, as sociedades de austeridade se, assentariam essencialmente, na ideia de sacrifício como pressuposto para a saúde financeira pública. Entretanto, um ponto essencial explorado concerne ao distanciamento desse sacrifício em relação ao valor da justiça social, uma vez que tais políticas desconsideram os efeitos da desigualdade social no seu desenho. Desse modo, a partir do alheamento ao dado da desigualdade social, o qual permeia todas as doutrinas liberais e neoliberais, que se projetam num espaço ideal que não é concretizável numa sociedade de classes, as propostas das sociedades de austeridade recaem de forma mais intensa sobre os sujeitos que são usuários de políticas sociais, exatamente aqueles mais vulneráveis (FERREIRA, 2012).

Embora alguns autores assimilem a ideia de austeridade como uma manifestação da racionalidade neoliberal (DARDOT; LAVAL, 2016), Casimiro Ferreira compreende o Estado de Austeridade como um passo adiante em relação ao Estado Neoliberal, forjado após o consenso de Washington. Ele entende que um dos indicadores dessa transição distintiva entre os dois paradigmas de Estado é justamente a feição que o direito do trabalho adquire no contexto da austeridade, além das modificações incidentes sobre as ideias de cidadania e sobre as concepções dos atores sociais (FERREIRA, 2012).

Nessa linha, tão importante quanto compreender esse arranjo forjado na esfera estatal é perceber que as políticas de austeridade traçam também subjetividades. Casimiro Ferreira analisa o papel do medo e as chamadas narrativas de conversão. Mais do que um sujeito individualista e focado no seu próprio desempenho como solução biográfica para problemas sociais, o sujeito forjado pela austeridade é um sujeito que teme e se sente inseguro e que, paradoxalmente, atende e consente com os postulados da austeridade porque perde a capacidade de confiar em projetos coletivos, agendas sociais e instituições sociais (FERREIRA, 2012), tendendo à adesão a projetos autoritários, como já apontara Standing (2013) e como igualmente identifica Brown (2019).

O consectário dessa subjetivação é a deslegitimação de qualquer agenda com *ethos* social, que se desdobra inclusive na cooptação de instituições e organizações, historicamente, oriundas da cidadania social para legitimar a austeridade:

> Deste modo, as instituições e organizações da cidadania social podem ser conquistadas e convertidas. O recente acordo de concertação social e ilustrativo deste processo, quer pela permanente ameaça exercida sobre os sindicatos, quer pela interiorização por parte dos sindicatos signatários do acordo de que não existiam alternativas (FERREIRA, 2012, p. 63).

Ainda segundo Ferreira (2012), um dos marcadores dessa escalada do neoliberalismo em direção à austeridade seria a construção do direito do trabalho de exceção. Por meio dele, ameaça-se o princípio do direito democrático, substituindo-o por um outro, baseado em normas pretensamente naturais e técnicas, que reportam continuamente ao campo neoclássico da economia. Esse direito segue um padrão imposto de capitalismo financeiro, como agenda inexorável não apenas para as relações econômicas, mas para as humanas de forma geral. Nessa linha, expulsam-se do direito as considerações sobre justiça, promovendo o regresso do direito do trabalho a algo exterior a ele e eliminando sua identidade político-jurídica em favor de uma promessa de atração de financiamento externo por parte dos Estados (FERREIRA, 2012).

A ideia de direito de trabalho de exceção, segundo Ferreira (2012), pode ser sintetizada em três elementos centrais: 1) a compreensão do Direito do trabalho (e não apenas do trabalho) como mercadoria, na medida em que o direito do trabalho passa a ser tratado como produto de mercado a operar como diferencial na concorrência (ao invés de sujeitar a competição à lei, é o direito que se sujeita à concorrência em um mercado jurídico sujeito às leis da oferta e da procura); 2) um neocontratualismo laboral, no qual se rompe como o binômio trabalho subordinado x trabalho autônomo, multiplicando formas híbridas de trabalho dependente e "balcanizando" as formas de emprego no sentido de uma promoção do contrato, em detrimento do estatuto dos trabalhadores; 3) a conversão do direito subversivo no direito do trabalho de exceção, ou seja, aquelas que, por força da disputa regulatória promovida pelos agentes econômicos no contexto neoliberal, eram práticas ilícitas, amplamente, disseminadas no mercado de trabalho (direito subversivo), por meio de reformas legislativas unidirecionais, se tornam práticas lícitas, que melhor se traduzem no direito do trabalho de exceção, no qual a ilicitude de ontem é a regra de hoje, ou, em outras palavras, é a falta de efetividade do Direito do Trabalho como novo padrão de dominação.

Desenhado esse cenário, é importante perceber como essas dimensões da desfiguração do direito do trabalho, movidas pelas agendas neoliberais e de austeridade, que se atrelam aos cenários das reestruturações produtivas pós-fordistas, passam a enfrentar um novo momento a partir da chamada Revolução 4.0.

Firmemente amparado na ruptura com a regulação protetiva do trabalho, a nova fase do capitalismo uberizado abdica das duas primeiras dimensões caracterizadoras do direito do trabalho de exceção (mercantilização do direito do trabalho e sua balcanização ou contratualização), em favor da terceira dimensão: a conversão da fraude/ilicitude em regra, com a consequente negação da relação de trabalho, da condição de trabalhadores dos sujeitos que explora e, por conseguinte, de toda e qualquer incidência da regulação protetiva conquistada há décadas. Nos próximos tópicos refletiremos sobre essas questões.

O TRABALHO SOB DEMANDA POR MEIO DE APLICATIVOS E O APROFUNDAMENTO DA PRECARIZAÇÃO

As transformações do mundo do trabalho nas últimas duas décadas revelaram uma tendência à redução do conjunto de pessoas empregadas em ocupações tipicamente fordistas, que, em nada significa a comprovação das teses quanto ao fim do trabalho, eis que, como observa Antunes (2020), esses movimentos foram acompanhados de uma "contratendência" ao crescimento de trabalhadores no setor de serviços, sobretudo nos países do Sul, em condições cada vez mais precárias.

O inchaço do setor de serviços e o aprofundamento do trabalho informacional está, portanto, atrelado a um processo de reinvenção das formas de acumulação capitalista, por meio de articulações entre o Sul e o Norte globais, que se assentam, notadamente, na desconstituição do modelo de regulação atrelado ao paradigma fordista/taylorista e, em um segundo momento da reestruturação produtiva pós-fordista, que se tem denominado de Indústria 4.0, na própria refutação de qualquer padrão regulatório protetivo.

Se os processos de flexibilização e excepcionalização do direito do trabalho forjados no contexto da reestruturação produtiva pós-fordista e amparados nos preceitos neoliberais já foram eficientes a desnaturar o direito do trabalho, a uberização do trabalho, enquanto uma nova dimensão da reestruturação produtiva pós-fordista, reivindica novos passos em relação ao desmonte da regulação protetiva, engendrando consigo também novas dimensões da precarização do trabalho.

A precarização do trabalho é uma característica histórica das relações de trabalho no Brasil (ANTUNES, 2020), fortemente marcadas pela informalidade, por contratações instáveis, pela inefetividade do estatuto de proteção ao emprego, cenário que se associa seu progressivo desmonte nos últimos anos, a partir das reformas trabalhistas da década de 1990 (KREIN, 2013) e de 2017 (KREIN, 2018; FREITAS; OLIVEIRA; DUTRA, 2020).

O advento do trabalho sob demanda por meio de aplicativos se insere nesse contexto, transferindo para seu interior as questões que já marcavam a sociedade brasileira, inclusive no que tange à divisão racial e sexual do trabalho,[1] mas também trazendo novos contornos que terminam por aprofundar a precarização da classe trabalhadora.

O ponto diferenciador desse novo modelo de negócio, no que toca à regulação do trabalho, é a ausência de reconhecimento do estatuto jurídico trabalhista, que é integralmente recusado, **a pretexto de** tratar-se, no caso, não de uma relação laboral com engajamento de intermediários, mas de uma parceria entre agentes econômicos autônomos, na qual as plataformas digitais interfeririam apenas com o aparato logístico, excluída sua participação no processo de acumulação.

Por meio das práticas de burla ao direito do trabalho já mapeadas no período anterior (FILGUEIRAS, 2012; DUTRA, 2018), as empresas tentavam se mover dentro dos limites da regulação, seja para reivindicar enquadramentos mais vantajosos para o empregador (uso indevido de contratos mais precários ou prática ilegal de terceirização, por exemplo), ou para tentar seletivamente afastar o reconhecimento de direitos trabalhistas (a exemplo dos critérios de cômputo de jornada e concessão atípica de intervalos lesivos aos interesses dos trabalhadores, do salário por fora, entre outras práticas). Nessa nova dimensão da reestruturação produtiva, diferentemente, as empresas-aplicativo (que, até nesse sentido, se disfarçam e tentam se invisibilizar enquanto centros de poder e responsabilidade jurídica por meio da tecnologia) passam a recusar os próprios conceitos de trabalho subordinado, de poder empresarial e, por consequência, a condição de empregados e sujeitos de direitos ostentada pelos trabalhadores.

Com essa estratégia, ardilosamente, assentada no disfarce dos comandos empregatícios por meio dos algoritmos, refutam todo o estatuto jurídico trabalhista, ainda que em sua versão já fragilizada pelas reformas laborais. A estratégia, aliás, como observa

1 De acordo com a pesquisa *Perfil dos entregadores ciclistas de aplicativo*, 71% dos entregadores que utilizam bicicleta como meio de transporte são negros e 99% são homens.

Supiot (2015), consiste em ocultar o próprio trabalho e sua divisão social, por meio de sua transformação em mero "funcionamento": o funcionamento de uma máquina de comunicação, programada para otimizar o seu desempenho, o qual é medido por meio de resultados financeiros quantitativos e do qual são afastadas as preocupações com o cumprimento da lei.

Em regra, o trabalho sob demanda por aplicativo ocorre por meio de uma relação triangular, em que figuram como partes a plataforma, o trabalhador e o consumidor, sendo a primeira, a responsável por combinar oferta e demanda por intermédio de um software para a execução de uma atividade no mundo real (KALIL, 2019). É a empresa, portanto, detentora da infraestrutura necessária para conexão entre as pessoas, sem a qual os profissionais dispostos a realizar a atividade remunerada não poderiam alcançar o comprador do bem ou serviço (KALIL, 2019). Em razão disso, as plataformas possuem o poder material tanto para estabelecer de forma unilateral os termos de condições de uso, quanto para fixar os valores a serem cobrados/pagos e determinar padrões mínimos de qualidade na realização da atividade (KALIL, 2019).

Nesse sentido, ao acessar os Termos e Condições de Uso (IFOOD, 2020) que regulamentam o acesso e a utilização da plataforma do iFood por exemplo, encontra-se uma série de cláusulas cuja concordância integral é pressuposto para inscrição do trabalhador no aplicativo, em um verdadeiro contrato de adesão. Assim, embora conste dispositivo expresso negando a existência de vínculo empregatício entre as partes, não é possível que o entregador negocie com a empresa os termos em que será realizada a prestação de serviços, como seria de se esperar em uma relação de parceria contratual real.

Dentre as inúmeras disposições trazidas nesse Termo e Condições de Uso do iFood, uma das mais relevantes plataformas de entrega, destaca-se a possibilidade de a empresa alterar, unilateralmente, o documento, de promover a transferência integral de todos os ônus inerentes à atividade para o entregador (custos decorrentes do veículo, do capacete, do baú de transporte das mercadorias, das multas de trânsito, dentre outros), a vedação à cessão do login e senha para outras pessoas realizarem a entrega em nome do trabalhador. O iFood também se reserva ao direito de desativar e suspender contas a qualquer momento no caso de suspeita de irregularidade e a fixação do valor da entrega pela empresa. A verdade, portanto, é que, embora aqueles que trabalham sob demanda por meio de aplicativos sejam chamados de parceiros pelas empresas,[2] não determinam, tampouco negociam as regras sobre a distribuição e valor do seu trabalho, cujos aspectos para fixação não são claros ou predefinidos na plataforma (ABILIO, 2019). O termo parceiro se torna, assim, uma mera tentativa de amenizar e humanizar a precarização inerente à lógica destrutiva que impera nesse tipo de relação (ANTUNES, 2020).

Flávia Uchôa-de-Oliveira (2020) observa que as plataformas digitais oferecem a possibilidade de dispersar o trabalho, sem abdicar de um intenso controle sobre ele, de modo que, entre o novo e o arcaico, a uberização, atualizando as formas de controle e as

2 A título de exemplo, no Uber Eats e no iFood, entregadores parceiros, no Uber e no 99app, motoristas parceiros.

desigualdades sociais, pode ser compreendida como o resultado de um percurso composto por cadeias de produção fragmentadas com massivos processos de terceirização e de subcontratações, além da progressiva perda de direitos sociais e trabalhistas.

A forma de organização do trabalho nos aplicativos pressupõe a prerrogativa exclusiva da empresa de controlar oferta e demanda de trabalho, acionando o trabalhador disponível apenas quando necessário sem, entretanto, perder o controle sobre a atividade realizada (ABILIO, 2019). Isso é possível em razão do desenvolvimento de tecnologia que viabiliza, ao mesmo tempo, o fácil acesso ao grande contingente de trabalhadores em troca de uma baixa remuneração, controlável pelo tempo necessário para execução do serviço contratado e manipulável por sistemas de reputação (KALIL, 2019). É a utilização do avanço tecnológico como forma de impor novas modalidades de exploração da classe trabalhadora.

O sistema de avaliação das plataformas é baseado em um duplo movimento de incentivos e sanções aos trabalhadores, de modo que a qualidade e a quantidade do trabalho oferecido sejam proporcionais ao desempenho considerado positivo pelo algoritmo (KALIL, 2019). Como consequência, as atividades que são melhor remuneradas são destinadas aos que possuem avaliações superiores, ao passo que os trabalhadores com notas mais baixas recebem atribuições de menor valor e sofrem com suspensões ou exclusão da plataforma (KALIL, 2019). Os critérios, entretanto, utilizados pelo software não são transparentes e parecem operar, arbitrariamente, sem que os trabalhadores por vezes sequer compreendam a razão da aplicação da penalidade (KALIL, 2019).

As avaliações realizadas pelos consumidores dos aplicativos alimentam o banco de dados da plataforma, produzindo informações sobre cada um dos "parceiros", e facilitam o gerenciamento do trabalho, difundindo de modo informal e onipresente o padrão de qualidade a ser seguido pelos inscritos no aplicativo (ABILIO, 2019). Esse tipo de análise realizada pelos usuários da plataforma tem um problema central, para além da diluição da suposta ausência de subordinação: os clientes não precisam apresentar nenhuma justificativa para péssimas avaliações e não é concedida aos trabalhadores a possibilidade de rebater às críticas (KALIL, 2019).

Como consequência, abre-se espaço para que preconceitos raciais e religiosos do consumidor, por exemplo, sejam transferidos para dentro da plataforma por meio de avaliações negativas (KALIL, 2019). Ao mesmo tempo, é possível que haja uma redução da remuneração do trabalhador por meio de suspensão/exclusão sem que seja garantido contraditório mínimo.

Em pesquisa realizada por Rodrigo de Lacerda Carelli (2017), os problemas com o sistema de avaliação aparecem na fala dos motoristas ouvidos em frases como: "Mas o que aconteceu, eles entraram em contato com o senhor (entrevistador)? Não, eles cortam o aplicativo" e "chegou uma advertência aqui ontem, mas eu não entendi o motivo da advertência. Colocaram falta de profissionalismo, passageiro errado. Eu nunca atendi passageiro errado [...]" (CARELLI, 2017, p. 137).

No caso da Uber, o desligamento do trabalhador também pode ocorrer se ele aceitar menos corridas do que a taxa de referencial da cidade ou se cancelar viagens, de modo que, apesar de supostamente pertencer ao "motorista parceiro" a liberdade para realizar quantas e quais viagens desejar, negar corridas ou cancelá-las pode ensejar a exclusão da plataforma (ABILIO, 2019). As repressões decorrentes da rejeição de corridas também apareceram nas entrevistas realizadas por Rodrigo de Lacerda Carelli (2017), tendo um motorista informado que "[...] se você tem um nível muito grande de rejeição de corridas, eles te mandam um e-mail ou te bloqueiam e te chamam pra ir lá na sede da Uber" (CARELLI, 2017, p. 137).

Estudo realizado por pesquisadores da UFBA revelou que 82% dos entrevistados conheciam alguém que já foi bloqueado pela plataforma (o que significa suspensão temporária da relação de trabalho) e 39% havia sofrido diretamente esse tipo de punição. Desse último conjunto, 45% relatou sequer conhecer o motivo do bloqueio, revelando a arbitrariedade e a falta de transparência na aplicação das punições (DUTRA, FILGUEIRAS, 2020).

Também confronta com a suposta liberdade de horário, usualmente, propagada pelas empresas-aplicativo, o fato de as plataformas tentarem influenciar a produtividade com a apresentação de desafios para os trabalhadores que geram premiações em uma lógica de gestão do mundo do trabalho conhecida como gamificação (ABILIO, 2019). Esse aspecto também aparece na já citada pesquisa de Rodrigo de Lacerda Carelli (2017). Nas palavras dos motoristas entrevistados, "[...] quando decide pausar para se alimentar ou descansar, por exemplo, aparece um aviso para continuar dirigindo pois estaria "há 10 minutos de ganhar duas horas" (CARELLI, 2017, p. 136), "[...] várias vezes me desloquei atrás do local onde constava preço dinâmico e quando chegava não havia mais" (CARELLI, 2017, p. 137) e "o Uber manda mensagem falando que a pessoa não está trabalhando e o que ela está perdendo com isso" (CARELLI, 2017, p. 137).

Fato é, portanto, que, na prática, por trás do véu apresentado pelos aplicativos de que somente são responsáveis pela mera intermediação entre consumidores e trabalhadores, se esconde a consolidação da "passagem do estatuto de trabalhador para o de um nano empresário-de-si permanentemente disponível ao trabalho" (ABILIO, 2020), que "retira-lhe garantias mínimas ao mesmo tempo que mantém sua subordinação" (ABILIO, 2020, s/p), bem como "se apropria, de modo administrado e produtivo, de uma perda de formas publicamente estabelecidas e reguladas do trabalho" (ABILIO, 2020, s/p).

Uchôa-de-Oliveira (2020) destaca que o fato de não haver clareza ou informação suficiente a respeito da concretude do ambiente de trabalho, eis que a prática hipercontroladora dessas empresas não corresponde à transparência dos dados, que são mantidos sob sigilo, dificultando inclusive a investigação acerca da relação saúde-doença no trabalho para que possa delinear diagnósticos mais precisos e ações junto a esse grupo de trabalhadores.

A comunicação entre os trabalhadores e a plataforma também costuma ser problemática. No caso da Uber, tomada mais uma vez como exemplo no presente estudo, os meios de contato são limitados, uma vez que não existe contato direto com a empresa, sendo os motoristas atendidos por empregadas terceirizadas[3] ou robôs (KALIL, 2019). Nesse sentido, foi a reclamação de motorista ouvido por Rodrigo de Lacerda Carelli (2017), em cujo depoimento afirmou que "o Uber não te ouve. É apenas uma inteligência artificial, um aplicativo. Não tem ninguém com que você possa reclamar sobre o que acha errado, não há um contato direto" (CARELLI, 2017, p. 136).

Embora os dados das pesquisas sobre a jornada de trabalho daqueles que trabalham sob demanda por aplicativo não sejam unânimes, é possível visualizar uma forte tendência de durações prolongas de trabalho. Nesse sentido, Renan Bernardi Kalil (2019), após entrevistar 102 motoristas da Uber na cidade de São Paulo, concluiu que 53% trabalha mais de 10 horas por dia, sendo que, se forem considerados apenas os que tem o aplicativo como principal fonte de rendimento, a taxa sobe para 60,8%. Dessa jornada de trabalho, 49% dos trabalhadores informaram que 1 a 2 horas por dia não são pagas, pois correspondem ao período em que ficam aguardando corridas ou se deslocando para encontrar o passageiro (KALIL, 2019). Além disso, 68,6% dos motoristas trabalha mais de cinco dias por semana (KALIL, 2019).

Com enfoque direcionado aos entregadores por aplicativo, uma pesquisa realizada pelo Núcleo de Estudos Conjunturais (NEC) da Faculdade de Economia da Universidade Federal da Bahia (2020) com 103 entregadores das cinco regiões do Brasil também captou a ampla extensão da jornada desses trabalhadores. O total dos entregadores analisados trabalhavam, em média, 9 horas e 14 minutos por dia, 5,9 dias por semana, sendo que 70,5% trabalhava 6 ou 7 dias por semana e 68,5% destes trabalham 9 ou mais horas por dia (NEC, 2020).

Também com enfoque nos entregadores de aplicativo, mas dessa vez considerando apenas os ciclistas, pesquisa realizada pela Aliança Bike (2020) com 270 entregadores na cidade de São Paulo concluiu que 25% dos entregadores trabalham até 8 horas por dia, ao passo que 50% trabalha até 10 horas e 75% trabalha até 12 horas por dia. Além disso, 57% trabalha todos os dias da semana e a média salarial foi de R$ 936,00 por mês (ALIANÇA BIKE, 2020). Outro dado importante é que 67% dos entrevistados informaram que precisaram comprar a mochila térmica (ALIANÇA BIKE, 2020).

Sobre acidentes de trabalho, um em cada três entrevistados na pesquisa do NEC (2020) afirmou já ter sofrido algum tipo de acidente e 65% afirmou conhecer um entregador que já se acidentou. O estudo ainda apontou que apenas 6,6% dos trabalhadores receberam assistência da empresa-aplicativo, ao passo que 63,9% não foi assistido de nenhuma forma (NEC, 2020).

Desse modo, é importante observar que, avaliando empiricamente, a recusa à regulação trabalhista instituída pelo modelo de negócios das empresas-aplicativo implica efetivamente que a exploração do trabalho, nesse modelo, se dê à revelia de todos os institutos protetivos já consolidados no Direito do Trabalho, ainda que em sua versão de exceção, já que as jornadas praticadas excedem mesmo os padrões de flexibilidade, que não há

3 O setor do telemarketing é majoritariamente composto por mulheres. Sobre o tema, conferir: DUTRA, 2018.

remuneração de horas extraordinárias e/ou compensação, que não se assegura a remuneração mínima constitucional. Além disso, os trabalhadores são alheados de regras mínimas sobre saúde e segurança e também de garantias fundamentais à ampla defesa e ao contraditório em relação a desligamentos e punições, não havendo sequer contrato de trabalho, ainda que em suas versões mais precárias, como o contrato de trabalho intermitente instituído pela Reforma Trabalhista de 2017 e correlatos.

A atividade econômica uberizada opera e se beneficia, portanto, de um padrão de ilegalidade que não se traduz no mero descumprimento de algumas obrigações trabalhistas, mas na negativa geral de todo o estatuto legal, radicalizando a regência do trabalho pelas regras do mercado e institucionalizando a informalidade enquanto padrão de trabalho dentro da economia organizada.

Com a disseminação da pandemia de COVID-19 no Brasil, os trabalhadores sob demanda por aplicativo, em especial os entregadores, passaram a ser ainda mais demandados em uma sociedade que precisou adotar o isolamento social como estratégia de saúde coletiva. Como consequência, esses trabalhadores, que não possuíam condições de permanecer em casa diante da necessidade de garantir o próprio sustento e da ausência de garantias justrabalhistas, se expuseram ao vírus e viram as suas condições de trabalho serem deterioradas.

Nesse sentido, pesquisa realizada com 298 entregadores durante a pandemia, abrangendo 29 cidades, mas com alta concentração em São Paulo, Belo Horizonte, Recife e Curitiba (89,9%) apontou para ampliação da precarização nesta forma de trabalho, com redução da remuneração e ausência de proteção à saúde e segurança (ABÍLIO et al., 2020). Em relação à jornada de trabalho, 51,9% dos entregadores informaram que trabalham os sete dias da semana e 26,3% seis dias (ABÍLIO et al., 2020). Ademais, 58,9% dos entrevistados informaram que houve redução na remuneração durante a pandemia, inclusive em razão da diminuição das bonificações oferecidas pelas empresas (49,3%) (ABÍLIO et al., 2020). Outro ponto que merece destaque é que 57,7% dos entregadores afirmaram não ter recebido nenhum apoio das plataformas para reduzir o risco de contrair a COVID-19 (ABÍLIO et al., 2020).

A expansão do trabalho sob demanda por meio de empresas-aplicativos tem ampliado significativamente a precarização das relações de trabalho no Brasil, inclusive durante a pandemia de COVID-19, colocando os trabalhadores entre duas realidades perversas: o desemprego total ou a disponibilidade online para alcançar o "privilégio da servidão" (ANTUNES, 2020).

PARA ALÉM DA EXCEÇÃO

Diante desse cenário, em que as grandes corporações que utilizam o trabalho sob demanda por meio de aplicativos negam qualquer incidência do direito do trabalho, criando e disseminando a narrativa de que se trata de meros parceiros, supostamente, dotados de autonomia para se autodeterminarem e exercerem a atividade quando, onde e como quiserem, vislumbra-se, como exposto, uma radicalização do próprio direito do trabalho de exceção instituído pelas reformas neoliberais (FERREIRA, 2012).

Uma das características marcantes para o Direito do Trabalho de Exceção, segundo Ferreira (2012) é que o próprio Poder Judiciário, ao adquirir papel central na garantia de direitos fundamentais e resolução de conflitos, inflexiona em relação a essa agenda, conduzindo aquilo que António Casimiro Ferreira (2012) denomina de uma jurisprudência de austeridade, ou seja, um conjunto de decisões que servem aos postulados da austeridade visando colher supostos benefícios futuros. Trata-se de uma racionalidade que incorpora no agir do Poder Judiciário a imposição de sacrifício a direitos fundamentais, comprometendo-se com uma concretização hipotética, indireta e postergada de valores constitucionais.

Segundo Ferreira (2012), essa normatividade de exceção associada à austeridade torna a fronteira entre o constitucional e o inconstitucional um campo de disputa política e de trânsito das perspectivas de redução do debate político ao econômico, que são típicas das narrativas neoliberais.

No caso brasileiro, essa relação entre a jurisprudência, sobretudo da Corte Constitucional, com as reformas laborais fica bem evidente, com a chancela cada vez mais explícita a processos de precarização do trabalho e rebaixamento das condições juslaborais, num verdadeiro processo de desconstitucionalização do direito do trabalho (PAIXÃO; LOURENÇO, 2018, 2020).

Todavia, sendo a uberização ou plataformização do trabalho lida como um passo além nesse processo, tais Tribunais, mesmo afeitos a uma jurisprudência de austeridade, se veem diante de uma nova encruzilhada: descortinar o contorcionismo apresentado pelas empresas-aplicativos ou legitimar a exploração total dos seres humanos que dependem desta forma de trabalho para garantir a sua própria subsistência, seguindo a linha neoliberal em relação à negação ao papel do próprio trabalho imbuído nesse modelo de negócios.

Em diferentes países, o Poder Judiciário tem sido instado a se manifestar sobre a matéria. Nos países do Norte, que vivenciaram um arcabouço protetivo muito mais efetivo que os países do Sul, de modo que a intensa precarização da classe trabalhadora contrasta mais fortemente com o período anterior, as decisões têm apontado para uma perspectiva de regulação que assegure a incidência do direito do trabalho às relações vinculadas ao capitalismo de plataforma.

Na Inglaterra, o *Employment Tribunal*,[4] e depois a *Court of Appeal*,[5] ao julgar o caso 2202550/2015, reconheceu que os motoristas da Uber não são autônomos, mas sim trabalhadores da empresa-aplicativo nos termos da *Employment Rights Act 1996*,[6] especialmente em razão do nível de controle que a Uber exerce sobre esses motoristas mediante

4 Tradução das autoras: Tribunal do Trabalho.

5 Tradução das autoras: Tribunal de Apelação.

6 Tradução das autoras: Lei dos Direitos do Trabalho de 1996.

suas políticas internas, sistemas de classificação e incentivos que direcionam o local e a quantidade de trabalho (INGLATERRA, 2016; BOOTH, 2020).

Na Espanha, o *Tribunal Superior de Justicia de Madrid*[7] também reconheceu que 532 entregadores da Deliveroo não são verdadeiros autônomos, na medida em que a empresa direciona e controla, por intermédio de mecanismos inseridos dentro do aplicativo, os trabalhadores (OLÍAS, 2020). Nesse sentido, a decisão destaca que o sistema de pontuação é gerenciado por um algoritmo programado pelo empregador, de modo que a liberdade ventilada pela empresa-aplicativo não é tão grande quando pode parecer à primeira vista (OLÍAS, 2020).

Na França, a *Cour de cassation*[8] confirmou a decisão da primeira instância e manteve o reconhecimento do vínculo de emprego entre a Uber e um motorista sob o fundamento de que a autonomia, nestes casos, é fictícia, uma vez que o trabalhador não determina as condições em que a atividade remunerada é realizada, ficando a cargo da plataforma, dentre outros aspectos, a definição do itinerário, a fixação do valor cobrado dos usuários e a possibilidade de excluir o motorista quando recusar mais de três corridas (LE, 2020).

Nos Estados Unidos, a *Supreme Court of California*[9] entendeu que os entregadores da empresa-aplicativo Dynamex são empregados e não trabalhadores independentes, na medida em que não estariam incorporados nesta relação de trabalho os aspectos do teste ABC: (a) trabalhador livre do controle e direção do contratante; (b) trabalho externo ao objetivo dos negócios da contratantes; (c) o trabalhador estar envolvido em ocupação independente estabelecido da mesma natureza do trabalho executado para contratante (ESTADOS UNIDOS DA AMÉRICA, 2018).[10]

Ao contrário do que tem ocorrido nesses países, decisões recentes do poder judiciário brasileiro têm se orientado no sentido de afastar daqueles que trabalham sob demanda por meio de aplicativos o reconhecimento da condição de empregados das empresas detentoras de plataformas digitais e, por consequência, de negar-lhes qualquer proteção jurídica, inclusive no cenário da pandemia do SARS-CoV-2.

Nesse sentido, o Superior Tribunal de Justiça (STJ), em conflito de competência julgado antes da pandemia, entendeu que os entregadores e motoristas de aplicativos não tinham vínculo empregatício com as plataformas digitais e que, por isso, deveriam ter suas lides contra tais empresas julgadas pela Justiça comum (BRASIL, 2019).

7 Tradução das autoras: Superior Tribunal de Justiça de Madrid.

8 Tradução das autoras: Tribunal de Cassação.

9 Tradução das autoras: Suprema Corte da Califórnia.

10 A situação, entretanto, não foi consolidada. Em 2019 foi aprovada a lei AB-5 no estado da Califórnia, que concedia, em nível legislativo, direitos trabalhistas aos trabalhadores das empresas-aplicativos. Apesar disso, durante a eleição americana de 2020 foi aprovada uma proposição que afasta a qualidade de empregado desses trabalhadores, atribuindo-lhes a alcunha de autônomos. Informação disponível em: https://ballotpedia.org/California_Proposition_22,_App-Based_Drivers_as_Contractors_and_Labor_Policies_Initiative_(2020). Acesso em: 17 nov. 2020.

Para chegar a essa conclusão, o raciocínio seguido no acórdão concedeu pouca atenção à técnica processual. Primeiro porque o art. 114, I, da Constituição Federal, com redação dada pela Emenda Constitucional 45/2004, expressamente, prevê a competência da Justiça do Trabalho para julgar lides decorrentes da relação de trabalho, gênero do qual a relação de emprego é espécie jurídica. Dessa forma, ainda que a empresa-plataforma não reconhecesse a existência de vínculo de emprego, tampouco a parte autora tivesse feito pedido nesse sentido, as controvérsias decorrentes da relação necessariamente deveriam ser julgadas pela justiça do trabalho.

Em segundo lugar, a competência deve ser determinada diretamente em função do pedido e da causa de pedir, o que é, inclusive, reconhecido pelo próprio Superior Tribunal de Justiça na decisão. Apesar disso, a Corte ingressou no mérito da demanda e consignou, de forma genérica, que o ajuste entabulado por trabalhador com plataforma de aplicativo é de cunho civil, na medida em que "os motoristas, executores da atividade, atuam como empreendedores individuais, sem vínculo de emprego com a empresa proprietária da plataforma" (BRASIL, p. 1, 2019).

Vale observar, a partir desse precedente, que há um comportamento tendencial em aderir à narrativa empresarial, adotando uma consequência igualmente radicalizada: afastar da Justiça do Trabalho e da normatividade trabalhista tais relações de trabalho exploradas pelas empresas-plataformas, entregando-as à regência da lei civil, que não ostenta especial proteção ao trabalho humano. Descura-se, nesse ponto, dos debates sobre os limites (ou falta de limites) da flexibilização, transpondo o debate para a pertinência ou não desses trabalhadores em relação à tutela da justiça e da lei trabalhista.

Acresça-se que, embora sem tratar especificamente dos trabalhadores de aplicativos, o Supremo Tribunal Federal sinalizou uma chancela ao supramencionado entendimento do STJ ao decidir, em setembro de 2020, que não compete à Justiça do Trabalho examinar processos referentes a representantes comerciais autônomos, afastando da Justiça laboral modalidades de trabalho não empregatícias (BRASIL, 2020a). Ainda é necessário aguardar manifestação do STF sobre o enquadramento dos trabalhadores em aplicativos, mas, caso entenda pela condição de autônomos, tendencialmente os afastará até mesmo da Justiça do Trabalho.

Para além desse acórdão singular do Superior Tribunal de Justiça, existem decisões sobre a matéria dentro da Justiça Especializada Trabalhista, instância em que, por reserva constitucional expressa, deve ocorrer a discussão em torno do trabalho sob demanda por aplicativo. Sobre a questão, o Tribunal Superior do Trabalho, por intermédio das suas Turmas – ou seja, julgamento que ainda não foi uniformizado pela Seção de Dissídios Individuais da Corte – e de decisões de natureza monocrática, se manifestou até o momento em três oportunidades.

A Quinta Turma do Tribunal Superior do Trabalho abriu o primeiro precedente na Corte, no início de 2020, tendo afastado o reconhecimento de vínculo empregatício entre motorista de aplicativo e a plataforma, em processo individual, por não vislumbrar os requisitos da relação empregatícia (BRASIL, 2020e).

Nesse caso, a decisão do Tribunal Regional do Trabalho de São Paulo havia reconhecido a relação de emprego entre o motorista e a Uber sob o fundamento de que, se a empresa fosse de fato uma mera intermediadora, colocaria "a plataforma tecnológica à disposição dos interessados, sem qualquer interferência no resultado do transporte fornecido, e pelo serviço tecnológico oferecido estabeleceriam um preço/valor fixo a ser pago pelo motorista pelo tempo de utilização" (BRASIL, 2020e, p. 13).

O Tribunal Regional do Trabalho de São Paulo também consignou que a Uber não integra o modelo de economia compartilhada, pois não possui uma perspectiva horizontal e colaborativa, mas, sim, de lucro (BRASIL, 2020e). Ademais, pontuou que não é verdade que o motorista pode ficar desconectado de forma ilimitada, uma vez que "as empresas se valem de mecanismos indiretos para obter o seu intento de disponibilidade máxima do motorista às necessidades dos usuários por elas atendidos" (BRASIL, 2020e, p. 17).

Apesar de tudo isso, o Tribunal Superior do Trabalho entendeu pela reforma da decisão paulista. Para tanto, justificou que: i) o trabalhador teria reconhecido a liberdade de se desconectar do aplicativo, o que configuraria a sua autonomia para desenvolvimento da atividade; ii) o reclamante teria aderido ao serviço de intermediação da Uber; e iii) a possibilidade de avaliação é mera ferramenta de consulta aos usuários finais sobre a qualidade do serviço prestado (BRASIL, 2020e).

Além disso, a Corte ainda afirmou, em clara reprodução da narrativa criada pelas empresas-plataformas, que

> [...] não se pode olvidar que é de conhecimento geral a forma de funcionamento da relação empreendida entre os motoristas do aplicativo Uber e a referida empresa, a qual é de alcance mundial e tem se revelado como alternativa de trabalho e fonte de renda em tempos de desemprego (formal) crescente. Com efeito, as relações de trabalho têm sofrido intensas modificações com a revolução tecnológica, de modo que incumbe a esta Justiça Especializada permanecer atenta à preservação dos princípios que norteiam a relação de emprego, desde que presentes todos os seus elementos (BRASIL, 2020e, p. 23).

Mais recentemente foi a vez da Quarta Turma do Tribunal Superior do Trabalho decidir pela inexistência de vínculo entre motorista de aplicativo e plataforma digital (BRASIL, 2020e). Também nesse caso, os julgadores entenderam que o trabalhador possuía ampla autonomia na realização das suas atividades, razão pela qual fixou o entendimento de que

> [...] o trabalho prestado com a utilização de plataforma tecnológica de gestão de oferta de motoristas-usuários e demanda de clientes-usuários, não se dá para a plataforma e não atende aos elementos configuradores da relação de emprego previstos nos artigos 2º e 3º da CLT, inexistindo, por isso, relação de emprego entre o

> motorista profissional e a desenvolvedora do aplicativo, o que não acarreta violação do disposto no art. 1º, III e IV, da Constituição Federal (BRASIL, 2020f, p. 3).

Essas fundamentações, além de pautadas nas possibilidades abstratas e formais de liberdade/autonomia dos trabalhadores em aplicativos, sem investigar as possibilidades concretas de esses sujeitos exercê-las, contrariando a ideia de primazia da realidade que rege a aplicação da lei trabalhista, colocam as transformações do mundo do trabalho como uma marcha inexorável rumo à precarização, obnubilando o papel civilizatório e regulador da ação judicial em face desses fenômenos. Uma chancela, portanto, para além do já conhecido direito do trabalho de exceção introduzido pelas reformas de austeridade.

Já no contexto da pandemia, o Tribunal Regional do Trabalho de São Paulo suspendeu a liminar proferida pela 82ª Vara do Trabalho de São Paulo em sede de ação civil pública ajuizada pelo Ministério Público do Trabalho contra empresa-aplicativo de entrega de alimentos. Essa liminar havia determinado ao aplicativo, além de obrigações sanitárias de natureza preventiva, o pagamento de assistência financeira aos entregadores, eventualmente, afastados do trabalho em razão de contaminação pela COVID-19, de serem integrantes de grupos de risco ou de estarem onerados com responsabilidades familiares no contexto da pandemia. O fundamento foi a ausência de responsabilidade empresarial decorrente da ausência de vínculo de emprego (BRASIL, 2020c, 2020d).

Também diante do cenário de colapso causado pela COVID-19, o Corregedor Geral da Justiça do Trabalho, também Ministro do Tribunal Superior do Trabalho, em sede de correição parcial, determinou a suspensão do pagamento de ajuda compensatória e da obrigatoriedade do fornecimento de EPIs, durante a pandemia, aos motoristas da Uber. Tal determinação se deu no âmbito de correição parcial na qual a Uber requereu a concessão de efeito suspensivo ao agravo regimental interposto em sede de mandado de segurança, no bojo do qual o TRT do Ceará havia determinado o pagamento de salário-mínimo a motoristas durante o período de pandemia. O fundamento central do julgado foi de que, em contexto de pandemia, dever-se-ia zelar pela segurança jurídica, sendo descabidas interpretações ampliativas de medidas de exceção consubstanciadas nas Medidas Provisórias do Governo Federal (BRASIL, 2020g).

Interessante observar que, embora admitam a possibilidade de arcar com valores a título de auxílio voluntário aos seus trabalhadores, as empresas-plataformas recorreram até às últimas instâncias para que não fossem reconhecidos vínculos de emprego e para que, afinal, essa conduta de prestar auxílio não decorresse de um imperativo legal. Essa narrativa, radicalizadora da flexibilidade, porque apta a sobrepor à vontade empresarial aos comandos legais e judiciais, infelizmente, encontrou guarida em uma das manifestações da instância máxima do poder judiciário trabalhista.

Nada obstante, pululam nas Varas do Trabalho e Tribunais Regionais do Trabalho do país decisões em sentido contrário. No primeiro grau podemos destacar os julgados nos processos 1001492-33.2016.5.02.0013 (BRASIL, 2020i), 0011359-34.2016.5.03.0112 (BRASIL, 2020j), 0000448-58.2020.5.17.0006 (BRASIL, 2020k), respectivamente, julgados por varas do trabalho de São Paulo, Minas Gerais e Espírito Santo, todos contra a

Uber, nos quais os juízes se convenceram, a partir da primazia da realidade, da existência do vínculo de emprego com o aplicativo.

Por sua vez, no segundo grau destacam-se aqui as já mencionadas decisões do TRT de São Paulo e do TRT de Minas Gerais, que resultaram reformadas pelas Quinta e Quarta Turmas do TST, além da decisão recente do Tribunal Regional do Trabalho da Paraíba, que expressamente reconheceu o conceito de subordinação algorítmica para firmar o vínculo empregatício entre motorista e plataforma Uber (Brasil, 2020h).

Também como contraponto, cabe o registro da atuação do Ministério Público do Trabalho, que propôs diversas ações civis públicas em varas do trabalho de diversos estados brasileiros, tensionando o Poder Judiciário ao reconhecimento do vínculo empregatício e/ou de outras obrigações legais por parte das empresas aplicativos, sobretudo no contexto da pandemia. A grande maioria dessas iniciativas, que demanda fase de instrução processual prolongada, ainda aguarda manifestação final do Poder Judiciário.[11]

Com isso, evidenciam-se processos de disputa dentro das próprias instituições imbuídas da regulação do trabalho, variando em cada marco histórico e em cada cenário geopolítico as possibilidades das tendências mercadológicas e das resistências de se fazerem hegemônicas.

A Uber por sua vez, tem feito acordos em que assume valores altos de indenização, a fim de evitar a formação de precedentes judiciais no sentido do reconhecimento dos vínculos empregatícios. Nesse sentido, por exemplo, a empresa pagou US$ 20 milhões, cerca de R$ 76 milhões na época, em um processo movido por motoristas americanos em uma *class action* (REUTERS, 2019).

Há, igualmente, no Brasil, registros de acordos em ações individuais, em valores elevados, firmados às vésperas das sessões de julgamento de processos com pedidos de reconhecimento de vínculo. Exemplo recente foi o caso 0000448-58.2020.5.17.0006, objeto de acordo no Espírito Santo, no valor de R$ 17.000,00 para um único trabalhador, firmado às vésperas do julgamento do processo pelo TRT do Espírito Santo (BRASIL, 2020k).

O manejo do poder econômico como forma de evitar a atuação regulatória das instâncias judiciais revela a dupla capacidade de ação das empresas-aplicativo, ora no sentido de um cooptação ideológica dos agentes de regulação ora no sentido de obstar a

11 Até 2020, data do fechamento deste artigo, informações do próprio grupo de trabalho do MPT em face dos aplicativos, davam notícia das seguintes ações ajuizadas: ACP 1001058-88.2018.5.02.0008; ACP 1000100-78.2019.5.02.0037; ACP 0101136-58.2019.5.01.0022; ACP 1000272-17.2020.5.02.0059; ACP 1000396-28.2020.5.02.0082; MS 1000954-52.2020.5.02.0000; ACP 1000405-68.2020.5.02.0056; MS 1000962-29.2020.5.02.0000; ACP 1000436-37.2020.5.02.0073; MS 1001102-63.2020.5.02.0000; ACP 0100332-26.2020.5.01.0032; MS 0101265-95.2020.5.01.0000; ACP 1000512-60.2020.5.02.0041; ACP 0000458-84.2020.5.07.0005; ACP 0000461-18.2020.5.07.0012; ACP 0000295-13.2020.5.07.0003; MS 0080115-90.2020.5.07.0000; MS 0080116-75.2020.5.07.0000; CorPar 1000373-91.2020.5.00.0000; CorPar 1000377-31.2020.5.00.0000; ACP 1000531-71.2020.5.02.0007; ACP 1000507-62.2020.5.02.0033; ACP 0000325-18.2020.5.08.0004; ACP 0010244-42.2020.5.03.0110; ACP 0010765-26.2020.5.03.0000; ACP 0010773-03.2020.5.03.0000; ACP0000335-26.2020.5.20.0005.

manifestação judicial, mas sempre no intuito de remeter as relações de trabalho para fora do campo legislado e protegido.

CONSIDERAÇÕES FINAIS

O fenômeno da regulação social do trabalho relaciona-se com o conjunto de articulações entre os diversos sujeitos que disputam um determinado padrão normativo de proteção do trabalho, aí compreendidos como sujeitos trabalhadores, empregadores e instituições públicas estatais em um dado contexto histórico (DUTRA, 2018).

A regulação, enquanto dinâmica complexa entre sujeitos, instituições e relações sociais, é atravessada pelos paradigmas produtivo-tecnológicos, bem como pelos paradigmas jurídico-políticos que se afirmam em um dado contexto histórico, os quais impulsionam tensionamentos em relação à acomodação possível dos modelos de regulação e acumulação do período anterior (AGLIETTA, 1991).

Se a modificação do padrão de acumulação fordista/taylorista, em favor do pós-fordismo, ladeado pelo pensamento neoliberal, proporcionou significativa modificação dos padrões de regulação, que, neste trabalho, identificamos como direito do trabalho de exceção quanto à regulação das relações laborais, é certo que a nova reestruturação produtiva em curso (ANTUNES, 2020), caracterizada pela Indústria 4.0 e pelo trabalho plataformizado ou uberizado, promove novos tensionamentos em relação ao modelo de regulação, já caracterizado pelo esvaziamento e flexibilização neoliberais.

Está em marcha, na linha do que Casimiro Ferreira (2012) denominou de direito do trabalho de exceção, uma radicalização desta exceção no contexto das relações de trabalho, nas quais se abdica das disputas centrais do período anterior, em favor de uma pauta mais agressiva: a recusa global do estatuto do trabalho, da identificação do trabalhador como sujeito de direitos e o ocultamento do trabalho como engrenagem central e subordinada da reprodução capitalista plataformizada.

O que é interessante observar, a partir do levantamento empírico e teórico visitado neste artigo, é que o cenário de incerteza e de pouca assertividade da regulação judicial do trabalho permite a continuidade de um modelo de negócios pautado na superexploração do trabalho, no qual a discussão sobre a reforma trabalhista perde sentido, uma vez que se trata de um modelo pautado no não reconhecimento do vínculo de emprego. Por conseguinte, há exclusão de todo o conjunto de direitos que incidiria e vincularia as empresas-aplicativos (que contratam trabalho subordinado), passando a uma condição não protegida juridicamente e abertamente contrária aos postulados do direito do trabalho, de modo a conduzir um contingente significativo de trabalhadores subordinados à informalidade, e não ao assalariamento precarizado.

A discussão sobre as reformas laborais, nessa esteira, perde relevância, porque as vitórias parciais do capital em relação ao desmonte da legislação do trabalho parecem insuficientes neste momento da organização produtiva capitalista, de modo a tornar necessária a radicalização da conversão do ilegal em legal (direito do trabalho subversivo), não sendo mais suficiente a mera instituição de contratos precários, mas, sim, um projeto assentado na descontratualização e marginalização jurídica dos trabalhadores.

Nessa esteira, a radicalidade da prática empresarial se transpõe com força para as dinâmicas regulatórias, a partir da chancela estatal, por meio do Poder Judiciário, para afastar a lei e reconhecer a legitimidade da exploração desmedida, para muito além do direito do trabalho reformado nos cenários de austeridade. As resistências a esse processo, embora possam ser pontualmente identificadas em atuações contramajoritarias de membros do Poder Judiciário e do Ministério Público do Trabalho, depende da articulação coletiva e organizada dos trabalhadores, como as manifestações que pulularam no Brasil durante a pandemia (Breque dos Apps) parecem anunciar (DUTRA; FESTI, 2020).

REFERÊNCIAS

ABILIO, Ludmila Costhek. Uberização: Do empreendedorismo para o autogerenciamento subordinado. *In: Psicoperspectivas*, vol. 18, n. 13, 15 nov. 2019.

ABILIO, Ludmila Costhek. Uberização do trabalho: subsunção real da viração. *Blog da Boitempo*. Disponível em: https://blogdaboitempo.com.br/2017/02/22/uberizacao-do-trabalho-subsuncao-real-da-viracao/. Acesso em: 16 out. 2020.

ABÍLIO, Ludmila Costhek et al. Condições de trabalho de entregadores via plataforma digital durante a COVID-19. *Revista Jurídica Trabalho e Desenvolvimento Humano*, Campinas, v. 3, 8 jun. 2020.

AGLIETTA, Michel. *Regulation y crisis del capitalismo*: la experiencia de los Estados Unidos. Madrid, Espanha: Siglo XXI editores, 1991.

ALIANÇA BIKE. *Pesquisa de perfil dos entregadores ciclistas de aplicativo*. Disponível em: https://aliancabike.org.br/wp-content/uploads/2020/04/relatorio_s2.pdf. Acesso em: 24 out. 2020.

ANTUNES, Ricardo. *O privilégio da servidão*. 2. ed. São Paulo: Boitempo, 2020.

BLYTH, Mark. *Austeridade*: A história de uma ideia perigosa. Trad. Freitas e Silva (E-book). Autonomia Literária, 2018. Não paginado.

BOOTH, Robert. Uber drivers' fight for workers' rights reaches UK supreme court. *The Guardian*. Disponível em: https://www.theguardian.com/technology/2020/jul/21/uber-drivers-fight-for-workers-rights-reaches-supreme-court. Acesso em: 15 nov. 2020.

BRASIL. Superior Tribunal de Justiça. *Conflito de Competência 164.544* – MG. Rel. Min. Moura Ribeiro. Acórdão publicado no DJ de 4/9/2019.

BRASIL. Supremo Tribunal Federal. *Recurso Extraordinário 606.003*. Plenário. Julgamento em 24/4/2020. (2020a).

BRASIL. Tribunal Regional do Trabalho da 2ª Região. *ACP-1000396-28.2020.5.02.0082*. Decisão Liminar da 82ª Vara do Trabalho de São Paulo. DJ de 5/4/2020. (2020c).

BRASIL. Tribunal Regional do Trabalho da 2ª Região. *Mandado de Segurança Cível 1000954-52.2020.5.02.0000*. Desembargadora Doris Ribeiro Torres Prina. Decisão monocrática publicada no DJ de 7/4/2020. (2020d).

BRASIL. Tribunal Superior do Trabalho. *TST-RR-1000123-89.2017.5.02.0038*. 5ª Turma. Rel. Min. Breno Medeiros. DJ de 07/02/2020. (2020e).

BRASIL. Tribunal Superior do Trabalho. *TST-AIRR-10575-88.2019.5.03.0003*. 4ª Turma. Rel. Min. Alexandre Luiz Ramos. DJ de 11/09/2020. (2020f).

BRASIL. Tribunal Superior do Trabalho. *TST-1000373-91.2020.5.00.0000*. Rel. Min. Corregedor Aloysio Correia da Veiga. DJ de 28/4/2020. (2020g).

BRASIL. Tribunal Regional do Trabalho da 13ª Região. Segunda Turma. *0000699-64.2019.5.13.0025*. Rel. Des. Thiago de Oliveira Andrade. DJ de 7/10/2020. (2020h).

BRASIL. 13ª Vara do Trabalho de São Paulo. *1001492-33.2016.5.02.0013*. Juiz do Trabalho Substituto Eduardo Rockenback Pires. DJ de 20/04/2017. (2020i).

BRASIL. 33ª Vara de Belo Horizonte. *0011359-34.2016.5.03.0112*. Juiz Titular Marcio Toledo Gonçalves. DJ de 15/02/2017. (2020j).

BRASIL. 6ª Vara do Trabalho de Vitória. *0000448-58.2020.5.17.0006*. Juíza do Trabalho Substituta Andrea Carla Zani. DJ 24/07/2020. (2020k).

BROWN, Wendy. *Nas ruínas do neoliberalismo*: a ascensão política antidemocrática no ocidente. São Paulo: Editora Filosófica Politeia, 2019.

CALIFORNIA. Proposition 22, App-Based Drivers as Contractors and Labor Policies Initiative (2020). *Ballotpedia*. Disponível em: https://ballotpedia.org/California_Proposition_22,_App-Based_Drivers_as_Contractors_and_Labor_Policies_Initiative_(2020). Acesso em: 17 nov. 2020.

CARELLI, Rodrigo de Lacerda. O caso Uber e o Controle por Programação: de carona para o século XIX. *In:* LEME, Ana Carolina Reis Paes; RODRIGUES, Bruno Alves; CHAVES JÚNIOR, José Eduardo de Resende (coord.). *Tecnologias disruptivas e a exploração do trabalho humano*: "A intermediação de mão de obra a partir das plataformas eletrônicas e seus efeitos jurídicos e sociais". São Paulo: LTr, 2017.

CASTEL, Robert. *As metamorfoses da questão social.* Rio de Janeiro: Vozes, 1998.

DARDOT, Pierre; LAVAL, Christian. *A nova razão do mundo*: ensaio sobre a sociedade neoliberal. Tradução: Mariana Echalar. São Paulo: Boitempo, 2016.

DUTRA, Renata Queiroz. *Trabalho, regulação e cidadania*: a dialética da regulação social do trabalho. São Paulo: LTr, 2018.

DUTRA, Renata Q.; FESTI, Ricardo C. A greve dos entregadores. *In:* Blog "*A terra é redonda*". Disponível em: https://jornalggn.com.br/artigos/a-greve-dos-entregadores-por-renata-dutra-e-ricardo-festi/. Acesso em: 20 nov. 2020.

DUTRA, Renata Q.; FILGUEIRAS, Vitor A. Os entregadores e o falso dilema da CLT. *In:* Graça Druck; Luiz Filgueiras (org.). *O Brasil nas trevas (2013-2020)*: Do golpe neoliberal ao neofascismo. 1. ed. São Paulo: Boitempo, 2020, v. 1, p. 3.146-3.229.

ESTADOS UNIDOS DA AMÉRICA (CALIFÓRNIA). *Dynamex Operations West, Inc. v. Superior Court, 4 Cal.5th 903, 2018*. Disponível em: https://law.justia.com/cases/california/supreme-court/2018/s222732.html. Acesso em: 15 nov. 2020.

FERREIRA, António Casimiro. *Sociedade da Austeridade e direito do trabalho de exceção*. Porto: Vida Económica, 2012.

FILGUEIRAS, Vitor. *Estado e direito do trabalho no Brasil*: regulação do emprego entre 1988 e 2008. Tese (Doutorado). Faculdade de Filosofia e Ciências Humanas da UFBA. Orientadora: Graça Druck, 2012.

FREITAS, Carlos Eduardo Soares; OLIVEIRA, Murilo Carvalho Sampaio; DUTRA, Renata Queiroz (org.). *Reforma Trabalhista e crise do direito do trabalho no Brasil*: apontamentos críticos. Curitiba: Appris, 2020.

FRENCH, John D. *Afogados em leis*: a CLT e a cultura política dos trabalhadores brasileiros/ John D. French; Tradução de Paulo Fontes. São Paulo: Fundação Perseu Abramo, 2002.

IFOOD. *Termos e Condições de uso IFood para entregadores*. Data da versão: 30 de julho de 2020. Disponível em: https://ifoodentregadores.wpcomstaging.com/termosdeuso/. Acesso em: 16 out. 2020.

INGLATERRA. Employment Tribunal. *Caso n. 2202550/2015*. Requerentes: Mr Y Aslam, Mr J Farrar e outros. Requeridos: Uber B.V., Uber London Ltd e Uber Britannia Ltd. Data de Julgamento: 28 out. 2016.

KALIL, Renan Bernardi. *Capitalismo de Plataforma e Direito do Trabalho*: Crowdwordk e trabalho sob demanda por meio de aplicativos. 2019. Tese (Doutorado em Direito) – Faculdade de Direito, Universidade de São Paulo, 2019.

KREIN, José Dari. O desmonte dos direitos, as novas configurações do trabalho e o esvaziamento da ação coletiva, *Tempo social*, revista de sociologia da USP, v. 30, n. 1, abril-2018, p. 77-104.

KREIN, José Dari. *Debates contemporâneos*: economia social e do trabalho, 8: as relações de trabalho na era do neoliberalismo no Brasil. São Paulo: LTr, 2013.

LE statut d'indépendant d'un chauffeur Uber est « fictif », selon la Cour de cassation. *Le Monde Diplomatique*. Disponível em: https://www.lemonde.fr/societe/article/2020/03/04/la-cour-de-cassation-confirme-que-le-lien-unissant-un-chauffeur-et-uber-est-bien-un-contrat-de-travail_6031820_3224.html. Acesso em: 15 nov. 2020.

NEC – NÚCLEO DE ESTUDOS CONJUNTURAIS (FACULDADE DE ECONOMIA DA UNIVESIDADE FEDERAL DA BAHIA). *Levantamento sobre o Trabalho dos Entregadores por Aplicativos no Brasil*: Relatório 1 de pesquisa. Disponível em: http://abet-trabalho.org.br/wp-content/uploads/2020/08/Relato

%CC%81rio-de-Levantamento-sobre-Entregadores-por-Aplicativos-no-Brasil.pdf. Acesso em: 24 out. 2020.

OLÍAS, Laura. El Tribunal Superior de Madrid da la razón a la Inspección: los 532 repartidores de Deliveroo son falsos autónomos. *El Diário*. Disponível em: https://www.eldiario.es/economia/tribunal-superior-madrid-deliveroo-inspeccion_1_1065441.html. Acesso em: 24 out. 2020.

PAIXÃO, Cristiano; LOURENÇO FILHO, Ricardo. O STF e o mundo do trabalho: reescrevendo a constituição. *JOTA*, 28 set. 2018. Disponível em: https://www.jota.info/paywall?redirect_to=//www.jota.info/ opiniao-e-análise/artigos/o-stf-e-o-mundo-do-trabalho-reescrevendo-a-constituicao-28092018. Acesso em: 6 mar. 2019.

PAIXÃO, Cristiano; LOURENÇO FILHO, Ricardo. O STF e o Direito do Trabalho: as três fases da destruição. *JOTA*, 29 jun. 2020. Disponível em: https://www.jota.info/opiniao-e-analise/artigos/o-stf-e-o-direito-do-trabalho-as-tres-fases-da-destruicao-29062020. Acesso em: 18 set. 2020.

REUTERS. Uber pagará US$ 20 milhões em acordo com motoristas nos EUA. *G1*. 12/03/2019. Disponível em: https://g1.globo.com/economia/tecnologia/noticia/2019/03/12/uber-pagara-us-20-milhoes-em-acordo-com-motoristas-nos-eua.ghtml. Acesso em: 15 nov. 2020.

STANDING, Guy. *O precariado*: a nova classe perigosa. Belo Horizonte: Autêntica Editora, 2013.

SUPIOT, Alain. *O espírito de Filadélfia*: a justiça social diante do mercado total. Porto Alegre: Sulina, 2014.

SUPIOT, Alain. *Le governance par les nombres*. Cours au College de France (2012-2014). Nantes: Fayard, 2015.

THEODORO, Mário. As características do mercado de trabalho e as origens do informal no Brasil. *In:* Luciana Jaccoud (org.). *Questão Social e Políticas Sociais no Brasil Contemporâneo*. Brasília: IPEA, 2005, p. 91-126.

UCHOA-DE-OLIVEIRA, Flávia Manuella. Saúde do trabalhador e o aprofundamento da uberização do trabalho em tempos de pandemia. *Rev. bras. saúde ocup.*, São Paulo, v. 45, e22, 2020. Disponível em: http://www.scielo.br/scielo.php?script=sci_arttext&pid=S0303-76572020000101501&lng=en&nrm=iso. Acesso em: 18 nov. 2020.

CAPÍTULO 7

TRABALHO E TECNOLOGIA: TRANSFORMAÇÕES RECENTES E AS VÁRIAS FACES DO TRABALHO DIGITAL

Mariana Bettega Braunert
Maria Aparecida Bridi

INTRODUÇÃO

O mundo do trabalho, historicamente, foi profundamente, impactado pelas mudanças de base técnica, desde aquelas que viabilizaram o desenvolvimento da maquinaria e da produção em escala industrial, da automação e da robotização na segunda metade do século XX, assim como o posterior advento de um modelo flexível de produção, que vinha se desenhando desde a década de 1970, e avançou a partir da década de 1990.

O surgimento das tecnologias informacionais de base microeletrônica não apenas possibilitou a flexibilização produtiva em escala global e a formação de redes de empresas, como também impulsionou o surgimento de novas ocupações, por exemplo, as voltadas ao desenvolvimento de softwares e sistemas informacionais. Ocorreram mudanças também na organização e gestão do trabalho, sendo que a internet impôs novas formas de controle sobre os trabalhadores, ampliou as possibilidades de desenvolvimento do trabalho remoto e promoveu uma maior imbricação entre tempo de trabalho e tempo de não trabalho.

A velocidade e intensidade com que os avanços tecnológicos ocorreram nos anos recentes levaram sociólogos e pesquisadores do trabalho em geral (economistas, juristas etc.) a uma constante reformulação e atualização de suas agendas de pesquisa. A necessidade de compreender as novas configurações do trabalho e as novas ocupações que a todo momento surgem nos desafiam não apenas no âmbito da produção de um conhecimento empírico sobre essas novas realidades, mas também na formulação de um referencial conceitual e teórico que "dê conta" desse mundo do trabalho em rápida e constante transformação.

O trabalho "uberizado", isto é, intermediado por plataformas digitais, e o desenvolvimento da Indústria 4.0 são alguns exemplos recentes de temas e objetos de pesquisa que adquiriram centralidade em função da rápida evolução tecnológica e dos impactos que ela gera no mundo do trabalho.

De posse dessas considerações, no presente capítulo, analisamos alguns aspectos da relação entre trabalho e tecnologia, buscando, inicialmente, definir o que é tecnologia e problematizar a relação entre o desenvolvimento tecnológico e seus impactos no mundo do trabalho. Em seguida, analisamos a transição do fordismo para sistemas flexíveis de produção e seus impactos sobre a organização do trabalho e as formas de contratação, bem como o importante papel da revolução informacional nesse processo de flexibilização produtiva. O advento dos computadores, internet e outras tecnologias correlatas alterou o modo de trabalhar e produzir, assim como possibilitou novos negócios e tipos de empresas nas diversas faces do trabalho digital, algumas delas tratadas no capítulo. Com a chamada Indústria 4.0, uma nova onda de transformações está em curso, entretanto, seus impactos sobre o mundo do trabalho desafiam os países, sobretudo periféricos, que estão em posição desprivilegiada tecnologicamente.

TECNOLOGIAS E OS IMPACTOS NO MUNDO DO TRABALHO

Ao tratar o tema da tecnologia e o trabalho objetivado neste capítulo, antes é importante distinguir técnica de tecnologia, como propôs Álvaro Viera Pinto (2008, p. 63). Técnica, do grego *techné*, "está premente por definição em todo ato humano". É inerente à espécie humana, que tem a capacidade de produzir e criar meios para resolver problemas, criar artefatos e meios para sobreviver; significa, portanto, mais do que saber fazer ou realizar uma ação. A tecnologia, cujo sufixo *logia*, do grego *logus*, é a ciência da técnica, o campo de estudo, significa uma atividade socialmente organizada,

> baseada em planos e de caráter essencialmente prático. Compreende, portanto, conjuntos de conhecimentos e informações utilizados na produção de bens e serviços, provenientes de fontes diversas, como descobertas científicas e invenções, obtida por meio de diversos métodos, a partir de objetivos definidos e com finalidades práticas (BAUMGARTEN; HOLZMANN, 2011, p. 391).

Nesse sentido, a tecnologia constitui um instrumento de intervenção no real, transformando o conhecimento científico em técnica (BAUMGARTEN; HOLZMANN, 2011).

As tecnologias tendem, portanto, a alterar o trabalho, as maneiras de trabalhar e de produzir. Pode-se dizer que as tecnologias transformam e reconfiguram o trabalho. Entretanto, por si, não o fazem. Em si, as tecnologias não são boas nem más, segundo Viera (2008), pois as condições e seus usos dependem das opções realizadas pela sociedade, pelo Estado, como alertava o sociólogo espanhol Manuel Castells, em 1999.

Ao analisarmos a relação entre trabalho e tecnologia, é preciso considerar que embora o desenvolvimento tecnológico tenha importantes impactos sobre a produção, organização e gestão do trabalho, a tecnologia, isoladamente, não é a responsável pelas transformações no mundo do trabalho, que estão relacionadas a fatores de ordem econômica, política e social. Assim, faz-se necessário considerar o contexto – inclusive em termos de desenvolvimento histórico – mais amplo em que as tecnologias se inserem para então compreendermos os usos que se faz delas.

Pensando em uma linha evolutiva sobre as transformações do mundo do trabalho, desde a consolidação do capitalismo com a revolução industrial do século XVIII, que alterou a organização do trabalho, os avanços tecnológicos demarcaram épocas. No século XIX e início do século XX, as novas fontes de energia e inovações nos meios de comunicação deram um salto na produção, nas formas de distribuição, nos usos e costumes. O século XX foi o palco de grandes transformações e inovações tecnológicas marcado pela aceleração, processo que o distinguiu de outras épocas históricas. Deram o substrato para a produção em massa e consumo em massa do sistema de produção fordista que se estabeleceu incialmente na fábrica fordista nos Estados Unidos e seu espalhamento por outras economias, ainda que não sem resistências de diversas ordens. Conforme Harvey (1993), foi necessário, contudo, uma crise e a ação articulada do Estado para sua consolidação como sistema de produção.

Enquanto as tecnologias permitem alterar a maneira de trabalhar, de organizar a produção e mesmo distribuir os produtos, o impacto sobre o trabalho e sobre as relações de trabalho, ou seja, as condições de trabalho, e as formas de contratação desse trabalho, se protegido ou não, seguro ou instável, depende da sociedade, das forças políticas, do Estado.

SISTEMA FORDISTA E OS SISTEMAS FLEXÍVEIS DE PRODUÇÃO

Em "A condição pós-moderna", Harvey (1993) identificou mudanças nos processos de trabalho, nos hábitos de consumo, nas configurações geográficas e geopolíticas, e no papel Estado. Explorou a hipótese de que a crise econômica de 1970 provocou os eventos que levaram a transição do regime de acumulação capitalista fordista para a acumulação flexível e o modo de regulamentação social e política a ele associado. O período de expansão do pós-guerra que se estendeu de 1945 a 1973 estabeleceu um conjunto de práticas de controle de trabalho, tecnologias, hábitos de consumo e configuração de poder específica, denominada fordista. Entretanto, tal sistema colapsa a partir de 1973 dando início a um período de rápida mudança, de fluidez, de incerteza.

Nesse cenário profundamente impelido pela ideologia neoliberal, o Estado assume cada vez mais o papel de regulador das atividades capitalistas e atrator de investimentos. Um movimento político orientado para e pelo mercado passa a fomentar e concretizar reformas nos sistemas de proteção do trabalho, reformas laborais com vistas a atender os interesses do capital para adequar a produção às demandas de mercados oscilantes. Para isso, uma produção flexível e enxuta passa a ser buscada, sendo que as empresas dos mais diferentes setores econômicos tratam de adotar tecnologias e inovações nas técnicas de gestão com o objetivo de ampliar a produção com menos custos. Para atender a produção flexível, sob demanda, com baixos níveis de estoque, por exemplo, era necessária uma mão de obra também flexível. Por isso, as formas de contratação de trabalho também passaram a ser orientadas pela flexibilidade dos contratos. Uma diversidade de novas formas de contratação flexíveis é colocada à disposição do mercado.

Não se pode afirmar, contudo, que a produção em massa, de trabalhos repetitivos, monótonos, e em massa, característicos da produção fordista, tenham desaparecido. Pelo contrário, o que se observou em inúmeras pesquisas empíricas é a coexistência de elementos de uma produção típica fordista-taylorista e sistemas flexíveis de produção. O modelo de produção oriundo do Japão, o toyotismo, sofreu diversas adaptações nos países do Ocidente. Nesse sistema, a flexibilização é favorecida, na medida em que se exige do trabalhador, a polivalência e multifuncionalidade, o trabalho organizado em equipes "autogenciáveis", células ou times, por exemplo. A empresa adota um conjunto de inovações tecnológicas possibilitadas pela revolução informacional e inovações organizacionais que na prática ampliam o controle sobre o trabalho, eliminando os tempos porosos. Por isso, em estudos na indústria automobilística, em um segmento paradigmático da produção flexível e enxuta, observou-se crescimento da produção de forma extraordinária.

Vejamos no quadro a seguir as características da produção flexível do ponto de vista das inovações técnicas e organizacionais, e da organização do trabalho e do contrato de trabalho.

Quadro 1 – Características do modo de produção flexível

Inovações técnicas e organizacionais	Organização do trabalho e contrato de trabalho
- Produção organizada a partir de tecnologias informacionais, de base microeletrônica - Produção a partir da demanda - Automação e robotização - Empresas em redes, conectadas - Responsabilização do trabalhador pelos equipamentos e qualidade do produto - Programas de qualidade e melhoria contínua	- Flexibilidade da produção e trabalhadores multifuncionais - Redução das hierarquias internas - Trabalho em equipe, células ou times de trabalho; rodízio de tarefas, funções genéricas - Sistemas de controle e autocontrole do trabalho - Diversidade de modalidades de contrato de trabalho (terceirizado, autônomo, por produção, por tempo determinado, temporários etc.)

Fonte: Harvey (1993) e Castells (2000).

As fábricas, por sua vez, assumem diversos formatos e se distribuem, espacialmente. Entretanto, embora desconcentrem a produção, continuam a centralizar as decisões em suas matrizes, que se responsabilizam por processos de gestão, controle e administração e atividades, como as de concepção, design e marketing. A produção em si é desempenhada por subcontratados em outros países, em sua maioria subdesenvolvidos e onde há baixa regulamentação do trabalho, baixos salários e poder sindical pouco organizado, enquanto o topo da cadeia produtiva permanece localizado nos países centrais e tecnologicamente mais desenvolvidos, que se especializam na produção de componentes de alto valor agregado e em pesquisas e desenvolvimento para gerar os conhecimentos produtores de inovações tecnológicas.

O desenvolvimento tecnológico desempenhou papel fundamental nesse processo, viabilizando uma organização global da produção e uma nova divisão internacional do trabalho, em cadeias fragmentadas cuja gestão é feita de modo integrado. Como destaca Martins (2011), a globalização criou uma divisão internacional do trabalho tecnologicamente integrada, sendo que as tecnologias da informação viabilizam a integração global de gestão das empresas. Além disso, como mecanismos para melhorar a competitividade e o controle sobre os amplos mercados globais, as empresas dos mais diferentes segmentos buscam integrar-se verticalmente e horizontalmente, com vistas a ampliar a flexibilidade dos processos de produção. Para isso, demandam cada vez mais de um leque amplo de formas de contratação flexíveis, disponibilizadas pelas reformas laborais que vem se sucedendo em diversos países do mundo.

Do ponto de vista das modalidades de contratação do trabalho mais flexíveis, isso se deveu, evidentemente, ao papel dos Estados, que influenciados pelo neoliberalismo adotaram alterações nas legislações do trabalho. Nas mais de 640 alterações nos sistemas de proteção do trabalho realizadas pelo mundo, a maioria delas tiveram como cunho a redução da proteção ao emprego, a desregulamentação e flexibilização do trabalho, destacou Lúcio (2018). Desse modo, os ganhos de produtividade propiciados pelas tecnologias não têm resultado em melhorias das condições gerais de trabalho, em razão das opções políticas realizadas que vêm ampliando as formas flexíveis de contratação.

Assim, a crise do sistema fordista e o advento do regime de acumulação flexível vieram acompanhados da globalização econômica, do acirramento da competição internacional, de um novo padrão técnico decorrente do surgimento das novas tecnologias da informação e uma nova divisão internacional do trabalho, além da inédita hegemonia da dimensão financeira do capital e do avanço do neoliberalismo em nível global.

TECNOLOGIAS, PROCESSOS DE FLEXIBILIZAÇÃO DO TRABALHO E DA PRODUÇÃO E AS FACES DO TRABALHO DIGITAL

As tecnologias, elas próprias frutos do trabalho humano, têm o papel de viabilizar novas formas de produzir, novas formas de empresas, novas formas de organização do trabalho.

Sem desconsiderar as dimensões econômicas e políticas envolvidas no advento de um novo modelo flexível de acumulação, a evolução da ciência e da técnica, o avanço das tecnologias da informação e comunicação e o surgimento da microeletrônica desempenharam um papel fundamental nesse processo, pois foi o novo paradigma tecnológico que permitiu a flexibilização produtiva em escala global, além da racionalização e dinamização da produtividade, como já assinalamos anteriormente.

Fala-se em Revolução Informacional para designar essa revolução tecnológica impulsionada pelo desenvolvimento das tecnologias de informação, embora outros termos como "capitalismo informacional", "capitalismo cognitivo" e "sociedade do conhecimento" também sejam comumente utilizados pela literatura sociológica para conceituar essa nova realidade em que a tecnologia e o conhecimento assumem uma centralidade inédita na sociedade (BRAUNERT, 2013). Uma revolução tecnológica é definida por Tauile (2001, p. 38) como "um conjunto de novos conhecimentos, procedimentos, instrumentos e técnicas afins que se introduzem e difundem pelas sociedades em determinadas épocas". O autor ressalta, além disso, que esses novos conhecimentos impulsionam transformações dessas sociedades em relação a outros estágios de desenvolvimento econômico e sociocultural.

A Revolução Informacional com a invenção dos computadores, sua miniaturização e disseminação pelas residências, somadas à rede de internet, segundo artigo publicado pela Revista de Ciências Sociais & Políticas, favoreceu

> uma diversidade de arranjos de empresas, que vão desde as formas clássicas com estruturas verticalizadas, hierarquias rígidas, por exemplo, até configurações mais fluídas, desterritorializadas, virtuais, horizontalizadas, organizadas em redes, com maior mobilidade e que se deslocam rapidamente para qualquer país, muitas vezes com menor compromisso com os países que sediam suas atividades, os quais se apresentam como campos abertos (BRIDI; MACHADO; PORTELA, 2019, p. 202).

São empresas que ligam empresas, empresas e clientes "através de computadores e outros meios de comunicação, possibilitando a formação e a organização de redes" (BRIDI; MACHADO; PORTELA, 2019, p. 202). Portanto, do ponto de vista político, enquanto o neoliberalismo forneceu as bases para uma mão de obra flexível, desprotegida e sem direitos ou com direitos reduzidos, as tecnologias permitem as alterações no trabalho sob as novas bases: conectam os trabalhadores sem contratos de trabalho, que ficam à disposição das empresas. Situação típica dos trabalhadores plataformizados, aqueles que trabalham em empresas-plataformas, que ligam empresas a clientes. Organizado "nas várias modalidades de empresas, de diferentes portes, natureza e configurações" o trabalho "inaugura uma economia que se organiza e se potencializa fortemente por meio de *softwares* e aplicativos", segundo Lima e Bridi (2019, p. 327), desafiando os estudos sociológicos, não apenas pela alteração no modo de trabalhar, como também em razão das transformações das relações sociais em geral.

Ainda que alguns autores tenham romantizado o setor de TI, como o reino do trabalho dotado de sentido e das possibilidades de emancipação do trabalho advindas pelas novas máquinas informacionais, há várias facetas do trabalho nesse contexto de um "capitalismo informacional". Conforme Bridi (2014) e Lima e Bridi (2019), sob o arco do trabalho digital, cabe um *pool* de atividades e setores da indústria, serviços e comércio. Estes, na síntese elaborada pelos autores, encontram-se em três segmentos, cada um com uma diversidade considerável de condições de trabalho e relações de trabalhos.

O primeiro é formado por trabalhadores mais qualificados, empregados no desenvolvimento de software. É uma função que pressupõe um trabalho mais intelectual e criativo voltado para a leitura de símbolos que compõe um programa e o faz funcionar. Compõe novas atividades e categorias profissionais, como os desenvolvedores de software, analistas, designers e outros profissionais representativos de uma nova dinâmica de trabalho, marcados pela imaterialidade de sua atividade e dos conteúdos necessários para sua efetivação, além da marca simbólica representada pela utilização de algoritmos (LIMA; BRIDI, 2019).

Pesquisas realizadas nesse campo (grande parte delas compiladas em Bridi e Lima (2018) mostram que essas funções são desempenhadas por trabalhadores majoritariamente jovens, altamente qualificados, autodidatas e que buscam atualização constante, além de ser relativamente bem remunerados e predominantemente do sexo masculino. O trabalhador de TI possui ainda um perfil típico de trabalhador polivalente e multifuncional, capaz de adequar-se às demandas do trabalho, que é organizado por projetos e controlado em grande parte pelos próprios clientes. A grande flexibilidade das formas de contratação existentes no setor é também elemento apontado por grande parte desses estudos, revelando uma alta rotatividade nos postos de trabalho, a ausência de direitos e garantias e a instabilidade a que estão sujeitos os trabalhadores informacionais, mesmo que desempenhando atividade de natureza intelectual e que exige alto nível de qualificação.

O segundo grupo é composto pelos trabalhadores proletarizados que fazem uso dessas tecnologias, como os trabalhadores de fábricas de computadores e componentes e os trabalhadores das centrais de atendimento, que realizam trabalho de forma padronizada e taylorizada. Pesquisas realizadas com essa categoria de trabalhadores[1] apontam, em conjunto, que o perfil da força de trabalho é, predominantemente feminina, com baixa qualificação e mal remunerada. O controle sobre o tempo de trabalho é intenso, bem como as exigências de cumprimento de metas, e os assédios morais e adoecimentos relacionados ao trabalho frequentes. A rotatividade também é alta, nesse caso, pelas dificuldades dos trabalhadores de suportar a intensidade da exploração do trabalho a que estão submetidos.

E há, por fim, o crescente grupo de trabalhadores de plataformas digitais, que vinculam-se a aplicativos, alterando as relações de trabalho, mascarando a subordinação do trabalho pelo capital (LIMA; BRIDI, 2019). As plataformas digitais podem ser definidas como "infraestruturas combinadas de software e hardwares, de propriedade privada ou pública, alimentadas por dados, automatizadas e organizadas por meio de algorítimos digitais", sendo os algoritmos digitais "uma sequência de instruções que informa o computador (desde suas primeiras versões) sobre o que fazer dentro de um conjunto de etapas precisamente definidas e de regras projetadas para realizar uma tarefa" (GONSALES, 2020, p. 188). Elas permitem, por isso, um minucioso controle e avaliação dos trabalhadores, e vinculação do pagamento à "produtividade", e não ao tempo de trabalho. Uma vez que detém os mecanismos tecnológicos aptos a conectar oferta e demanda de determinado serviço, recebendo um percentual do serviço prestado, as empresas "gerenciam e controlam todo o trabalho executado a partir de dados dos consumidores e dos trabalhadores" (SCHINESTSCK, 2020, p. 119).

Quando analisamos as novas configurações do trabalho, cada vez mais mediadas pelas tecnologias informacionais, o que muda? Muda o trabalho, a organização do trabalho, as

1 Ver Antunes e Braga (2009).

formas de contratação, de controle e de jornadas. E do ponto de vista das condições de realização desse trabalho, o quadro da atual regulação trabalhista que vem sendo profundamente alterado pelas forças neoliberais e pelo mercado torna-se cada vez mais precário. A precariedade se generaliza também para os trabalhadores qualificados que também estão submetidos a contratos parciais ou "contratos verbais", sem formalização alguma, desterritorializados, desvinculados de direitos sociais e de qualquer proteção no trabalho.

Outra característica das novas configurações do trabalho tem relação com a transferência dos custos e riscos da atividade econômica, da empresa, do capital, para os trabalhadores, caso que se generaliza, para as novas ocupações, por exemplo, os motoristas de Uber e outros aplicativos nos quais os trabalhadores efetuam um cadastro para a prestação de serviços. Segundo Lima e Bridi (2019), além da transferência de riscos e custos para os trabalhadores eufemisticamente chamados de "parceiros", "colaboradores", e mesmo "empreendedores", a reforma trabalhista de 2017 assegurou a essas empresas a disponibilidade de uma mão de obra sem limites de jornada de trabalho, sem direitos a férias e outras proteções. No caso ainda dos trabalhadores de plataformas digitais, como a Uber, iFood, Jamies e outras, alguns elementos mencionados como característicos da execução dessas atividades "são o medo presente no desenvolvimento do trabalho, um ambiente laboral agressivo e de riscos, a realização de jornadas extenuantes e captura da subjetividade, além da total precarização do trabalho decorrente da já mencionada ausência de direitos mínimos" (SCHINESTSCK, 2020).

Trata-se de condições que não têm relação, em si, com as tecnologias. As tecnologias apresentam o potencial de facilitar o trabalho, mas, em uma sociedade neoliberal e orientada pelos ditames da competitividade, as novas ocupações são desreguladas pelo Estado favorecendo o mercado com vistas à mera redução de custos do trabalho. Ou seja, é para adequar a regulação do trabalho a esses novos padrões ditos flexíveis que diversos países implementam reformas na legislação trabalhista, adequando o marco regulatório das relações de trabalho a essa nova realidade em que os vínculos são muito mais frágeis. O contexto em que se desenvolvem os trabalhos mediados por plataformas digitais, portanto, é o de flexibilização e alterações no padrão de regulação do trabalho, de eliminação dos direitos associados ao trabalho e à condição de assalariamento e no qual as relações se tornam cada vez mais instáveis, flexíveis, temporárias, desprotegidas e, nesse sentido, precárias.

Um novo salto tecnológico, que produzirá profundas transformações no mercado de trabalho, está em curso. É a chamada "Indústria 4.0", como veremos na sequência.

A INDÚSTRIA 4.0: UMA NOVA ONDA DE MUDANÇAS TECNOLÓGICAS

A chamada "Indústria 4.0", cunhada na Alemanha, em 2011, se deve à posição deste país em responder ao avanço industrial chinês, que despontou como grande potência mundial. O seu avanço tem produzido apreensão no mundo do trabalho, dados os prognósticos de produzir grandes transformações na estrutura dos mercados de trabalho, das ocupações e do trabalho em si. Conforme Gonsales (2020, p. 188), a Indústria 4.0 "constitui um conjunto de tecnologias inovadoras, como a nanotecnologia, as plataformas digitais, a inteligência artificial (IA), a robótica, a internet das coisas, entre outras, que representam um salto de qualidade na capacidade de organizar e de controlar o trabalho".

O surgimento dessa nova indústria resulta da quarta revolução industrial, como nomeou Schwab (2016) ao analisar o atual quadro de avanço tecnológico. Vejamos no quadro a seguir as principais revoluções industriais, suas respectivas fontes de energia, inovações tecnológicas e impactos sobre a organização do trabalho.

Quadro 2 – Revoluções industriais, inovações tecnológicas e seus impactos sobre o trabalho

	Fonte de energia	**Máquinas, ferramentas tecnologias**	**Trabalho**
Primeira Revolução Industrial (entre 1760 e 1840)	- Energia a carvão e vapor	- Máquina a vapor - Tear mecânico (1785) - Mula e fiadeira mecânica (1779)	- Divisão do trabalho nas fábricas - Mecanização - Produção têxtil
Segunda Revolução (final do séc. XIX)	- Eletricidade - Petróleo	- Motor elétrico e de combustão - Linhas de montagem	- Produção em massa - Fordismo/taylorismo
Terceira Revolução Industrial (a partir da década de 1960 do século XX)	- Variedade de fontes incluindo a nuclear	- Computadores - Internet - Microeletrônica - Semicondutores	- Produção flexível e enxuta - Externalização da produção/terceirização - Automatização - Avanço da robotização - Expansão dos serviços
Quarta Revolução Industrial (século XXI)	- Variedade de fontes - Armazenamento de energia	Inteligência artificial Robótica Internet das coisas Impressão em 3D Nanotecnologia Biotecnologia	- Robôs inteligentes - Produção flexível e enxuta - "Plataformização" - Controle por algoritmos digitais

Fonte: Marx (1998), Harvey (1993) e Schwab (2016).

A "Indústria 4.0", originária da revolução informacional da segunda metade do século XX, com o uso e disseminação de computadores e conexão em rede, tem como pilares as interfaces entre as ciências físicas, químicas e biológicas. Entre os seus efeitos estão as possibilidades de ampliação da coordenação de informações, automação, computação, do uso de software, da sensorização, das redes, da utilização de novos materiais, entre outras. Segundo Schwab (2016), estamos diante de uma nova revolução com grande capacidade de alterar de forma contundente o mercado de trabalho, as ocupações. Segundo o IEDE (2017, p. 5), os impactos dessas tendências podem ser devastadores, sobretudo, para as economias que adotarem de forma acelerada os modelos produtivos típicos da Indústria 4.0, sem conseguirem participar da produção dos seus componentes materiais e de serviços.

O avanço dessa indústria centrada em computadores, programas e redes tem o potencial de transformar de forma avassaladora a organização do trabalho e as cadeias globais de valor. Sua atuação consiste em Integrar os Sistemas Físicos e Cibernéticos (CPS), conectando em tempo real as máquinas, os produtos e as pessoas. Conforme Basco et al. (2018), permite múltiplas possibilidades de conexão: máquina-máquina, máquina-produto, máquina-humano, produto-humano. Envolve diversas e variadas tecnologias, como os Sistemas de Inteligência Artificial, Robótica, Big Data Analytics, Computação em Nuvem, Internet das Coisas (IoT), Internet dos Serviços (IoS), Impressão 3D, Cibersegurança e Realidade Aumentada. A robótica, que já é largamente, utilizada em diversos setores econômicos ampliará a capacidade de realização de atividades amplificadas, dotadas também de habilidades cognitivas, incluindo a capacidade de aprendizagem das máquinas (Inteligência Artificial).

Como um dos desdobramentos da 4ª revolução industrial, essa "Indústria 4.0", "que começou a se configurar nos anos 2000, tende a produzir grandes impactos na produção, nos mercados de trabalho, na manutenção e/ou aprofundamento das desigualdades entre os países, na divisão internacional" (BRIDI; VÉRAS DE OLIVEIRA, 2020).

Os impactos dessas tecnologias sobre o trabalho são objetos de controvérsias entre os autores. Entre as controvérsias está a defesa de que ocorrerá tão somente a substituição da maioria das atuais ocupações por outras ocupações, como vem ocorrendo ao longo da história da humanidade. Isso, contudo, é contrastado com as teses da derrocada terminal do emprego. O fato é que um novo round de alterações nos modos de trabalhar e produzir favorecido pelo avanço dessas tecnologias está em curso.

Do ponto de vista da divisão internacional do trabalho, o predomínio das potências mundiais, detentoras de empresas gigantescas de tecnologias da informação - Google, Apple, Facebook, Amazon, entre outras, sediadas no Vale do Silício, por exemplo, apontam para a dominação de certas empresas mundiais. Nessa seara, a China com a Huawei e a tecnologia 5G, por exemplo, se destaca como contraponto ao predomínio das empresas norte-americanas (BRIDI, 2014). Entretanto, países como o Brasil, que refluiu em sua industrialização, se manterão como países dependentes e consumidores dos produtos tecnológicos.

Segundo Basco et al. (2018), a produção robotizada está localizada em apenas em cinco países: China, Estados Unidos, Coreia, Japão e Alemanha, países que detém 75% dos robôs industriais e que se destacam como principais produtores das tecnologias informacionais. Com o uso das máquinas inteligentes que também passam a realizar atividades cognitivas, aquelas tarefas de média complexidade tendem a ser automatizadas. Com isso, mais empregos ocupados pela chamada classe média tendem a desaparecer, provocando novas alterações na estrutura ocupacional.

Os organismos internacionais têm apontado os impactos dessa indústria sobre os empregos. O relatório publicado pelo Fórum Econômico Mundial (2020) destaca o avanço da automação e da robotização, que tenderá a fechar 85 milhões de empregos no mundo. Entre as ocupações que mais perderam postos de trabalho estão as atividades, "como processamento de dados, contabilidade e suporte administrativo [...] à medida que a automação e a digitalização no local de trabalho aumentam". As ocupações na área do cuidado, das tecnologias da quarta revolução industrial, criação de conteúdo, computação nas nuvens, desenvolvimento de produtos, entre outras devem ter crescimento das demandas.

A Organização Internacional do Trabalho (OIT), por intermédio do documento "Trabajar para un futuro más prometedor" (2019) alerta que embora a criação e destruição de empregos esteja no centro do debate sobre os impactos da tecnologia sobre o futuro do trabalho, é fundamental indagar sobre o papel mais geral da tecnologia para promover o trabalho decente, na medida em que tecnologias, como a inteligência artificial e a robótica podem ser utilizadas para, por exemplo, melhorar os sistemas de inspeção do trabalho e supervisão do cumprimento da legislação laboral. As tecnologias podem ser utilizadas, também, para reduzir o *stress* relacionado ao trabalho e os riscos de acidentes laborais, contribuindo assim para preservar a saúde física e mental dos trabalhadores.

Trata-se de pensar, portanto, os impactos dessas novas tecnologias não apenas em termos de mudanças na estrutura ocupacional, mas nos seus potenciais impactos também qualitativos sobre o trabalho. O documento ressalta que cabe aos governos, empregadores e organizações de trabalhadores investir na disseminação das tecnologias, como apoio ao trabalho decente, defendendo também que as decisões finais que afetam o trabalho humano sejam tomadas por pessoas e não por algoritmos: "O trabalho não é uma mercadoria; assim como o trabalhador não é um robô" (OIT, 2019).

No Brasil, em reportagem de Cavallini (2020), o novo contexto demandará em maior dimensão, as atividades de Especialista em Inteligência Artificial, Analista e cientista de dados, Especialistas em Internet das Coisas, em Transformação digital, em Big Data e Automação de Processos, Analista de gestão e organização, Especialista em Marketing Digital e Estratégia, Gerente de Projeto, Administrativo e de Serviços comerciais. Entretanto, haverá maior retração de empregos na área de Contabilidade, Escrituração e folha de pagamento, Processamento de dados, Trabalhadores de montagem de fábrica, Secretários administrativos e executivos, Reparadores mecânicos e de máquinas, Registro de materiais e manutenção de estoque, Atendimento ao cliente, Caixas e funcionários de banco, Contadores e auditores, Gerentes administrativos e de serviços comerciais. No balanço realizado, muitas ocupações tenderão a desaparecer e outras novas emergirão. As novas ocupações, os novos postos de trabalho, dependem em certa medida, do papel do país na divisão internacional do trabalho, seu grau de dependência tecnológica e de industrialização. Porém, o nível de automação e a capacidade de produzir máquinas com máquinas, aptas a desenvolver atividades de relativa complexidade, possuem um potencial talvez inédito de uma transformação radical do trabalho humano tanto em seu aspecto de dispêndio de força física quanto intelectual e das atuais estruturas ocupacionais do mercado de trabalho dos diversos países do mundo.

CONSIDERAÇÕES FINAIS

Vimos neste capítulo, que os avanços tecnológicos sempre alteraram a organização do trabalho e do processo produtivo, desde a revolução industrial do século XVIII, e tiveram, ao longo da história, importante papel nas mudanças na forma de produzir e trabalhar.

Nas últimas décadas, a revolução informacional e, mais recentemente, o advento da Indústria 4.0 deste século XXI, levaram ao surgimento de uma série de novas ocupações, bastante heterogêneas, ao mesmo tempo que possuem grande potencialidade de extinguir postos de trabalho, reconfigurando a estrutura de emprego de diversos países.

Atentando-se para os casos das ocupações viabilizadas pelo desenvolvimento tecnológico abordados ao longo deste capítulo, verificamos que trabalhadores de TI, operadores de telemarketing e os novos trabalhadores "plataformizados", por exemplo, possuem perfis e condições de trabalho bastante distintos. Portanto, o trabalho informacional possui várias faces e ao analisá-lo é preciso termos claro de qual realidade estamos falando, dada a heterogeneidade dos postos de trabalho que surgem em decorrência dos avanços tecnológicos. Considere-se que não nos atentamos, aqui, para tantas novas formas de ocupações, como *stremers*, criadores de conteúdo, *digital influencers*, entre outras viabilizadas pelo desenvolvimento da Indústria 4.0.

Quando atentamos para as condições na maioria das vezes precárias, instáveis e intensificadas dos trabalhadores informacionais e os movimentos de desconstrução dos direitos do trabalho e dos sistemas protetivos cunhados ao longo da história, concluímos que a responsabilidade por esses processos se deve, especialmente, às opções e escolhas realizadas pelos governantes e atores econômicos, aos definidores das políticas econômicas e de desenvolvimento industrial e tecnológicos de um país. Em suma, relaciona-se mais ao Estado instituir e acatar alterações na regulação do trabalho do que ao desenvolvimento tecnológico considerado isoladamente.

Embora não seja neutra, a tecnologia em si não é boa nem ruim, e, por si, as mudanças de base técnica não produzem impactos positivos nem negativos no mundo do trabalho. Os usos que se faz dessas tecnologias dependem de um conjunto mais amplo de relações sociais e do grau de subordinação e dependência tecnológica dos países. Nesse sentido, concordando com Dagnino (2014, p. 20) ao questionar em que medida as tecnologias capitalistas são poupadoras de trabalho humano, por exemplo, "mais do que seria conveniente é uma questão a ser trabalhada, a ser pensada" e, portanto, as transformações tecnológicas precisam ser devidamente contextualizadas e analisadas historicamente em suas múltiplas dimensões, política, econômica e social.

REFERÊNCIAS

ANTUNES, Ricardo; BRAGA, Ruy (org.). *Infoproletários*: degradação real do trabalho virtual. São Paulo: Boitempo, 2009.

BASCO, Ana Inés; BELIZ, Gustavo; COATZ, Dieg; GARNERO, Paula. *Industria 4.0*: fabricando el futuro. Ciudad de Buenos Aires, Julio de 2018.

BAUMGARTEN, Maíra; HOLZMANN, Lorena. Tecnologia. *In:* CATTANI, Antonio David; HOLZMANN, Lorena (orgs.). *Dicionário de trabalho e tecnologia*. 2. ed. rev. ampl. Porto Alegre: Zouk, 2011. p. 391-406.

BRAUNERT, Mariana. *O trabalho e as formas de contratação dos desenvolvedores de software*: um estudo em empresas de Curitiba e Região. 2013. 155p. Dissertação (Mestrado em Sociologia). Programa de Pós-Graduação em Sociologia, Universidade Federal do Paraná, Curitiba, 2013.

BRIDI, Maria Aparecida; LIMA, Jacob Carlos (org.). *Flexíveis, virtuais e precários?* Os trabalhadores em tecnologia da informação. Curitiba: UFPR, 2018.

BRIDI, Maria Aparecida. O Setor de tecnologia da informação: o que há de novo no horizonte do trabalho. *Revista de Ciências Sociais*, João Pessoa (PA), n. 41, outubro de 2014, p. 277-304.

BRIDI, Maria Aparecida; MACHADO, Sidnei; PORTELA, Gabriela. O CASO ATENTO: reflexões sobre as novas configurações do trabalho a partir de uma multinacional de TIC. *Revista de Ciências Sociais*, João Pessoa (PA), n. 50, janeiro/junho de 2019, p. 198-212.

BRIDI, Maria Aparecida; VERÁS DE OLIVEIRA R. Verbete: Indústria 4.0. Curitiba: UFPR, 2020 (Mimeo).

BRYNJOLFSSON, Erik; MCAFEE, Andrew. *The second machine age*: work, progress, and prosperity in a time of brilliant technologies. New York: W.W. NORTON & Company, 2014.

CASTELLS, Manuel. *A sociedade em rede, a era da informação*. Economia, Sociedade e Cultura, v. 1, 8. ed. São Paulo: Paz e Terra, 2000.

CAVALLINI, Marta. *Automação deve acabar com 85 milhões de empregos nos próximos 5 anos, diz relatório do Fórum Econômico Mundial*. G1, em 21/10/2020. Disponível em: https://g1.globo.com/economia/concursos-e-emprego/noticia/2020/10/21/automacao-deve-fechar-85-milhoes-de-empregos-diz-relatorio-do-forum-economico-mundial.ghtml. Acesso em: 5 nov. 2020.

DAGNINO, Renato. A tecnologia social e seus desafios. *In:* DAGNINO, Renato. *Tecnologia social*: contribuições conceituais e metodológicas. Campina Grande, PB; Florianópolis, SC: Ed. Insular, 2014a. p. 19-34.

EIA. *¿Quién está preparado para la inminente ola de automatización?* The economist, intelligent units, ABB, 2018.

GIMENEZ, Denis Maracci, SANTOS, Anselmo Luís. *Indústria 4.0, manufatura avançada e seus impactos sobre o trabalho*. Unicamp. IE, Campinas, n. 371, nov. 2019.

GONSALES, Marco. Indústria 4.0: empresas plataformas, consentimento e resistência. *In:* ANTUNES, Ricardo (org.). *Uberização, trabalho digital e indústria 4.0*. São Paulo: Boitempo, 2020, p. 188-206.

HARVEY, David. *A condição pós-moderna*. Trad. Adail Sobral e Maria Gonçalves, São Paulo: Loyola, 1993.

IEDE. *Indústria 4.0*: a quarta revolução industrial e os desafios para a indústria e o desenvolvimento brasileiro. São Paulo: Instituto de Estudos para o Desenvolvimento Industrial, 2017.

LIMA, Jacob; BRIDI, Maria Aparecida. Trabalho digital, emprego e flexibilização: a reforma trabalhista e o aprofundamento da precariedade. vol. 32 n. 86. *Caderno CRH*, Salvador, 2019.

LÚCIO, Clemente Ganz. O novo mundo do trabalho é flexível, precário e inseguro. *In: Carta Social e do Trabalho*, Campinas, n. 38, p. 01-11, jul./dez. 2018.

MARTINS, Carlos Eduardo. *Globalização, dependência e neoliberalismo na América Latina*. São Paulo: 2011.

MARX, Karl. *O Capital*, Livro I. Rio de Janeiro: Civilização Brasileira, 1998.

MCKINSEY GLOBAL INSTITUTE. *A future that works*: automation, employment and productivity. Mckinsey & Company, Jan. 2017.

ORGANIZAÇÃO INTERNACIONAL DO TRABALHO, Trabajar para un futuro más prometedor. Ginebra: OIT, 2019.

PINTO, Alvaro Vieira. *O Conceito de Tecnologia*. São Paulo: Contraponto, 2008. v. 1.

SCHINESTSCK, Clarissa Ribeiro. As condições de trabalho em plataformas digitais sob o prisma do direito ambiental do trabalho. *In:* ANTUNES, Ricardo (org.). *Uberização, trabalho digital e indústria 4.0*. São Paulo: Boitempo, 2020, p. 118-139.

SCHWAB, Klaus. *A Quarta Revolução Industrial*. Tradução Daniel Moreira Miranda, São Paulo: Edipro, 2016.

TAUILE, José Ricardo. *Para (re)construir o Brasil contemporâneo*: trabalho, tecnologia e acumulação, Rio de Janeiro, Contraponto, 2001.

CAPÍTULO 8
TRABALHO, TECNOLOGIA E ILUSÕES DA INDÚSTRIA 4.0: O MUNDO SEM DIREITOS DO TRABALHO INFORMAL NO LIMIAR DO SÉCULO XXI

Bruno José Rodrigues Durães

INTRODUÇÃO

Trabalho, tecnologia e ilusões se encontram de forma visceral na sociedade moderna capitalista, sobretudo dentro das mudanças impostas pela pandemia de COVID-19 (SARS-CoV-2) em 2020, que impulsionaram o trabalho digital e remoto em larga escala no mundo.

Esse cenário pandêmico desencadeou, além do sofrimento social com milhares de mortes no planeta, uma aceleração nas transformações digitais, que foram necessárias às empresas para a manutenção do fluxo econômico (alterações tecnológicas que já existiam e se intensificaram).

Esse processo também potencializou formas de exploração e precarização do trabalho, bem como a destruição de direitos e de empregos e reafirmou o mito do empreendedorismo e da informalidade (em sua versão digital, via aplicativos, ou por contratos por tarefas/por cliques) como saída diante da crise.

Obviamente que, do ponto de vista do trabalho, a informalidade é marcante e deve ser respeitada como meio de trabalho (lugar de história, tradição, cultura e resistência). É preciso maior valorização e criação de direitos sociais para os informais – aqui falando, principalmente, do trabalho de rua. Torna-se necessária uma mudança de imagem social desses trabalhadores. Os informais foram tratados historicamente como classe "perigosa", "ralé" ou "vadios", "bagunceiros", "preguiçosos", "criminosos" etc. A mudança de imagem passa pela ação pública do Estado brasileiro. Na verdade, o trabalho informal exerce função essencial na/para sociedade e sempre esteve presente no Brasil como meio de circulação de mercadorias e serviços – como trabalhadores de rua, de ganho e camelôs.[1]

Na história capitalista, o sistema busca novas roupagens para atrair e dar autenticidade a práticas que camuflam a exploração do trabalho. O novo mito do trabalho digital (que usa o algoritmo como esteio) é apresentado como algo maravilhoso, a alternativa perfeita e lugar de libertação para o trabalhador. Contudo, ele representa novas fórmulas de redução de custos e aumento da produtividade, em troca do sofrimento emocional e físico do trabalhador, que agora vive, intensamente, um presente com uma perspectiva nebulosa e incerta de futuro.

No geral, a tecnologia e o maquinário sempre foram pensados no capitalismo para aumentar lucros, substituir o trabalhador e nunca para melhorar efetivamente o processo ou condições do trabalho em si. Como diz Romero (2005, p. 39): "[...] a maquinaria eleva a produtividade do trabalho e [...] desvaloriza os salários, provoca a redução do emprego e acaba com antigas formas sociais de produção". Assim, é uma lógica que altera a forma de produção em geral (muda a forma e as condições da produção) e, sintetiza o autor, desvaloriza o trabalho, "[...] permite ao capitalista [...] obter um maior controle sobre o ritmo da produção e o modo de trabalhar, ou seja, permite a introdução da racionalização capitalista [...], contrária ao saber-fazer operário" (ROMERO, 2005, p. 18).

Nesse contexto, o trabalho remoto (teletrabalho) é posto como solução e representa, sobretudo, a junção do trabalho com o tempo da vida (família e trabalho) e isso causa adoecimento. O cenário atual está configurado pelas novas tecnologias da informação e comunicação, mas isso representa também novos mecanismos de acumulação, exploração e perversidade do trabalho (ANTUNES, 2020).

A pandemia expôs a própria crise estrutural da civilização do capital e de seu modelo neoliberal (de Estado mínimo e austeridade), pois evidenciou desigualdades sociais, de gênero, ambientais e raciais históricas, delimitando quem podia ou não ficar isolado, quem usaria ou não o transporte público (insalubre), quem acumularia o trabalho externo com trabalho doméstico e de cuidado com os filhos e quem teria ou não o direito de se proteger (fazer isolamento em uma casa, com vários cômodos, ou em casa de campo/praia e quem teria dinheiro para se manter diante do desemprego e inflação) e ter acesso à saúde de qualidade e boa alimentação.

Como diz Pochmann (2020, p. 50), falando do contexto atual brasileiro, após décadas de políticas neoliberais e com a pandemia, ficou evidente "[...] o aprofundamento da tendência de desestruturação do mundo do trabalho", que apresenta impactos desiguais.

Também é fato que os seres humanos foram empurrados, ainda mais, para transformações tecnológicas (disruptivas, que mudaram o curso da vida, e trouxeram novos sentidos, acontecimento dialético, e que se amplia para a esfera pública e coletiva, no

1 Ver Durães (2006, 2012, 2013, 2020) e Reis (2019).

sentido amplo)[2] como forma de comunicação, sociabilidade, necessidade social e de trabalho nesse cenário pandêmico.

É fato que esse processo não tem caminho de volta (não existe retorno/saída ou, em inglês, *there is no way out*), não dentro da ordem do capital. Mas nem tudo é destruição ou distopia nesse movimento. Por certo, não é pretensão aqui analisar até que ponto o ser humano deseja ou não essas mudanças. Até que ponto, o ser humano já coloca isso como meio de vida (ou foi levado a acreditar no novo), ou existe uma lógica estrutural que propicia isso? Não é intenção seguir nessa direção, mas existe sim uma ação ideológica do consumo e das formas de alienação presentes na sociedade, bem como da esfera de satisfação pessoal com esses processos.

Na verdade, existem elementos positivos postos também nessas mudanças (isso é inegável). Podemos citar o preenchimento existencial de sentidos dados pela mediação das tecnologias e as sociabilidades virtuais, assim como o avanço promovido pela impressão 3D ou pelo uso de inteligência artificial na área de saúde, os aplicativos que possuem utilidade social/pública - apesar do controle do dado ficar, na grande maioria dos casos, na mão do ente privado e de corporações que formam oligopólios e controlam o mercado de informações digitais (Big Data, análise de dados em larga escala).

Cabe destacar também a quantidade de conhecimento e informação disponível na rede e em vídeos. Isso é um aspecto relevante, mesmo sabendo que é algo monetizado (dentro da lógica dominadora do capital), em que o *like* ou o *view* têm um preço para quem postou (e para o usuário que acessa, pois, ao acessar, deixa rastro, o qual é usado para construção de perfil e controle comportamental e de consumo). Tudo é quantificado e usado como espaço para propaganda/manipulação - esse processo de medição da informação no espaço da internet tem um efeito subjetivo, muitas pessoas passam a avaliar outra(s) pela quantidade de seguidores que possui ou pelo alcance de suas redes (quantos *likes* a pessoa teve pelas postagens). O algoritmo também faz essa verificação. Isso pode gerar adoecimento psíquico e estímulo ao comportamento narcísico e competitivo.

Outrossim, temos pessoas que vivem para produzir conhecimento (*youtubers*) ou diversão na rede e fora dela (gameficação) e outras que são denominadas *digital influencer* ou influenciadores digitais - tendo crianças também envolvidas nesse processo (até que ponto representando trabalho infantil ou exploração da criança?). Sobre essas disposições psicossociais de ser e estar no ciberespaço, precisamos levantar alguns debates, por exemplo, os benefícios e os malefícios para o desenvolvimento identitário, cognitivo e socioafetivo juvenil? Quais as motivações e os reforçadores para o engajamento nas redes? Estamos diante de um fenômeno novo, de uma nova forma de trabalho.[3]

---

2 Sobre esse espaço da esfera íntima e subjetiva, ver Leonardo Pereira (2020). Inclusive, o referido autor traz uma problematização fundamental para o presente: será que estamos vendo o fim do sujeito moderno ou do indivíduo autônomo com o *big data* (devido ao controle e manipulação de dados por empresas globais) (PEREIRA, 2020, p. 19)?

3 A crise pandêmica também intensificou o trabalho docente e gerou um fenômeno, que já vinha ocorrendo antes, de *youtuberização* da profissão docente e da educação em geral via ensino remoto, ver Amanda Moreira da Silva (2020).

Outro aspecto relevante é a potencialidade das conexões (reencontrar pessoas), de fazer redes (laços) a partir de um gosto em comum ou um mesmo território de pertencimento (social, político, cultural, étnico/racial, de gênero, profissão etc.).

De fato, as mudanças atuais dentro da denominada 4ª Revolução tecnológica ou Indústria 4.0 que se originaram na Alemanha no início do século XXI representam mudanças gerais na sociedade e que podem alterar a forma de conexão e sociabilidade entre o mundo físico, digital e biológico. Como afirma Klaus Schwab (2016, p. 11), "[...] estamos no início de uma revolução que alterará profundamente a maneira como vivemos, trabalhamos e nos relacionamos". Isso que é dito por Schwab é de fato marcante e reestrutura toda a vida em sociedade. Contudo, o capitalismo, ainda assim, consegue controlar esses processos, sobretudo quando falamos de consumo e trabalho. Como diz Festi (2020, p. 149), "[...] diferentemente de outras revoluções tecnológicas, essa tem a singularidade de, pela primeira vez, atingir todos os ramos da economia capitalista ao mesmo tempo".

A intenção deste texto é apontar o outro lado dessa moeda, pondo o holofote (o cursor ou o clique) para *problemas estruturais* que seguem seu curso na sociedade capitalista, independentemente do momento atual ou da vontade de cada pessoa e que representam consequências dessas transformações tecnológicas e da lógica da acumulação.

A força estrutural do capital é avassaladora, provoca fraturas sociais e ambientais intransponíveis, que ficam camufladas, mas reaparecem, e, ainda assim, o capital foge, escapa, engana e ressignifica, apesar de ser um motor permanente de desigualdades. A sociedade capitalista não tem saída para o conjunto da população e para a classe trabalhadora. O capitalismo evidencia a cada dia um projeto para poucos e um viés individualista. Logo, é um sistema fadado a crises e que construirá seu próprio fim, já que sempre produz desigualdades e oprimidos, agora em escala digital e mental – via controle do comportamento e dos gostos.

A luta de classes (reinvindicações dos povos e da classe trabalhadora) é uma constante no sistema capitalista. Se existe uma marca do capitalismo, além do consumismo, individualismo, crise, lucro, destruição ambiental, é a *reação coletiva* (com greves, protestos e diversas formas presenciais e não presenciais de contestação do sistema e de reivindicação de direitos e melhorias sociais). Fica evidente a permanência da contradição entre capital e trabalho, mesmo com mudanças societais, culturais, econômicas, políticas e tecnológicas. A divisão entre donos do dinheiro (proprietário dos meios de produção e de circulação de mercadorias planetárias) e não proprietário permanece real (MARX, 2002).

Dessa forma, a proposta deste texto é evidenciar de forma crítica como que a tecnologia é colocada como positiva (definidora da vida), solução para tudo e fonte de liberdade, principalmente, para a classe trabalhadora. A tecnologia, como é colocada, forja uma suposta libertação operária global do sofrimento e da alienação, vendendo um sonho de autonomia e bem-estar. Esse imaginário provoca ilusão e controle.

Percebe-se que a tecnologia e o digital exercem controle, dominação e são usados para obtenção de riquezas (acumulação) para uma minoria de corporações globais que usam do argumento tecnológico para impor uma ideia de mundo (uma visão) imutável, inevitável e que representa, supostamente, o melhor dos mundos. Contudo o que vemos é a perpetuação de segregação e ilhas de bem-estar em países localizados no Norte global.

Diante disso, almeja-se engendrar uma análise crítica e propor novos olhares. Todavia, acredito que é fundamental colocar a crítica como base e como horizonte para pensar o presente e, nessa via, projetar um futuro ainda que como possibilidade ou princípio necessário para iluminar com esperança a caminhada (BLOCH, 2005).

Para tanto, iremos nos basear em literatura específica sobre a temática do trabalho e da tecnologia, bem como apresentar a análise de um vídeo sobre Indústria 4.0 que está hospedado, para livre acesso, no YouTube, no Canal Um Brasil (uma entrevista do engenheiro André Clark, CEO/Presidente da multinacional Siemens no Brasil, que conversou com Juliana Rangel). Com a análise geral da narrativa do vídeo, ficará evidente como existe um estímulo à crença de que a tecnologia é algo benéfico em si e que independe das intencionalidades e interesses postos.

Destarte, pretendo mostrar como a narrativa da tecnologia como salvacionista é colocada como lema a ser ensinada nas escolas, uma ideologia, tornando-se mais do que um projeto de vida, mas fonte de adoração e valorização do *Eu* em detrimento do *Nós*.

TRABALHO, TECNOLOGIA, FETICHISMO E POSSIBILIDADES

Estamos passando, sem dúvida, por uma proposta de mundo individualista e de *mudança digital*. Quem não quer uma mudança que lhe coloque técnicas que ajudem a entender o mundo e a si mesmo? Não só entender o próprio comportamento, mas o funcionamento do seu corpo. Quem não quer se relacionar em fração de segundos nas redes sociais com uma pessoa em qualquer lugar do planeta a um suposto custo "zero"? Ou mesmo, acessar sua conta bancária com um clique, mesmo que isso implique em desemprego para trabalhadores dos bancos? A facilidade da vida é posta como um sacrifício ou como uma troca/um preço. Pois bem, estamos diante de uma proposta tentadora com várias "facilidades" sociais e pessoais. Isso é parte da mudança digital. Isso implica também, por certo, uma mudança de pensamento (modo de vida, mais do que estilo), do trabalho e da forma como entendemos e fazemos as coisas, desde o simples pagamento de uma conta por algum serviço, até a busca de dados (ou raspagem, mineração ou modelagem de informações). Uma questão: quem poderá ter acesso a essas facilidades? Outra: quem poderá ter um especialista em dados que lhe forneça um perfil digital de outra pessoa ou do mundo em um clique? Certamente que temos aí desigualdades no acesso, na posse e, sobretudo, no controle dessa inovação.

Essa mudança digital (ou novo modo de vida e de se relacionar com os outros) é sempre colocada como benéfica, como acessível (basta um clique ou um link) e como algo que presta um serviço ao coletivo humano (atende ao bem comum) e está dentro do pacote da denominada Indústria 4.0 (máquinas inteligentes e inteligência artificial). Essa mudança também é posta como um novo alvorecer civilizacional e que traz novas formas de trabalho livres. Um trabalho que de tão livre é sem direitos e de risco (além de fluído) e que representa o fim do emprego e do trabalho dito concreto. Inclusive, esse mundo digital apresenta um modelo a ser seguido, que diz que ser moderno é abandonar o passado e esse passado seria o mundo de direitos sociais. Está implícito um caminho individual e solitário, mas mediado por tecnologia, em que seu parceiro/a pode ser você mesmo projetado ou pessoas que se pareçam com você (na sua rede bolha).

Muito do que é posto e falado dessas mudanças representam, quase sempre, narrativas vazias ou a forma de dominação social de um pequeno grupo de corporações, diante do restante do mundo. Isso está mais caracterizado como um processo de reificação (LUKÁCS, 1974), de apresentar um mundo transformado e que funciona para acumulação capitalista, que coloca as relações humanas como se fossem relações entre coisas, no caso das mercadorias, agora mercadorias tecnológicas, em que o próprio indivíduo, dentro ou fora do trabalho, passa a ser um indivíduo-mercadoria ou um indivíduo-dado ou um número ou forma monetizada de si ou um eu-informação.

Segundo Lukács (1974, p. 97), o capitalismo moderno é estruturado em cima dessa "objetividade ilusória", que dissimula a verdadeira essência das coisas (aqui incluo a tecnologia também, que às vezes parece ser algo externo aos indivíduos, quando na verdade é *produto das ações sociais*). Qual o sentido que se quer para essa tecnologia? Será que isso é perguntado?

Conforme disse Lukács (1974, p. 100), o capitalismo consolidou uma forma de dominação típica baseada no "véu da reificação", em que relações racionais reificadas substituem as relações humanas. Pereira (2020, p. 16), citando Habermas, denomina esse processo como um cenário de uma "ideologia tecnocrática", que exerce dominação por meio da ciência, no caso, ciência dos dados. Assim, a relação mercantil capitalista (na sua forma tangível ou intangível, concreta ou abstrata) termina por desumanizar os próprios trabalhadores/as, tornando-os coisas ou mercadorias ou parte da engrenagem – no caso, da acumulação digital. A reificação, dialogando com Lukács, coisifica as relações sociais e edifica um mundo que acabará por se tornar estranho aos próprios construtores, um mundo de ilusões (compondo uma dominação externa ao ser).

Isso também poderia ser caracterizado como decorrente do mundo da "pseudoconcreticidade" (KOSIK, 1976, p. 10) ou a projeção de determinações sobre os fenômenos, mas que não representa de fato o fenômeno. Conforme Kosik (1976), os indivíduos vivem no mundo turvo da aparência dos fenômenos, na lógica da práxis utilitária e fetichizada, o mundo de representações ideológicas que naturalizam as coisas e mostra uma realidade com vida própria como se não fosse produto das ações humanas.

É pertinente lembrar uma ideia presente na obra "A ideologia Alemã", em que Marx e Engels trazem a concepção, mais real do que nunca, de que as ideias dominantes de uma determinada época sempre representam as ideias das classes dominantes. Conforme Marx e Engels (2008, p. 48), "[...] os pensamentos da classe dominante são também, em todas as épocas, os pensamentos dominantes; [...]. A classe que é o poder material dominante [...] é também o poder espiritual dominante". Assim, a definição da aparência das coisas do mundo e as convenções sociais, que determinam o preço, o valor do trabalho e o uso que se faz das coisas, no sentido global (que inclui também a estética e a cultura), também é resultante dos grupos, socialmente, dominantes. São esses grupos que espalham narrativas com maior amplitude na sociedade. Por certo, os povos e a classe trabalhadora reagem na disputa de narrativa, mas os dominantes possuem mais meios e recursos. As redes sociais ajudam nessa resistência, mas a luta ainda é desigual. Contudo, demonstra que há dissenso na sociedade, que a própria dominação do capital não é total.

Esse mundo de ilusão e de relações entre coisas versus relações humanas é caracterizado como a pseudoconcretude. Como diz Kosik (1976, p. 11): "O mundo da pseudoconcreticidade é um claro-escuro de verdade e engano".

De certa forma, o campo da tecnologia é posto dessa forma na sociedade, como uma manifestação quase natural e positivada. Caberia, para Kosik (1976, p. 15), uma práxis revolucionária da humanidade (da classe trabalhadora) para romper com o véu ideológico, tendo a crítica ou a indagação social como centro.

Para pensarmos com Marx (2002), a tecnologia também pode ser entendida minimamente como duas coisas interconectadas. Por um lado, a tecnologia é um produto humano que representa uma forma de relação social (logo, cultura e sociabilidade, uma ação humana com uma universalidade constitutiva do próprio gênero humano ou resultado civilizacional), que tem sua potencialidade e é algo grandioso em si. Marx e Engels (2010), na obra *O Manifesto do Partido Comunista*, elogiaram os avanços técnicos, mesmo dentro da ordem burguesa. O capitalismo removeu barreiras para o desenvolvimento das forças produtivas, mas também intensificou a exploração e alienação do trabalho (MARX; ENGELS, 2010).

Por outro lado, a tecnologia é também uma mercadoria. Essa forma como mercadoria interessa aqui para mostrar como a tecnologia termina sendo tratada como algo externo ao ser (e mesmo ao contexto social que propiciou o seu surgimento), algo que ganha vida própria (ou existência/objetividade/singularidade).

Pode-se ainda ver a tecnologia, em Marx, quando aplicada no processo produtivo que gera uma amplificação da dominação social do sistema sobre o trabalho, intensificando a jornada, gerando desemprego e, também, no plano teórico - a tecnologia - na sua forma de máquina, como a "[...] **negação da subjetividade** do homem que trabalha" (ROMERO, 2005, p. 39, grifo nosso). Aqui, fala-se em negação da subjetividade, pois é como se a máquina anulasse o ato criativo humano, pois já congelou em si o *saber fazer*, logo não precisaria do ato criativo humano. Isso está contido dentro do debate de que a tecnologia é, em partes, o acúmulo de trabalho morto ou acumulado e, em outra perspectiva, teria já o trabalho vivo do próprio trabalhador, que ficaria no caso subsumido dentro da máquina.

Retornando a relação da tecnologia como mercadoria, Marx (2002, p. 57) define assim a mercadoria: "[...] uma coisa que, por suas propriedades, satisfaz necessidades humanas [dentro da dialética das necessidades ou carências], seja qual for a natureza, a origem delas, provenham do **estômago ou da fantasia**"(MARX, 2002, p. 57, grifo nosso).

A mercadoria, que atenda às necessidades imediatas ou ocupe o lugar da fruição e dos desejos (da fantasia), representa um fato histórico (ainda que tido como trivial), qual seja, é produto da humanidade. Conforme Marx (2002), ela possui uma utilidade e um valor de troca (um preço) a depender da quantidade de trabalho nela materializado e, sobretudo, e esse é seu segredo, da convenção social posta, coletivamente, para dizer quanto uma mercadoria vai valer em relação a outra. Essa definição social vai ser estabelecida pelas classes dominantes da sociedade, pois é tratada como algo produzido pela lógica da propriedade privada. Entender isso é um exercício analítico que Marx denominava de economia política (ou exercício reflexivo dos acontecimentos concretos e históricos) e que era algo intangível, que não era visível em nenhuma mercadoria (nem na carga de trabalho empregada de fato), mas que viria à tona com a devida análise das relações societais imersas no contexto social de produção das coisas (MARX, 2002). Por isso que, para Marx, nenhuma mercadoria poderia ser entendida isoladamente, ao contrário, era preciso fazer ilações razoáveis, por meio de método da mediação do singular para o geral, do particular para a totalidade – no caso, sempre saindo do contexto específico da coisa e indo para o contexto da sociedade e da época, e ver a história de sua produção e realização como ato social e político/cultural.

A mercadoria, ainda dialogando com Marx (2002), também é constituída de trabalho humano concreto e em abstrato, que é a forma social do trabalho. A forma abstrata é a forma socialmente definida do valor do preço do trabalho, mas esse é um debate que não vou continuar aqui. A mercadoria, ainda no espectro da análise marxiana, é constituída por um caráter misterioso e fantasmagórico e pelo fetichismo (ou encanto), que oculta sua história (ou os seres sociais que a produziram), bem como se apresenta como algo de vida própria (relações entre coisas) e que trazem consigo uma forma nebulosa de determinação de valores, preços e sentidos por si mesmo.

Marx (2002, p. 94) caracteriza esse processo da seguinte forma: "A mercadoria é misteriosa simplesmente por encobrir as **características sociais** do próprio trabalho dos homens [seres humanos]" (MARX, 2002, p. 94, grifo nosso) e, continua na mesma página falando desse mistério, "[...] por ocultar, portanto, a relação social entre os trabalhos individuais dos produtores e o trabalho total [...]". É por isso que podemos dizer que a mercadoria é um exemplo perfeito de aparência e essência. Quem apenas olha para ela de forma imediata não irá enxergar e nem sentir sua história (suas condições de produção).

Assim, toda mercadoria é o produto mais imediato da sociedade capitalista. Ela é um produto e substrato social da forma vigente da sociedade. Tem a mágica de esconder seu passado e vender ilusões para além do seu valor de uso. Continua Marx:

> Uma relação social definida, estabelecida entre os homens [seres humanos], assume a forma fantasmagórica de uma relação entre coisas. [...]. Aí, **os produtos do cérebro humano parecem dotados de vida própria, figuras autônomas que mantém relações entre si e com os seres humanos**. É o que ocorre com os produtos da mão humana, no mundo das mercadorias. Chamo a isso de **fetichismo** [...] (MARX, 2020, p. 94, grifo nosso).

Dessa maneira, considera-se que existe um fetichismo da tecnologia em curso também e do mundo digital e uma concepção de modernidade e de progresso falsamente positiva. E essa concepção tem como norte instituir uma sociedade do trabalho precário, digital e informal de forma planetária e "sem fim" (OLIVEIRA, 2017). Isso parece representar, na verdade, a maximização do lucro ou o último refúgio da sociedade do capital (WOODCOCK, 2020), que vai regredir ainda mais ao constituir uma sociedade com pessoas ainda mais fragilizadas socialmente (descartáveis) e sem certezas de futuro para manter taxas de lucro. Presume-se que isso poderá ser o germe de novas reações políticas da classe trabalhadora e, novamente, em escala global (WOODCOCK, 2020). Um exemplo atual pode ser visto na greve que ocorreu dos entregadores por aplicativos e dos funcionários da Amazon. O capitalismo está indo em busca de lucros, mas poderá estar gerando sua destruição final.[4]

Alerta Antunes (2020, p. 13), falando dessas mudanças digitais da Indústria 4.0 e da exploração do trabalho, uberização e trabalho sem direitos:

> [...] se esse *modus operandi* **não for confrontado**, ele se consolidará como um elemento cada vez mais central do sistema de metabolismo antissocial do capital, em escala global, particularmente no setor de serviços, mas com potencial de expansão para parcelas ampliadas do mundo industrial e do *agrobusiness* [...] (ANTUNES, 2020, p. 13, grifo nosso).

Assim, não concordo que o futuro reservado para humanidade seja de destruição da própria existência e do desemprego em massa e nem na constância do trabalho informal em escala planetária, como vem apregoado nesse mundo digital. Por isso, acho que o momento é de resistência e de confrontação. Como dizia Milton Santos (2002), um outro mundo é possível.

Considero que existe um mundo de ilusões em curso, como a ilusão que é propagada pelas mercadorias, que ocultam sua história e que passam a ser verdadeiras figuras misteriosas que se colocam como incontornáveis.

O mundo digital, às vezes, é posto como imperativo e da forma como é posta e não de outra maneira, será que não poderíamos ingressar no digital de outro modo? Com menos poluição, com mais salário e direitos para os trabalhadores/as do mundo? Ou ainda, será que não podemos construir um outro tipo de Sociedade, que não seja dominada pelo lucro/dinheiro?

TRABALHO REMOTO, UBERIZADO E AUTONOMIA

Alguma coisa parece estar fora de lugar no capitalismo e essa coisa é o próprio modo de produção capitalista. Como diz a Organização Internacional do Trabalho, temos no mundo cerca de 2 bilhões de trabalhadores informais ou aproximadamente 60% da força ocupada (ILO, 2020), logo, a informalidade é praticamente, maioria entre as pessoas que trabalham no planeta, obviamente que existe diferença a depender do país. Ela é muito

4 Para ampliar o debate, ver: Lenard (2020), Trabalhadores da Amazon estão organizando uma luta global; Renata Dutra e Ricardo Festi (2020), A greve dos entregadores; e, Marco Aurélio Santana (2020), Quando brecam os apps.

mais marcante e numérica no Brasil do que na França, por exemplo, mas no geral é um dado relevante.

Por certo, o capitalismo também se reconfigura a depender dos cenários e independe do tipo de problema (seja de pandemia ou outro). O fato é que esse momento poderá representar uma oportunidade para medidas duras de destruição de mais direitos sociais e do trabalho em nome da crise, o que pode configurar aquilo que Klein (2008) chama de doutrina de choque ou novos ataques à classe trabalhadora, levando a um cenário de arrocho típico de regimes neoliberais e totalitários, com restrição ao gasto com investimento social - como vem ocorrendo no Brasil, desde a derrubada da presidenta eleita em 2016 –, impondo novas formas de controle, como a atual/cibernética.

Conforme pesquisa do Ipea (2020), o Brasil teria já aproximadamente 25% da sua força de trabalho na forma remota[5] (ou poderia ter). A supracitada pesquisa informa que havia formas de trabalho a distância antes da pandemia, mas por certo o capitalismo vai querer usar agora essa prática como modelo para reduzir custos e aumentar lucro.

Dados da pesquisa IBGE Pnad Covid-19, de setembro de 2020, diz que temos um pouco menos de 10% dos empregados do Brasil na forma remota, cerca de 8 milhões de pessoas dentre a população ocupada.

É sabido que o trabalho remoto não pode ser para todas as atividades. Pelo contrário, no contexto da pandemia, o trabalho remoto terminou sendo um privilégio diante da maioria dos/as trabalhadores/as que só tiveram como opção permanecer nos seus postos e diante de um cenário de quase 15% de desemprego no Brasil, em setembro de 2020, quase 15 milhões de brasileiros (ou 14,4% da população ocupada - IBGE/Pnad Covid-19, 2020).

Pesquisa recente, realizada por Bridi et at. (2020), também apontou que o trabalho remoto tendeu a ser realizado por pessoas com escolaridade mais elevada e por servidores públicos, sobretudo em fases iniciais da pandemia no Brasil.[6] Essa pesquisa também informou que ocorreu uma intensificação da jornada de trabalho, que quase 50% passaram a trabalhar mais e que antes apenas cerca de 2% dos pesquisados trabalhavam sete dias por semana e agora são quase 18% nesta condição. Isso representa um aumento percentual de 666% que passaram a trabalhar sem interrupção durante toda a semana (BRIDI et al., 2020), mesmo porque é fato, dado que ao trabalhar em casa, o trabalhador termina perdendo o controle da sua jornada. Além disso, muitas empresas acham que o trabalhador está sempre disponível, pois está em casa.

Conforme Oliveira (2017, p. 167), o teletrabalho (*home office*), sobretudo no caso da área de tecnologia da informação (TI), termina por levar ao "trabalho sem fim", intensificando a jornada de trabalho e quebrando a separação entre trabalho e ambiente privado, sem limites para descanso, o que ocasiona exploração do trabalho.

5 Sei que existe diferença entre trabalho em casa (*home office*), a distância e outras formas de teletrabalho e que isso se diferencia a depender da atividade. Sobre essas diferenças, ver Oliveira (2017).

6 Ver pesquisa realizada sobre trabalho remoto, por pesquisadores/as da Universidade Federal do Paraná, entre 05 e 17 de maio de 2020 – durante a pandemia de COVID-19 – e que teve 906 respondentes do Brasil. Pesquisa coordenada pela professora Maria Aparecida Bridi e membros do Grupo de Estudos Trabalho e Sociedade (GETS), ver Bridi et al., (2020).

Ao mesmo tempo, tem-se um lema (discurso) que passa a estar muito em voga no tempo presente (às vezes, infelizmente, dito por trabalhadores/as), de *ser patrão de si* como se fosse algo fantástico. Isso é algo que causa espanto e temor. Espanto por ser uma falsa promessa e temor por ver parte da classe trabalhadora capturada com esse tipo de ideologia, sobretudo em contextos de desemprego e de destruição de direitos, principalmente após a reforma trabalhista de 2017 no caso brasileiro. E pensar em um universo de autônomos como exemplo de sucesso, em um país em que praticamente, metade da população ocupada sempre viveu de bicos, logo, com baixos rendimentos e vida no limite da sobrevivência, é vender ilusões e representa uma forma do empresariado se livrar do custo produtivo.

Portanto, antigas elites escravocratas parecem que se tornaram *high tech* e querem explorar novamente sem fronteiras. Hoje a proposta é ser tão cruel quanto antes no passado, recompondo formas de perversidade, mesmo porque grande parcela desses denominados informais digitais são pessoas negras e de baixa renda. Assim, a base da pirâmide novamente é colocada na precarização.

Esse mundo encantado de *trabalhar para si* oculta um mar de incertezas e de superexploração do trabalho. As novas formas de trabalho surgem, mas já trazem a marca da instabilidade, precariedade e representam o lucro pelo trabalho alheio que é remetido para empresas de plataforma (corporações digitais), as quais estabelecem relações de trabalho associadas à ideia de parceria, empreendedorismo ou colaboração – como no caso dos uberizados globais (SLEE, 2017) e dos trabalhadores por aplicativos, que terminam por reunir uma gama de pessoas que estão na batalha pela sobrevivência, com disposição e energia (em um trabalho que precisa ser valorizado), mas que passam a representar "trabalhadores gratuitos", a serviço da acumulação capitalista, que geram ganhos sem custos para o capital (DURÃES, 2005).

O capitalismo, por meio dos "trabalhadores gratuitos" (DURÃES, 2005), conseguiu a proeza de ter uma força de trabalho moderna, firme, informal e global (como no caso do transporte ou de entregas por aplicativo), que se lança literalmente à sorte, e isso sem gerar custos para o capital na contratação de força de trabalho, na construção de fábricas, galpões, aquisição ou aluguel de imóveis, compra de equipamentos para o trabalho ou na reprodução social da classe trabalhadora mediante pagamento do salário e direitos sociais correlatos.

O custo produtivo foi externalizado nessa mágica chamada trabalhador parceiro. Sob o qual recai toda a responsabilidade, dentro da suposta lógica da livre escolha. Agora é o trabalhador que compra uma moto, bicicleta, computador ou aluga o próprio instrumento de trabalho e faz reposição de peças e equipamentos para o trabalho, bem como assume os riscos (de trabalhar com entregas nas ruas, com a violência urbana, acidentes de trânsito, pandemia). Além dessas questões, o trabalhador uberizado está imerso em inúmeras formas de controle e vigilância que o engolem (pelo celular, diretamente na pessoa de forma imediata e virtual – aqui o digital/algoritmo pulsa igual um coração, rápido, constante e sem parar). Esse trabalhador uberizado é também denominado de nanoempresário de si próprio (ABÍLIO, 2017).

O trabalhador, dentro desse universo uberizado da "viração" (ABÍLIO, 2017), trabalha, supostamente, escolhe seu horário, mas na verdade o algoritmo que fiscaliza tudo e calcula todos os trajetos (passos, caminhos, "escolhas") e tempos de trabalho e de não trabalho (tudo é cronometrado e avaliado). Se o trabalhador não estiver gerando o esperado da meta (fluindo na atividade) ou da pontuação de avaliação de desempenho conferida pelo consumidor (este que atua também como funcionário informal para empresa, pois exerce o controle do trabalho alheio sem receber por isso), termina sendo bloqueado pelo aplicativo, ou ainda tem que pagar multa, ou ser simplesmente "desativado" (WOODCOCK, 2020, p. 35). Outros trabalham por demanda (por cliques) em redes de produção de software e sistemas digitais ou em áreas de comunicação virtual - tecnologia da informação, trabalho por tarefa, por projeto, por demanda etc.

Conforme Woodcock (2020, p. 35), que fez uma pesquisa em Londres sobre os entregadores de comidas pelo aplicativo Deliveroo, o trabalho uberizado é uma forma de precarização do trabalho, que usa da denominação de autônomo para explorar. Woodcock (2020, p. 36) diz também que o trabalho por aplicativo gera um processo e angústia e incerteza de presente e futuro aos próprios trabalhadores. Ele cita a fala de um trabalhador, entrevistado na pesquisa, que diz assim, sobre essa suposta autonomia no trabalho: "Me sinto sozinho com a companhia, você sente que é autônomo porque você não tem chefes, mas [...] **a Deliveroo é seu chefe**, você não vê ninguém, mas você trabalha para a companhia" (WOODCOCK, 2020, p. 36, grifo nosso).

Portanto, será esse o grande trabalho livre moderno do século XXI? Livre para ser explorado? Ou será que isso não representaria, por outro lado, a nova servidão, o privilégio da servidão digital (Antunes, 2020)? Será que é esse tipo de trabalho uberizado que representa o paraíso digital? Sem garantia social, sem proteção, sem aposentadoria e nem seguro de vida e nem de saúde - até equipamentos de proteção contra COVID-19 foram dados pelas empresas de aplicativos, na marra, no Brasil, em 2020, por ordem do ministério público.[7]

Ou seja, a lógica fantasiosa do *slogan* "ser patrão de si" parece que vem ganhando terreno na atualidade, no nível do discurso, e precisa ser desmascarada. Basta ver os sites dessas empresas de plataformas e suas propagandas. Normalmente, relacionam o trabalho uberizado com algo legal, com pessoas sempre felizes, com liberdade, segurança e, sobretudo, possibilidade de ganhar dinheiro.[8]

Como exemplo, temos o site da Uber Brasil que logo no início apresenta três frases emblemáticas (UBER, 2020): "Ganhe dinheiro toda semana"; "Você tem motivação. Nós

---

7 Ver https://agenciabrasil.ebc.com.br/saude/noticia/2020-06/empresas-de-entrega-devem-fornecer-kits-para-protecao-do-trabalhadores.

8 Em Pesquisa realizada na Região Metropolitana de São Paulo, por Moraes et al. (2019), com 100 trabalhadores de transporte por aplicativos, constatou-se que muitos pesquisados se consideram empreendedores, mas também desejam um emprego formal e alegam excesso de trabalho e baixa remuneração. Em pesquisa realizada no Brasil, em 2020, com 103 trabalhadores/as, Filgueiras et al. (2020) também constataram que quase metade dos trabalhadores por aplicativos (entregadores de motos e bicicletas) almejavam um emprego formal. Logo, a ideia de liberdade e realização pelo trabalho uberizado é muito mais uma ilusão.

temos oportunidades" e "Dirija e ganhe". No site da Uber, na sua tela principal, ainda aparece a foto de um homem sorrindo e encostado em seu carro – como se dissesse que está feliz da vida, realizado com aquele trabalho. Detalhe: um homem de menos de 30 anos, de pele clara, isto é, será essa a profissão do futuro? No site do aplicativo de entregas Glovo consta a seguinte frase: "**Seja seu próprio chefe**. Faça seu horário, tarifas competitivas e **oportunidade de você conhecer sua cidade**. Cadastre-se e esteja conectado ao App em menos de 24 horas" (GLOVO, 2020, grifo nosso).

As representações passadas pelos sites exprimem uma *nova forma de subalternização* do povo brasileiro (e mundial) e a aceitação do ideário neoliberal tecnológico digital em que o sucesso e o futuro vão depender apenas do esforço interminável de cada um e de suas escolhas. Isso é cruel, sobretudo, quando falamos do esforço dos/as filhos/as da classe trabalhadora em todo o mundo, ou dos povos excluídos de agora e de outrora (populações negras, indígenas, quilombolas etc.), ou, como diz Martins (2010), os condenados da terra, que podem ser livres, mas não possuem bens, posses e nem terra. Ainda conforme Martins (2010, p. 10), "[...] se o trabalho fosse livre, a terra tinha que ser escrava. O cativeiro da terra é a matriz estrutural e histórica da sociedade que somos hoje".

A pandemia de COVID-19 contribuiu sobremaneira como contexto para sacramentar essas formas de trabalho. De fato, as mudanças tecnológicas sempre causaram impactos sociais e não são particularidades desse momento. Citaremos três grandes avanços tecnológicos disruptivos que tiveram grande repercussão na vida social: a máquina a vapor/tear mecânico, a eletricidade e a internet.

Dito isso, faço um convite para que não façamos uma leitura aligeirada dos fenômenos sociais. O cenário atual intensificou mudanças, como falei, sobretudo por necessidade coletiva de proteção de vidas diante do contexto pandêmico. Porém, tenho que perguntar: a quem interessa essa mudança acelerada? Será que essas mudanças estão de fato democratizando o acesso aos bens/serviços? Será que essa inovação, sobretudo, quando falamos na Indústria 4.0, irá realmente ser benéfica para a coletividade? Ou estamos falando em benefícios para poucos? Será que o mundo digital vai impor o mundo sem emprego formal como regra, é isso? Em vez da tecnologia nos levar para a frente, nos liberar do trabalho pesado e conduzir ao bem-estar, estaremos fadados a voltar ao passado ou a manter as desigualdades do presente, e agora em um mundo do salve-se quem puder, sem direitos trabalhistas e garantias sociais? O trabalho informal agora vai ser a marca da modernidade, a nova centralidade do trabalho? O que era o lócus da sobrevivência, da labuta e do sofrimento, vai agora virar referência e modelo do mundo digital? Será que a sociedade vai caminhar para a era do empreendedor livre de tudo, inclusive de direitos? Será que o ideal de progresso é um mundo sem direitos, individualista, com intensificação de jornadas, baixos salários e risco de morte, como no caso dos entregadores por aplicativos?

Essas questões são lançadas aqui para nortear a reflexão geral. Não irei respondê-las. Isso é um exercício crítico sociológico urgente e essencial no capitalismo global, neoliberal, digital e denominado de "plataforma" ou mediado por empresas de tecnologia (SRNICEK, 2016; GROHMANN, 2020).

QUANDO A DOMINAÇÃO TECNOLÓGICA VIRA REALIDADE: A INDÚSTRIA 4.0

Por certo, o trabalho é a base da vida em sociedade, fonte de relações sociais e sociabilidades, bem como de mediação consigo, com os outros e com a natureza. Pode-se falar em transformações, rupturas de olhares e perspectivas, mudanças de modos de vida, de cultura, de comportamentos, hábitos e estilos, de mais ou menos consumo, de mais ou menos destruição da natureza, mas o trabalho permanece como um dos elementos centrais da modernidade. Esse elemento permanece irremediável, mesmo diante de crises sistêmicas como a sanitária de COVID-19. O trabalho ainda é estruturante e fonte de sobrevivência e de cultura. Permanece central para o modo de produção capitalista. Ele ainda não teve seu fim decretado. Pode ser mais precarizado, mas o sistema depende do trabalho.

O trabalho funda, na verdade, o próprio ser. No sentido de que pelo trabalho nos constituímos, como coloca Lukács (2012) na ideia de ontologia. De fato, outras esferas da vida também nos constituem, mas o trabalho é uma dessas dimensões de maior centralidade, não é único, ele é plural.

Cabe ressaltar que o trabalho é, de forma conjugada, cultura ou modo de vida (uma forma de se relacionar em sociedade e de conceber a si mesmo). Marx (2002, 2004) dizia que, ao produzir determinado item, a pessoa não está apenas produzindo determinada coisa, mas concebendo a si mesmo como ser e um modo específico de produzir. Ao fazer isso, vira modelo de práxis social, isto é, elemento cultural. Ademais, cabe dizer que esse modo de produzir não é algo estático, vai acompanhando as mudanças da própria sociedade.

Um segundo ponto para tratar é que o trabalho e a tecnologia estão conectados. Não temos como pensar em trabalho sem pensar em instrumentos que são e foram criados pelos povos, em diferentes culturas, lugares, continentes, dentro e fora do capitalismo. Esses instrumentos em si são produções tecnológicas, que registram na sua materialidade ou imaterialidade um modo de atuar no mundo.

Assim, ao pensar em qualquer tipo de produção de mercadoria ou item ou serviço, sempre temos que entender que existe ali uma tecnologia concebida ou utilizada (criada ou copiada), ou que foi aprimorada no próprio processo produtivo. Portanto, existe um elemento criativo no ato de trabalho. Dessa maneira, trabalho e tecnologia são faces de uma mesma moeda e constituem o ser social.

O que passa a ocorrer com o capitalismo é que o sistema focou sempre em controlar o trabalho (vigiar, punir, perseguir, disciplinar, tratar como algo externo a si, tratar como mercadoria, extrair o máximo resultado de seu instrumento produtivo e gerar consentimento/dominação/controle). Esse último elemento sempre foi uma marca do modo de produção baseado no apartamento entre donos do negócio (do dinheiro, bens e posses – os capitalistas) e donos da força de trabalho (trabalhadores).

Essa busca frenética por controle do ser que trabalha e a intensificação permanente, objetiva e subjetiva, levou historicamente à morte, ao adoecimento e a processos literalmente de loucura do trabalho (DEJOURS, 1998).

A grande indústria (se pensarmos, sobretudo, no fordismo, taylorismo e toyotismo), na sua lógica central, sempre transformou o trabalhador em uma máquina ou em um apêndice desta (um complemento ou uma peça na engrenagem, como representou Chaplin, no filme *Tempos Modernos*) e, nesse diapasão, obter o máximo de produtividade. Isso sempre baseado na repetição dos comportamentos produtivos e na compreensão do trabalho não como uma manifestação individual, territorializada, cultural ou subjetiva, mas como algo objetificado, dominado e sempre concebido como coletivo, mesmo porque o capitalismo sempre compreende o trabalho como coletivo (MARX, 2002).

Nessa via, trabalho e tecnologia sempre estiveram conjugados, mesmo que em situações de proibição da criatividade ou tendo a criação sendo usurpada e reincorporada como resultado da máquina ou da automação e não do saber fazer operário (BRAVERMAN, 1977).

Mesmo negando a liberdade do ser que trabalha e, assim, gerando um apartamento do ser trabalhador com o trabalho e consigo mesmo, já que a lógica é criar mecanismos de alienação, mesmo com isso, a tecnologia sempre esteve presente. Portanto, é importante afirmar isso para dizermos que o desenvolvimento tecnológico não é apenas algo do século XXI. É um processo histórico e contínuo.

Muitas vezes, a tecnologia era imposta como algo pronto e os trabalhadores eram chamados apenas para conhecer e operar os comandos ou códigos.

O capitalismo terminou, nessa direção, gerando um sistema fechado em si, em que trabalho e tecnologia se encontravam, mas não como resultado da criação do ser que trabalha, mas apenas como parte do capitalismo maquínico.

O discurso de que a tecnologia é positiva, necessária e intransponível também foi posto novamente em movimento nesse contexto de pandemia (em 2020) e passado como narrativa hegemônica, salvacionista e perfeita (como discurso dos vencedores), em que vale uma máxima repetida aos quatro cantos e imposta: *adaptar-se ou perecer*. Quase sempre remetem essa suposta "adaptação" ao indivíduo (no desenvolvimento das competências e habilidades),[9] como se a estruturação do mundo social fosse obra apenas de cada indivíduo e isso no curso de sua obstinação e resiliência, mesmo diante de tantas mazelas sociais históricas e de preconceitos estruturais. É posto como um "projeto de vida" de cada ser. Essa relação com o indivíduo e suas habilidades é a forma moderna de falar em "meritocracia", que na verdade oculta a exclusão social e o racismo estrutural, sobretudo, quando falamos do racismo contra a população negra – racismo que violenta, adoece e impõe muros intransponíveis, além do risco de morte como suspeito/genocídio.

Essa relação com o indivíduo e sua competência é vinculada de forma sutil a uma mudança educacional, isto é, que deveríamos implementar uma mudança de mentalidades desde a tenra infância (educação de base) para termos sujeitos sociais mais tecnologizados e conhecedores de matemática e ciências da natureza, mas quase nunca é falado em ciências sociais, sociologia, filosofia ou artes.

9 O sistema educacional brasileiro foi estruturado agora com essa ideia de habilidade e competência (a partir da reforma do Ensino Médio de 2017). Logo, tendo o indivíduo como protagonista de tudo, como se o jovem de 13 ou 14 anos tivesse o apoio necessário para fazer essas escolhas e como se todas as escolas do Brasil dessem o mesmo preparo e possibilidades formativas. Ver Brasil (2018).

Essas mudanças conectadas de forma proposital ao indivíduo e não à estrutura social é uma forma de difundir, em escala global e algorítmica (na nuvem e nas mentes), o individualismo e colocar o indivíduo como centro. Isso coloca todo o sucesso ou o fracasso ao indivíduo e não à sociedade.

Todavia, a pandemia também colocou em tela a necessidade real do trabalho concreto tangível ("manual"), como forma de garantia da sobrevivência para maioria da população mundial e como garantia dos lucros do capital, como no caso de grandes redes de alimentos que não pararam sua produção, mesmo tendo casos de COVID na fábrica (como no setor de produção de frangos) (BEEFPOINT, 2020).[10] Também cabe falar do discurso do proprietário de uma grande rede de restaurantes (hamburgueria) do Brasil que fez pouco caso sobre 5 mil ou 7 mil, dizendo que a economia não podia parar (em março de 2020)[11] (MOTA, 2020) e chegamos em meados de dezembro de 2020 com mais de 180 mil mortos, só no caso brasileiro. Também cabe lembrar das carreatas da "morte" que pediam a volta ao trabalho no comércio, produção e serviços, mesmo com dados altos de COVID-19.

Dessa maneira, a pandemia revelou contradições que mantém a estrutura da desigualdade como antes, em que a maioria não teve escolha a não ser trabalhar.

Também ficou evidente a falácia do Estado mínimo neoliberal, pois, em momento de crise econômica, o Estado entra na economia e exerce força para socorrê-la e garantir minimamente a sobrevivência de milhões de pessoas – no caso brasileiro, o governo cedeu um auxílio emergencial de 600 reais e isso chegou a um pouco mais de 60 milhões de pessoas – o Estado também ajudou o empresariado. Esse número de 60 milhões é mais da metade da população economicamente ativa em meados de 2020, período em que a pandemia estava em curso intenso de mortes e contaminações. Ou seja, um fosso social veio para a superfície da sociedade.

O trabalho concreto foi revisitado no sentido de sua indispensabilidade, mostrando que o sistema capitalista não vive apenas do digital ou do financeiro. Sua base é de vidas concretas que pulsam, mesmo que essas vidas sejam mediadas por plataforma, dentro do capitalismo de vigilância, em que a acumulação do capital passa pelo controle do comportamento (ZUBOFF, 2018); ou, como diz Pereira (2020, p. 21), não é apenas a invasão da privacidade individual que está em jogo, mas o uso social e político disso. Diz o filósofo, "[...] o aspecto central aqui não é tanto o da invasão da privacidade, mas o da **extensão do poder de manipulação de comportamentos** conferidos pelo big data [...]" (PEREIRA, 2020, p. 21, grifo nosso).

A pandemia atravessou continentes e classes, contudo, cabe entender que também foi desigual. O vírus matou mais em locais com menos estruturas sociais, menos apoio hospitalar, com moradias precárias e pessoas que não tiveram o privilégio do isolamento e já possuíam doenças prévias (às vezes pessoas que adquiriram doenças pela condição precária de vida e de trabalho), pois ficaram no dilema trabalhar ou morrer de fome.

10 Ver reportagem sobre contaminação por COVID-19 em indústria de frangos no Brasil: https://www.beefpoint.com.br/apos-virus-fechar-duas-plantas-de-frango-no-brasil-setor-de-carnes-no-pais-esta-apreensivo/.

11 Ver notícia sobre fala do dono do restaurante citado: https://congressoemfoco.uol.com.br/economia/brasil-nao-pode-parar-por-cinco-ou-sete-mil-mortes-diz-dono-do-madero/.

Conforme Mike Davis (2020), a pandemia revelou, de forma categórica, a crise da lógica capitalista neoliberal de ter, supostamente, um Estado mínimo, pois expôs que a assistência à saúde não deveria ser algo privado, mas público. Isso ficou evidente no país mais potente do globo – epicentro do capitalismo planetário –, os Estados Unidos, em que pessoas morreram por falta de acesso adequado ao atendimento hospitalar.

Por certo, a lógica neoliberal é hoje estruturante em nossas mentes, como bem colocaram Dardot e Laval (2016), quando falaram que o neoliberalimo gerou uma racionalidade própria, individualista, que fica incrustrada nas almas e não apenas na estrutura da sociedade, e que vira narrativa do cotidiano (dos governos e das pessoas).

Voltando para Indústria 4.0, Antunes (2020, p. 14) afirma que a consequência principal dessa indústria para o trabalho será

> "[...] a ampliação do trabalho morto [...], tendo o maquinário digital – a 'internet das coisas', a inteligência artificial, a impressora 3D, o big data etc. – como dominante e condutor de todo o processo produtivo [...]", e tendo como consequência central, diz o autor, a "[...] redução do trabalho vivo, viabilizada pela substituição de atividades tradicionais e mais manuais [...]" (ANTUNES, 2020, p. 14).

Ou seja, o futuro do trabalho é perverso, sobretudo pelo aumento do desemprego. Novamente a sociedade em vez de proteger o coletivo, termina por deixar que parte dos povos sucumbam.

Antunes (2020, p. 15) sintetiza o que representa essa Indústria 4.0, em que expõe novas formas de dominação: "[...] teremos uma nova fase da hegemonia informacional--digital, sob o comando do capital financeiro, na qual celulares, tablets, smartphones e assemelhados [...] se converterão em importantes instrumentos de controle [...]".

Será apresentada a análise geral da narrativa de um vídeo do YouTube de um CEO da Siemens, para analisarmos a relação com o estímulo ao viés tecnológico como positivo na Indústria 4.0.[12]

Conforme André Clark, entrevistado pelo *Canal Um Brasil*, em 2019, CEO e presidente da empresa Siemens Brasil, como dito antes, a tecnologia é uma "força externa e irreversível" e diz: "A Indústria 4.0 será o WhatsApp do mundo consumidor, ninguém viverá sem". A entrevistadora fala em "nova realidade", ou seja, também trata como algo determinado e diz que 25% dos trabalhos em Cingapura serão eliminados. De fato, existe sim cortes de atividades com o processo de máquinas inteligentes (internet das coisas, análise de perfil de consumidor), mas outras formas de trabalho surgirão, porém, sem dúvida, o desemprego estrutural será intenso. A existência de menos postos de trabalho reduzirá o valor pago ao salário e a máxima do exército de reserva (MARX, 2002) voltará com força: se a pessoa não quiser trabalhar, outro entrará no lugar.

O engenheiro Clark disse também que o maior desafio do Brasil é a educação básica, é preparar as pessoas desde a infância – gerar formação/habilidades. Melhorar a educação

12 Segue link do vídeo: https://www.youtube.com/watch?v=JosHT3dPlhM&t=38s. Acesso em: 12 dez. 2020.

é um consenso, mas a questão é: será que é interessante preparar as crianças para uma visão tecnológica ou digitalizada desde pequena? Será que isso não poderá desencadear problemas de sociabilidade, já que a criança vai ser educada muito para o técnico e menos para relações sociais? São questões que deixo em suspenso.

O CEO André Clark diz que é preciso ensinar matemática e exatas (física, matemática) e depois falar em artes. Ele também disse que as empresas devem ajudar na educação no Brasil, não na realização, mas tendo o que ele denomina de "participação cidadã". Não sabemos que participação seria essa, certamente que não será para fazer crítica ao avanço do capital. Sim, a arte é necessária para entender a natureza, diz o engenheiro. De fato, a arte é importante, fundamental. O que precisamos debater é qual arte teremos? Não pode ser instrumentalizada, pragmática/técnica, mas deveria ser arte como fruição, criação e libertação. E o entrevistado não fez menção à formação em conteúdo ou disciplina sobre Sociedade, Cultura, Sociologia, Cidadania, Política e nem Filosofia. Não sei o que ele pensa sobre, mas apenas vi que ele não falou dessas áreas, pode ser que ele defenda, mas não disse nessa entrevista. Quer dizer, provavelmente, dentro de uma visão tecnicista, que vemos na Indústria 4.0, não há espaço para áreas de humanas e sociais, mesmo porque essas áreas podem abrir espaço para questionar o próprio projeto de formação digital. Assim, é provável que a educação da Indústria 4.0 seja repetidora e não criativa, crítica e/ou autônoma.

André Clark diz também que o Brasil passou por mudanças no sentido de transformações e que a Siemens acredita no Brasil. Tivemos revoluções, conforme diz o CEO, sendo a primeira delas a da agricultura (agronegócio), e com apoio estatal - via política pública - e que agora estamos na Indústria 4.0. Certamente, ele deve estar falando desde o governo FHC, depois Lula e Dilma (governos neoliberais). Considero que, nesses governos, ocorreu incentivo à expansão do agronegócio com uso de agrotóxico e destruição da natureza/desmatamento. Esse é o desenvolvimento capitalista concebido dentro do universo modernizante?

Outro ponto que ele destaca é o pré-sal (Petróleo) e o gás, e que isso muda a matriz energética brasileira. De fato, isso foi e é um acontecimento relevante. Ele também destaca a matriz renovável do ponto de vista energético, sobretudo no campo de energia solar e eólica.

O engenheiro Clark fala também em três questões. O *consumidor consciente* (que quer saber de onde vem o produto que usa, consome e compra), a *questão climática* e a *tecnologia* para produção de energia solar (energia limpa), e fala de uma cadeia produtiva de energia global e regional, dentro do próprio país, e que isso está crescendo bastante no Brasil. Ele ainda ressalta o Brasil como produtor de matéria-prima para energia nuclear via urânio.

Ele menciona planejamento estratégico, que é necessário ser feito pelo Estado brasileiro e não por alguma corporação específica. De fato, é o Estado que deve conduzir esse processo e regular/normatizar. Defende ainda, por fim, uma educação de inspiração na Alemanha, segundo ele, que combinaria educação geral com ensino profissionalizante para a juventude brasileira. A questão que perguntamos: a quem interessa essa formação técnica?

Como reflexão geral, pode-se perceber duas coisas: primeiro, ele trata as mudanças como inevitáveis, que chega e que temos que nos adaptar; segundo, não falou, nessa entrevista, da manutenção de desigualdades sociais e étnico-raciais, sobretudo, com problemas de acesso à tecnologia e ao desenvolvimento educacional (talvez tenha sido por problema de tempo da entrevista, não tem como saber). Portanto, ele parece apresentar um mundo, extremamente positivo, neutro, com um sistema econômico aberto e com uma tecnologia carregada de um projeto civilizacional e, ao mesmo tempo, um desenvolvimento que é portador de bem-estar. Em nenhum momento ele fala em desemprego estrutural ou intensificação do trabalho, destruição da natureza e nem do impacto dessa mediação da vida e do trabalho por tecnologias, como no caso dos entregadores por aplicativos ou profissionais de tecnologia da informação, que possuem longas jornadas e trabalho intenso. No final, ele fala da política de incorporação de mulheres em cargos na empresa e que representa uma forma de diminuição da desigualdade de gênero na corporação e que hoje já possuem mais *trainees* mulheres que são aprovadas.

CONSIDERAÇÕES FINAIS

De fato, tecnologias da informação e comunicação (TICs) são irreversíveis. Já vivemos imersos em tecnologias, como exemplo temos o smartphone e a gama de aplicativos que utilizamos e o tempo que passamos conectados e dependentes de tecnologia. Realmente, a tecnologia trouxe facilidades para o dia a dia e a disponibilidade de conjunto de informações. Essas, mesmo não sendo necessárias antes, foi dado um sentido de imediaticidade, seja apenas para ter certeza se determinado fato ocorreu, ou para lembrar o nome de algum escritor/a ou personagem ou personalidade ou político ou filme. Ou seja, são tecnologias úteis sim (relevantes), pode-se ainda verificar algum produto, ou ver a programação para algum evento, ou o caminho para determinado local, ou a bula de algum medicamento, ou alguma lei ou decreto, ou mesmo para simplesmente encontrar uma palavra de afeto, ou alguém que possa ler o que você escreveu, ou vermos mensagens das vidas das pessoas para preencher o tempo e saber novidades em geral, gerando certamente novas experiências sociais.

Pode-se ainda, nesse mar digital das redes sociais, constituir um novo formato de intervenção no mundo, engajar-se em ações e lutas sociais, demonstrando que a própria mudança digital pode ser apropriada para o empoderamento dos povos e grupos minoritários politicamente ou para fazer valer seus direitos em uma reação coletiva, como no caso da própria luta dos trabalhadores/as. O fato é que tecnologia está inserida no dia a dia.

Portanto, hoje não temos como negar a existência dessas tecnologias e o tanto que essas redes sociais e dados publicizados estão preenchendo nossas vidas. Sim, verdade, essa transformação é disruptiva e carregada de sentidos e sei de usos positivos que podem ocorrer com essa transformação, como no caso da área de saúde e do diagnóstico mais preciso de doenças graves – como câncer –, dentre outros elementos modernos, como falei.

Todavia, não posso deixar de pensar para além da aparência. Exemplo: quem passa a ter o controle quase que total dos dados que colocamos nas redes? Quem passa a monitorar os costumes das pessoas para depois oferecer um produto ou serviço ou mesmo compor um perfil social e político de alguém, modelar um comportamento social e vender informação como dado agregado ou até usar para selecionar ou não uma pessoa para um trabalho (na lógica da Indústria 4.0)?

Ou seja, dentro desse universo posto, é preciso mais regulação do Estado e de governos. Isso não quer dizer censura de informações, mas sim controle público e coletivo (exclusivo ou partilhado). O fato é que não podemos deixar tudo com o grande capital de plataformas. É um sério risco coletivo que está posto, além da privacidade e de detalhes da vida de milhões de pessoas, incluindo informações de Estados etc.

Ao mesmo tempo, muita gente encontra nas redes sociais uma forma de companhia virtual, em um mundo individualista/competitivo. Dessa forma, as redes sociais também fornecem sentidos subjetivos que estão para além da crítica econômica que podemos fazer, no sentido de que mexem com sentimentos, emoções e subjetividades, ainda que isso, em última instância, esteja reforçando apenas uma atitude individual e de autoimagem. Todavia, respeito esse processo, mas sabemos que é necessário colocar o pingo no i ou apresentar o outro lado da moeda, nesse caso, é preciso a crítica na raiz das questões.

No caso, a crítica ao capital e seu emaranhamento virtual e técnico-científico global e fluído, que terminou gerando ilusões e ideologias, escondendo o verdadeiro caráter mercadológico estrutural do digital e a apropriação política, social e econômica.

Assim, considero que outro mundo é possível fora do "capitaloceno" e do "antropoceno", como aponta Rafael Silva (2020), no livro *O sonho curto dos Napë*. Quer dizer, é possível pensar para além do capitalismo e do humano como centro. É preciso *descolonizar o pensamento* e enxergar aquém do instituído. Mesmo porque existem outros povos e culturas em movimento e resistindo com sua singularidade e modo de vida (como os povos indígenas, que vão se transformando na sociedade, mas possuem elementos próprios). E também é possível pensar na ruptura desse tipo de sociedade veloz e robotizada.

Nessa via, um alerta sociológico se faz prioritário – é preciso acionar o botão de emergência para repensar o que está posto e olhar de outra forma e ver detalhes das coisas ou das imagens ou dos cliques que não são percebidos no momento em que se vive – o cotidiano é muito acelerado. Dessa maneira, cria uma sequência normatizadora. É preciso romper isso, ainda que em pensamento.

Assim, tem-se um imperativo reflexivo: ou ousamos pensar fora do quadrado do "eu" e passamos a pensar no "nós", nas coletividades e estruturas, ou estaremos condenados à lógica da reprodução técnica e seremos apenas "mais do mesmo" e reféns, agora não apenas dos dominantes de outrora com seu aparato opressor (policial, estatal, educacional, cultural etc.), mas também do controle do digital, o digital do capital, que tudo vê, fiscaliza, modela, coleta, processa em fração de segundos, via inteligência artificial, fornece sonhos, sugestiona e nos domina por inteiro.

Dito isso, acredito que estamos em uma fronteira histórica. Ou freamos esse avanço digital do capital – das corporações e não do digital ou da tecnologia em si, mesmo porque as transformações tecnológicas hoje já são parte de nossas vidas, além de representarem contribuições para a humanidade, inclusive por possibilitar espaço e meio para própria mediação crítica, a qual certamente estaria limitada sem o uso do espaço virtual (redes sociais etc.) –, ou seremos capturados em nossas mentes.

O capitalismo digitalizado, que globaliza a precarização como norma, e o trabalho sem direitos sociais, termina, contraditoriamente, fornecendo também a chave para reação coletiva, pois torna a exploração um elemento comum, apesar do capitalismo algorítmico não ficar fixado em nenhum lugar em específico (GRAHAM; ANWAR, 2020, p. 52). Porém, hoje com a expansão da informalidade como norma e da lógica da precarização se generalizando, abre-se a possibilidade da construção de uma identidade digital global da classe trabalhadora, que pode se reconhecer na luta e nas reivindicações e tornar sua reação geral, quebrando com o atomismo digital e com a solução do *self made man* (daquele/a que se faz ou que é *patrão de si*).

Ou faremos um processo de crítica e reação ao mundo digitalizado do capital, que traga, que controla nossas vidas no sistema (*matrix*), ou seremos engolidos novamente e mais ainda pela "[...] máquina comedora de terra-floresta" (SILVA, R., 2020, p. 13), que avança não apenas na tecnologia, mas também na destruição da vida coletiva do ponto de vista da não existência de trabalho decente (com direitos) e do bem-estar coletivo e também na destruição da natureza (poluição).

Rafael Silva (2020), fazendo referência ao Xamã Yanomami Davi Kopenawa, no seu livro *A queda do Céu*, diz: os *napë* (brancos, no caso o povo branco em geral - europeus/colonizadores) vão destruir a si mesmo achando que estão destruindo apenas os outros e gerando riqueza para si, mas estão destruindo todo o planeta na sua abstração individualista de sociedade e de civilização. Silva, R (2020, p. 36) comenta:

> O que os *napë* de sonho "curto" não compreendem é que o que está em jogo na política da xawara não é somente a floresta em que vivem os Yanomami, mas a *urihi a pree*, a "grande terra-floresta", aquilo que os *napë* chamam de "mundo inteiro". Eles não sabem que a máquina "comedora de terra-floresta" de sua abstração civilizatória acabará por devorar também os *napë* (SILVA, R., 2020, p. 36).

REFERÊNCIAS

ABÍLIO, Ludmila Costhek. *Uberização do trabalho*: subsunção real da viração. Disponível em: https://passapalavra.info/2017/02/110685/. Publicado em: 22 de fevereiro de 2017. Acesso em: 02 jul. 2019.

ALBUQUERQUE, Flávia. *Empresas de entrega devem fornecer kits para proteção de trabalhadores*, 2020. Disponível em: https://agenciabrasil.ebc.com.br/saude/noticia/2020-06/empresas-de-entrega-devem-fornecer-kits-para-protecao-do-trabalhadores. Acesso em: 11 dez. 2020.

ANTUNES, Ricardo. *O privilégio da servidão*: o novo proletariado de serviços na era digital. São Paulo: Boitempo, 2018.

ANTUNES, Ricardo. *Coronavírus*: o trabalho sob fogo cruzado. São Paulo: Boitempo, 2020.

BEEFPOINT. *Após vírus fechar duas plantas de frango no Brasil, setor de carnes no país está apreensivo*. 2020. Disponível em: https://www.beefpoint.com.br/apos-virus-fechar-duas-plantas-de-frango-no-brasil-setor-de-carnes-no-pais-esta-apreensivo/. Acesso em: 11 dez. 2020.

BLOCH, Ernst. *O princípio esperança*. Rio de Janeiro: UERJ/Contraponto, 2005.

BRASIL. MEC. *Portal do Ministério. BNCC*. Disponível em: http://portal.mec.gov.br/conselho-nacional-de-educacao/base-nacional-comum-curricular-bncc, 2018. Acesso em: 09 jul. 2020.

BRAVERMAN, Harry. *Trabalho e capital monopolista*: a degradação do trabalho no século XX. Rio de Janeiro: Zahar, 1977.

BRIDI, Maria A. *et al*. *Relatório técnico-científico da pesquisa*: o trabalho remoto/home-office no contexto da pandemia Covid-19 [recurso eletrônico]. Curitiba: Universidade Federal do Paraná, Grupo de Estudos Trabalho e Sociedade, 79p., 2020.

CLARK, André. Entrevista. *Canal Um Brasil*. YouTube, abril de 2019. Disponível em: https://www.youtube.com/watch?v=JosHT3dPlhM&t=38s. Acesso em: 12 dez. 2020.

DARDOT, Pierre; LAVAL, Christian. *A nova razão do mundo*: ensaio sobre a sociedade neoliberal. São Paulo: Boitempo, 2016.

DAVIS, Mike. (2020). A crise do coronavírus é um monstro alimentado pelo capitalismo. *In: Coronavírus e a luta de classes*. Brasil: Editora Terra Sem Amos, p. 5-12.

DEJOURS, Cristophe. *A loucura do trabalho*: estudo de Psicopatologia do Trabalho. São Paulo: Cortez, 1998.

DURÃES, Bruno J. R. Trabalho de rua em Salvador e sua contribuição para acumulação capitalista: o trabalhador gratuito. *In: Temáticas*, Campinas, ano 13, n. 25/26, IFCH/UNICAMP, p. 217 a 238, 2005.

DURÃES, Bruno J. R. *Trabalhadores de rua de Salvador*: Precários nos cantos do século XIX para os encantos e desencantos do século XXI. São Paulo: Dissertação de Mestrado em Sociologia, Unicamp, 2006.

DURÃES, Bruno J. R. Trabalho de rua, perseguições e resistências: Salvador no final do século XIX. *In: Revista Brasileira de História & Ciências Sociais*, Rio Grande (RS) RBHCS, v. 4 n, 7, p. 72-93, 2012.72

DURÃES, Bruno J. R. *Camelôs globais ou de tecnologia*: novos proletários da acumulação. Salvador: Edufba, 2013.

DURÃES, Bruno J. R. Do trabalho informal tradicional ao uberizado: história, inovação e pandemia. *In: Revista Nau Social*, v. 11, n. 21. Escola de Administração: UFBA, 2020, p. 361-375.

DUTRA, Renata; FESTI, Ricardo. A greve dos entregadores. *In: Jornal GGN*. 11 de julho de 2020. Disponível em: https://jornalggn.com.br/artigos/a-greve-dos-entregadores-por-renata-dutra-e-ricardo-festi/. Acesso em: 14 ago. 2020.

FESTI, Ricardo. Contribuições críticas da sociologia do trabalho sobre automação. *In:* ANTUNES, R. *Uberização, trabalho digital e Indústria 4.0*. São Paulo: Boitempo, 2020, p. 149-158.

FILGUEIRAS, Vitor *et al. Projeto Caminhos do Trabalho*: tendências, dinâmicas e interfaces (relatório de pesquisa), do local ao global. Universidade Federal da Bahia, Salvador, 2020. Disponível em: http://abet-trabalho.org.br/wp-content/uploads/2020/08/Relato%CC%81rio-de-Levantamento-sobre-Entregadores-por-Aplicativos-no-Brasil.pdf. Acesso em: 16 dez. 2020.

GLOVO. 2020. Disponível em: *www.glovoapp.com*. Acesso em:

GRAHAM, Mark; ANWAR, Amir. Trabalho digital. *In:* ANTUNES, R. *Uberização, trabalho digital e Indústria 4.0*. São Paulo: Boitempo, 2020, p. 47-58.

GROHMANN, Rafael. Plataformização do trabalho: entre a datificação, a financeirização e a racionalidade neoliberal. *Revista Eptic.*, São Cristóvão (SE), v. 22, n. 1, p. 106-22, jan./abr. 2020. Acesso em: 14 jun. 2020.

IBGE. *Pnad Covid*. 2020. Disponível em: https://covid19.ibge.gov.br/. Acesso em: 03 dez. 2020.

ILO. (2020). *Contagion or starvation, the dilemma facing informal workers during the COVID-19 pandemic*. Disponível em: https://www.ilo.org/global/ about-the-ilo/newsroom/news/WCMS_744005/lang--en/index.htm.

IPEA. (2020). Potencial de teletrabalho na pandemia no Brasil e no mundo. *In: Carta de Conjuntura*. n. 47, 2º trimestre (por Geraldo S Góes, Felipe S Martins e José Antônio S do Nascimento), IPEA, 2020. Disponível em: https://www.ipea.gov.br/cartadeconjuntura/index.php/2020/06/potencial-de-teletrabalho-na-pandemia-um-retrato-no-brasil-e-no-mundo/.

KLEIN, Naomi. *A doutrina do choque*: a ascensão do capitalismo de desastre. Rio de Janeiro, Nova Fronteira, 2008.

KOSIK, K. *Dialética do concreto*. 2. ed. Rio de Janeiro: Paz e terra, 1976.

LENARD, Natasha. Trabalhadores da Amazon estão organizando uma luta global. *The Intercept Brasil*. 08 de dezembro de 2020. Disponível em: https://theintercept.com/2020/12/08/trabalhadores-da-amazon-estao-organizando-uma-luta-global/. Acesso em: 14 dez. 2020.

LUKÁCS, Georg. *História e consciência de classe*: estudos sobre a dialética marxista. São Paulo: Martins fontes, 1974.

LUKÁCS, Georg. *Para uma ontologia do ser social I*. São Paulo: Boitempo, 2012.

MARTINS, José de Souza. *O cativeiro da terra*. São Paulo: Contexto, 2010.

MARX, Karl. *O capital*: crítica da economia política: Livro Vol. 1 e 2. Rio de Janeiro: Civilização Brasileira. Tradução de Reginaldo Sant'Anna, 2002.

MARX, Karl. *Manuscritos econômico-filosóficos*. Tradução Jesus Ranieri. São Paulo: Boitempo Editorial, 2004.

MARX, Karl; ENGELS, Friedrich. *A ideologia alemã*. São Paulo: Martins Fontes, 2008.

MARX, Karl; ENGELS, Friedrich. *Manifesto do Partido Comunista*. São Paulo: Boitempo, 2010.

MORAES, Rodrigo Bombonati de Souza; OLIVEIRA, Marco A. G. de; ACCORSI, André. Uberização do trabalho: a percepção dos motoristas de transporte particular por aplicativo. *Revista Brasileira de Estudos Organizacionais*, Curitiba, v. 6, n. 3, 2019, p. 647-681. Disponível em: https://rbeo.emnuvens.com.br/rbeo/article/view/216/pdf. Acesso em: 15 dez. 2020.

MOTA, Erick. Brasil não pode parar por 5 ou 7 mil mortes, diz dono do Madero. 2020. Disponível em: https://congressoemfoco.uol.com.br/economia/brasil-naopode-parar-por-cinco-ou-sete-mil-mortes-diz-dono-do-madero/. Acesso em: 11 dez. 2020.

OLIVEIRA, Daniela R. de. *Do fim do trabalho ao trabalho sem fim:* o trabalho e a vida dos trabalhadores digitais em *Home Office*. Tese de doutorado em Sociologia. Programa de Pós-Graduação em Sociologia da UFSCAR. São Carlos: UFSCAR, 2017.

PEREIRA, Leonardo J. da H. Mudança estrutural da esfera privada? Big data e os desafios à antropologia política da modernidade. *In: Aurora* (Revista de Filosofia), Curitiba, . Vol. 32, n. 57, 2020. Disponível em: https://periodicos.pucpr.br/index.php/aurora/article/view/26741/24645. Acesso em: 17 dez. 2020, p. 806-826.

POCHMANN, Marcio. Os trabalhadores na regressão neoliberal. *In:* OLIVEIRA, Dalila A.; POCHMANN, Marcio. *A devastação do trabalho*: a classe do labor na crise da pandemia. Brasília: Positiva, 2020, p. 31-54.

REIS, João José. *Ganhadores*: a greve negra de 1857 na Bahia. São Paulo: Companhia das Letras, 2019.

ROMERO, Daniel. *Marx e a técnica*: um estudo dos manuscritos de 1861-1863. São Paulo: Expressão Popular, 2005.

SANTANA, Marco A. Quando brecam os apps. *In: Site Brasil247*. Disponível em: https://www.brasil247.com/blog/quando-brecam-os-apps. Acesso em: 14 ago. 2020.

SANTOS, Milton. *Por Uma Outra Globalização*: do pensamento único à consciência universal. Rio de Janeiro; São Paulo: Record, 2002.

SCHWAB, Klaus. *A quarta revolução industrial*. Tradução de Daniel Moreira Miranda. São Paulo: Edipro, 2016.

SILVA, Amanda M. da. Da uberização à youtuberização: a precarização do trabalho docente em tempos de pandemia. *In: Revista Trabalho, Política e Sociedade (RTPS)*, v. 5, n. 09. Rio de Janeiro: UFFRJ, 2020, p. 587-610.

SILVA, Rafael Afonso da. *O sonho curto dos napë e a pandemia*. Campinas: Ed. do autor, 2020.

SLEE, Tom. *A nova onda do trabalho precarizado*. 1. ed. São Paulo: Editora Elefante, 2017.

SRNICEK, Nick. *Platform capitalism*. Cambridge, UK; Malden, MA: Polity Press, 2016.

UBER. Empresa. *Site UBER*. 2020. Disponível em: https://www.uber.com/br/pt-br/about/. Acesso em: 12 dez. 2020.

WOODCOCK, Jamie. O panóptico algorítimo da Deliveroo: mensuração, precariedade e a ilusão do controle. *In:* ANTUNES, R. *Uberização, trabalho digital e Indústria 4.0*. São Paulo: Boitempo, 2020, p. 23-46.

ZUBOFF, S. Big other: capitalismo de vigilância e perspectivas para uma civilização de informação. *In:* BRUNO, F. *et al.* (org.). *Tecnopolíticas da vigilância*: Perspectivas da margem. São Paulo: Boitempo, 2018.

CAPÍTULO 9

O TRABALHO EM SOFTWARE E HARDWARE NO BRASIL: O CONHECIMENTO E OS CONDICIONANTES DA FLEXIBILIZAÇÃO DO TRABALHO

Jacob Carlos Lima
Maria Aparecida Bridi

INTRODUÇÃO

O trabalho digital, caracterizado pelo domínio ou utilização de novas tecnologias informacionais, no qual a internet tem um papel de destaque, tem resultado no surgimento e reconfiguração de ocupações fortemente marcadas pelo conhecimento e domínio dessas tecnologias. Essas tecnologias, por sua vez, subvertem em certa medida as formas tradicionais e escolarizadas de qualificação, introduzindo o conhecimento virtual por meio de dispositivos para os quais é fundamental o domínio da linguagem algorítmica constituída de base numérica. As formações profissionais específicas convivem com um aprendizado obtido virtualmente que é permanente, permitindo a atualização do profissional envolvido.

O desenvolvedor de software encabeça essas ocupações por intermédio de um trabalho marcado por conhecimento intensivo, sendo percebido como uma nova força produtiva. A especificidade desse trabalho, e que o diferencia dos demais, se deve à utilização de

> conhecimentos formais, complexos e abstratos, que manipulam símbolos e ideias transformando-os em ferramentas utilizadas no processamento de informações,

> na realização de tarefas específicas, e no desenvolvimento de jogos eletrônicos (games) (LIMA; OLIVEIRA, 2017, p. 115).

Em outras palavras, tem-se um conjunto de procedimentos lógicos que faz com que o computador funcione e que dê à máquina uma característica peculiar. A máquina não tem função específica, o programa estabelece seus procedimentos e utilidade. Trata-se de um conjunto de códigos, os algoritmos, que estabelecem procedimentos a serem executados pelo computador. A função do profissional do software é instituir esses códigos em função do atendimento de uma necessidade específica, além de analisá-los e interpretá-los. A produção do software pressupõe testes que verifiquem sua exequibilidade e funcionamento adequado, exigindo acompanhamento após sua finalização, atualizações etc.

O software é uma tecnologia flexível em sua virtualidade e na imaterialidade dos produtos e serviços que propicia, requerendo um trabalhador igualmente flexível que atua por projetos, que utilize sua capacidade de interpretação de algoritmos para a resolução de problemas. Entretanto, as formas de contratação, jornadas de trabalho e autonomia desses trabalhadores é bastante variável, permitindo questionar sua positividade.

O software integra um setor amplo conhecido como Tecnologias de Informação e Comunicação (TCIs). Esse setor envolve conhecimento intensivo e imaterial, por um lado, e, por outro, o trabalho repetitivo e pouco qualificado dos *Call Centers*, ou da produção de hardware – os equipamentos onde rodam os softwares, que são produzidos em fábricas tradicionais do setor eletroeletrônico.

Um outro desdobramento desses trabalhos digitais diz respeito aos trabalhos em plataformas virtuais, nos quais os softwares em *apps*[1] se constituem em formas de intermediação, contratação e gestão de trabalhadores em diversas atividades cuja característica comum, além do desaparecimento do "patrão" físico ou de qualquer contrato de trabalho, é sua eventualidade. É a novíssima informalidade representada pela *GIG Economy*, a nossa conhecida "viração", agora tecnologicamente suportada.

Entre os softwares e os trabalhadores de hardware, que remetem à fábrica taylorista, estão os infoproletários do trabalho digital. Em comum, esses trabalhadores, estão à mercê de uma larga precariedade representada por formas intensivas de trabalho, tipos de jornada, desaparecimento da separação trabalho-descanso, instabilidade permanente, contratos temporários ou mesmo inexistência de contrato em algumas situações.

Neste capítulo nos centraremos no trabalho flexível em software, representativo do trabalho de conhecimento intensivo e no trabalho em hardware das fábricas de computadores no Brasil. Tendo o Brasil como referência, com um mercado de trabalho aquecido pela demanda de trabalhadores qualificados, o setor se caracteriza pela preponderância de contratos de trabalho regulares, assim como horários de trabalho, embora com a existência de variações em momentos de fechamento de projetos. Essa característica é variável conforme contextos nacionais com maior ou menor regulação do trabalho.[2]

1 Software instalado em dispositivos móveis, como smartphones.

2 As análises neste artigo resultam de um conjunto de pesquisas realizadas no âmbito do Laboratório de Estudos sobre Trabalho, Profissões e Mobilidades do Departamento de Sociologia da Universidade de

O texto está organizado da seguinte forma: além desta introdução, uma contextualização das transformações recentes do mundo do trabalho, seguida por considerações acerca das indústrias e do trabalho em software e em hardware no país e a conclusão.

O NOVO MUNDO DO TRABALHO DIGITAL

Muito se tem escrito sobre as transformações no trabalho nas últimas décadas, sobre as mudanças tecnológicas e organizacionais, sobre o fim da sociedade dos direitos, e seus impactos na vida social e pessoal.

Esse impacto tem sido analisado pela vigência de um padrão de instabilidade que perpassa todos os setores da vida, e que estaríamos em uma nova fase do capitalismo, o capitalismo cognitivo, no qual, para autores como Vercellone (2012), Moulier-Boutang (2011), Hardt e Negri (2014), Fumagalli (2015), Corsani (2003), o conhecimento se constituiria na principal força produtiva.

Essa discussão ainda mantém a fábrica e o trabalho fabril como referência, pressupondo a ideia de trabalho subordinado, do assalariamento, da separação trabalho manual-trabalho intelectual com a padronização de máquinas e tarefas, da fragmentação que isto representou com o surgimento do "trabalho em migalhas", da crescente alienação do trabalhador não apenas do produto do seu trabalho, mas também do controle do processo de trabalho. A mudança agora, porém, estaria centrada no trabalho do conhecimento, no trabalho vivo do trabalhador ao criar, na inovação produzida, na ruptura paradigmática dessa inovação. Isso potencialmente levaria a uma maior autonomia do trabalhador, assim como a uma recuperação do caráter emancipatório do trabalho.

Braverman (1987) já destacava na década de 1970 o surgimento de uma categoria de trabalhadores não fabris, na qual se destacava um grupo de trabalhadores altamente qualificados, representado então pelos programadores e pela massa de digitadores menos qualificados. Ele apontava a tendência do capitalismo de destruição da força produtiva com o desaparecimento de ocupações e surgimento de outras, como vinha acontecendo no taylorismo-fordismo, com a terciarização da economia e o crescimento do setor de serviços.

Quase 50 anos depois, observamos esse processo com a aceleração da informatização das atividades produtivas presentes em todas as atividades, da produção, dos serviços e ubiquamente nas atividades sociais cotidianas.

A Manchester estudada por Marx foi substituída, segundo Moulier-Boutang (2003), pelo Vale do Silício na Califórnia, lócus da terceira revolução industrial ou do terceiro momento do capitalismo, com uma classe trabalhadora diferenciada, marcada por imigrantes latinos na produção de serviços de apoio, e uma classe "criativa" marcada pelos gênios de garagem e desenvolvedores de software em busca do ouro de novos aplicativos,

São Carlos, as quais incluem trabalhadores de software de dois estados da federação: São Paulo e Paraíba, no período de 2012 a 2019 e contaram com apoio da Fapesp, Capes e CNPq e da pesquisa empreendida no âmbito do Grupo de Estudo Trabalho e Sociedade (GETS), da Universidade Federal do Paraná, com pesquisa apoiada pelo CNPq e Capes.

produzidos por pequenos grupos, comprados por preços milionários por grandes empresas que controlam globalmente a produção de software. Além de toda uma cultura de inovação e disrupção reproduzida na região e espalhada pelo mundo, no qual a tecnologia informacional junto com a internet representariam a terceira revolução industrial (a quarta para alguns autores) (SANDIN, 2017; RIFKIN, 2016; LIMA; BRIDI, 2019).

Com isso temos todo um debate sobre a sociedade do conhecimento, o capitalismo cognitivo, a modernidade líquida (BAUMAN, 2001), a crítica à pós-modernidade (HARVEY, 1993), a sociedade de risco (BECK, 2010) e outros termos que buscam dar conta da nova situação de imprevisibilidade, de rápidas mudanças, de deslocamentos temporais e espaciais (URRY, 2007), de contínua inovação e suas consequências em termos de profissões e ocupações.

Haveria uma tendência à redução da utilização de trabalho vivo, ou ao contrário, sua valorização e preponderância a partir do conhecimento como fator de produção conforme Vercellone (2012), embora não signifique maior utilização da força do trabalho, o que indicaria um futuro incerto marcado pelo desemprego e desocupação. Ou, numa perspectiva otimista, uma possível emancipação dos trabalhadores das amarras do trabalho alienado, possibilitado pelas novas tecnologias digitais que pressupõem uma constante interação entre as máquinas e os usuários, entre o produtor do software e o usuário do software, considerando que as novas tecnologias se constituem de forma coletiva, com a interação permanente entre produtores e consumidores numa economia cada vez mais compartilhada.[3]

A INDÚSTRIA DE SOFTWARE, O TRABALHO CRIATIVO E O PERFIL DOS TRABALHADORES

A indústria de software no Brasil tem com um marco inicial a criação em 1964, pelo regime militar, da empresa pública Serviço Federal de Processamento de Dados (SERPRO), voltada para a aprimoração do serviço público. Progressivamente, a empresa se torna a principal empresa estatal de produção de software e uma das maiores, perdendo apenas das multinacionais do setor que operam no país. Em 1976, o governo decide gerar uma reserva de mercado para a produção de hardware e software, criando em 1979 a Secretaria Especial de Informática (SEI), com esse objetivo. Na década seguinte, em 1986, foi fundada a Associação Brasileira de Empresas de Informática e, em 1987, tem-se a primeira Lei de Software. Em 1992, finalizou-se o período da reserva de mercado, que não foi renovada. O contexto era outro, e políticas liberalizantes após o governo militar levaram à eliminação da SEI em 1993. As multinacionais ocuparam o lugar das empresas nacionais de hardware desaparecendo o setor nacional no país. No software, além de multinacionais, uma infinidade de pequenas empresas passou a atuar, principalmente com o advento da internet e a generalização do uso de microcomputadores. Em 2004, o setor foi considerado prioritário no desenvolvimento industrial e de serviços. Em 2014, o país tornou-se o oitavo no mercado mundial de software, com uma produção voltada basicamente para o mercado interno (MÍGUEZ; LIMA, 2016).

3 Sobre economia compartilhada, veja-se Sundararajan (2018), Scholz (2016) e Rifkin (2016).

O trabalho em software pode ser considerado o tipo ideal do que chamaríamos de trabalho com trabalhadores flexíveis. O trabalho se dá por projetos, depende da relação estabelecida entre o cliente, que estabelece o que precisa no software, e o desenvolvedor, que, a partir dos parâmetros dados pelo comprador, cria o software a partir de linguagens selecionadas.

A produção majoritária é de software customizado e/ou embarcado. As grandes empresas, geralmente multinacionais, concentram a maioria dos trabalhadores, embora representem menos de 5% do total de empresas, com a divisão do trabalho e as hierarquias delimitadas; o que não acontece nas menores, nas quais os trabalhadores circulam entre as várias funções. Para os trabalhadores, os contratos regulares e os direitos sociais são importantes para sua atividade, não devendo ser desregulamentados. A flexibilidade desejada se restringe a horários de trabalho ou, para alguns, ao *home office*.

As funções se especificam mais pelo tempo de serviço ou experiência anterior do trabalhador. No geral, o suporte é a porta de entrada, o que implica no conhecimento dos softwares desenvolvidos para explicar aos clientes seu funcionamento.

Por mais que haja por parte das empresas uma tendência à padronização e especialização das atividades, esta é relativa, pois o trabalhador domina parte significativa do processo de trabalho e tende a intervir, segundo a declaração de um entrevistado, até mesmo apenas colocando uma letra diferente ou um símbolo que personaliza o software por ele trabalhado (BRIDI; LIMA, 2018).

O trabalho por projetos é a característica básica da atividade. Os prazos estabelecidos pelos clientes constituem-se em fonte de tensão por exigir extensão de horários de trabalho, ausência de descanso semanal e outras formas de intensificação. A intensificação do trabalho é vista como causa de mudanças de empresa, assim também, a origem de problemas de cunho emocional que se transformam em doenças crônicas, como gastrite. Entretanto, varia conforme a empresa e os clientes das empresas. A disponibilização de celulares e tablets para atender clientes são vistos pela forma de intensificação, e o desligamento dos aparelhos, uma resistência a isso (LIMA; BRIDI, 2019). Mesmo assim, algumas empresas estabelecem plantões para seus funcionários. A disponibilidade de viagens para visitar e atender clientes é outra característica do setor, sendo vista por trabalhadores como um dificultador da vida pessoal pela permanente mobilidade que exige.

Pode existir maior ou menor divisão do trabalho conforme o tamanho da empresa. Assim, as funções mais comuns podemos agrupar como: Analistas de sistemas computacionais, Técnicos em programação, Técnicos em operação e monitoração de computadores, Gerentes de tecnologia da informação, Especialistas em informática, Engenheiros em computação, Diretores de serviços de informática (SOFTEX, 2019). De forma simplificada podemos falar no gerente comercial – contato com clientes, analistas, programadores, arquitetos de software e suporte. Isso pode levar a uma maior ou menor especialização do trabalho num sentido, digamos, taylorista. Quanto maior a empresa, maior a possibilidade de formação de equipes com funções determinadas e estabelecimento de políticas de gestão com maior fragmentação do trabalho. Em empresas menores, pequenas e micros, no caso brasileiro, essas funções/especializações são intercambiáveis conforme a formação dos trabalhadores que pode começar como suporte e passar para programador ou analista.

Com isso podemos falar de certa flexibilização interna de funções e atividades dentro das empresas dado o caráter "criativo" do trabalho realizado. Em outros termos, o trabalho exige conhecimento na utilização de linguagens e algoritmos, o que por sua vez exige uma atualização permanente, o que ocorre mediante "certificações", ou seja, de cursos ministrados online e realizados pelos trabalhadores de forma contínua. Mesmo as funções especializadas exigem um conhecimento que é inerente à atividade: a resolução de problemas, dado que o desenvolvimento de um software é sempre único e em grande parte imprevisível com relação aos resultados esperados (OLIVEIRA, 2009; LIMA; OLIVEIRA, 2017).

Quanto ao perfil desses trabalhadores de software, destaca-se a questão geracional. Dentro do "novo espírito do capitalismo" (BOLTANSKI; CHIAPELLO, 2009), as novas tecnologias e a inovação como condição de competitividade pressupõem um trabalhador dinâmico, móvel, aberto a novas possibilidades, características presentes na juventude. Se considerarmos a "juventude" das tecnologias informais e a internet, com uma geração criada a partir da década de 1990 habituada aos novos dispositivos informacionais, teremos o perfil dos trabalhadores no setor (LIMA; PIRES, 2020).

Em 2007, cerca de 47,3% dos trabalhadores, no Brasil, estavam na faixa de 17 a 29 anos e 30,39% na faixa entre 30 e 39 anos, ou seja, uma população jovem, que acompanhou o avanço das tecnologias digitais no país, a chamada geração Y, que, segundo a literatura de administração, é marcada por grande flexibilidade, autonomia, inovação, empreendedorismo etc. (LIMA; PIRES, 2020). Sendo que o discurso ideológico empresarial do perfil do trabalhador se adequa à flexibilidade da própria tecnologia e à forma de trabalho que ela exige. Dez anos depois, em 2017, esse número mudou um pouco com uma força de trabalho mais experiente e menos jovem. A faixa até 29 anos passou para 35,9% e a faixa entre 30 e 39 anos para 40,4%.

O estado de São Paulo concentra 45,56% dos trabalhadores no setor, e a região Sudeste cerca de 62,5%. A taxa de crescimento de empregos no setor variou entre 10,44%, no período de 2007 a 2012, e 3,74%, no período de 2013 a 2015. Refletindo o aprofundamento da crise econômica a partir desse ano, houve uma variação negativa entre 2016 e 2017 de -3,25%.

É uma ocupação majoritariamente masculina – 80%. Em 2007, as mulheres representavam 23,71% dos trabalhadores do setor. Em 2017, esse número reduziu para 19,81%. Embora a redução não tenha sido significativa, ela acompanhava a maior escolaridade da força de trabalho e o caráter "masculino" presente nos cursos de formação, nos quais os homens são majoritários. Existe uma espécie de "naturalização" da tecnologia como atividade masculina.

Em torno de 68,7% possui curso de graduação completo, enquanto 1,6%, pós-graduação; ou seja, 70,3% com nível superior, e 28% ensino médio completo. Em 2007, esse número representava 40% dos trabalhadores. A alta escolaridade reflete um mercado de trabalho cada vez mais exigente em termos de formação específica. Entretanto, vários trabalhadores entrevistados declararam seu interesse anterior pela tecnologia digital, afirmando que a universidade apenas certificou esse conhecimento, nem sempre acrescentando muito. Por outro lado, a atividade de trabalho se caracteriza de forma colaborativa e as dúvidas são resolvidas pela consulta a redes sociais na internet, como o LinkedIn, o Facebook, o Instagram e outros. Outra forma valorizada, em termos de empregabilidade, são as certificações de linguagem, como o Java e o Oracle, que ampliam as perspectivas no mercado de trabalho (BRIDI; MOTIM, 2014). As grandes empresas multinacionais controlam as linguagens utilizadas para o desenvolvimento de softwares por encomendas, que têm estas linguagens como plataforma.

Segundo Huws (2017), a alta escolaridade no setor reflete situações específicas dos países. A autora demonstra que atividades realizadas em *home office* ou por trabalhadores com escolaridade média nos EUA são realizadas por graduandos e pós-graduandos na Índia, ilustrando as diferenças nacionais dos mercados (HUWS, 2017). A questão da formação permanente é vista como condição para a continuidade no emprego e para melhorar a empregabilidade dos trabalhadores (BRIDI; MOTIM, 2014), o que irá redundar, por outro lado, uma grande rotatividade nas empresas, uma vez que a permanência pode ser vista, pelo trabalhador, como certa estagnação (LIMA; OLIVEIRA, 2017).

Embora extremamente flexível em suas formas de trabalho, o setor apresenta taxas de formalização em torno de 70% em função de contratos com empresas privadas e a participação de editais para governos e empresas estatais. Mesmo assim, os contratos são variáveis, existindo várias modalidades: CLT flex, PJ, cooperativas e mesmo a informalidade absoluta (OLIVEIRA, 2009). Esta última aparece na prestação de serviços de profissionais, que funcionam terceirizados para determinadas empresas. É recorrente a utilização de profissionais para realização de tarefas específicas. Outra forma utilizada é o *home office*, que pode ser informal, PJ e mesmo um assalariado que trabalha em casa com um computador.

Embora manifestem seu interesse em ser um empreendedor, para os entrevistados o contrato assalariado regular é o preferido dos trabalhadores. Os demais contratos são percebidos contextualmente como mais adequados (OLIVEIRA, 2009; LIMA; OLIVEIRA, 2017). As mudanças na legislação trabalhista, a partir da reforma de 2016, parecem ainda não ter impactado o setor. Nesse sentido, vale destacar que a situação brasileira destoa do modelo flexível predominante nos EUA, Inglaterra e Argentina, países onde o setor é bem desregulado, aproximando-se mais da situação alemã e do norte da Europa, onde esses trabalhadores também são majoritariamente formalizados e atuam com contratos regulares (LIMA; OLIVEIRA, 2017).

O número de trabalhadores no mercado formal no setor de software está em torno de 514.605, seja em setores especificamente de TI, seja em setores não considerados típicos (empresas que têm seu foco em outros produtos), nos quais o profissional da área atua. O número ainda é pequeno no conjunto dos trabalhadores brasileiros (em torno de 2,5%), mas tende a crescer. Por outro lado, existe um mercado informal pouco conhecido, caracterizado por trabalhadores que prestam serviços remotos para empresas nacionais e estrangeiras sem vínculos. Esse sim é desregulado e flexível.

O setor só perde da construção civil em termos de rotatividade, mas tem diminuído com o envelhecimento da força de trabalho. As empresas alegam falta de trabalhadores com formação adequada. Os trabalhadores alegam a busca de melhores salários, condições de trabalho e formação/aprendizagem e novos desafios. É forte no setor a sensação de desatualização em situações de maior permanência, por um lado. Por outro, a preocupação com a estabilidade começa a aparecer em depoimentos, mas os dados ainda não evidenciam. Cerca de 60% dos trabalhadores tem até três anos de permanência na empresa, evidenciando forte rotatividade no setor.

Em termos salariais, existe uma grande variação conforme a cidade e a região do país, o que contesta a desterritorialidade dessa produção. Embora as empresas se distribuam por todo o país, nas regiões metropolitanas de São Paulo e Campinas, é onde estão os maiores salários. O salário chega a uma média de cinco salários-mínimos e meio na região Sudeste, caindo significativamente, para quase a metade na região Nordeste e, mais ainda, em cidades menores, como Campina Grande, na Paraíba, um pouco mais de um salário-mínimo e meio. Esse caráter regionalizado, cria diferenciais espaciais no que se refere a custos, como as indústrias "materiais". A vantagem espacial se reflete na implantação de empresas de grande porte, públicas e privadas na região Nordeste, em busca de salários mais reduzidos (ALVES; LIMA, 2018; TENÓRIO; VALLE, 2013).

O trabalho realizado nas fábricas de hardware, a seguir, nos traz elementos para ponderar esse debate.

A INDÚSTRIA DE HARDWARE: O TRABALHO FABRIL NÃO É MAIS FORDISTA?

A história da indústria da informática no Brasil tem duas fases: o período anterior aos anos 1990 e o período posterior. No período que antecede os anos 1990, o Brasil tinha uma indústria de computadores em expansão e com tecnologia própria, tratando-se de um setor protegido, autônomo e relativamente robusto de acordo com o desenvolvimento tecnológico da época. Conforme Melo et al. (2001), a Política Nacional de Informática (PNI), assumida em 1979 pela Secretaria Especial de Informática (SEI), e o amparo da reserva de mercado estabelecida no país possibilitaram, na década seguinte, o crescimento vertiginoso do número de fabricantes brasileiros de minicomputadores e de PCs. Esses fabricantes produziam partes de impressoras, discos rígidos, além de investimentos em tecnologias ASICs (*applied specific integrated circuits*) e no encapsulamento de memórias. Essa trajetória, contudo, foi interrompida na década neoliberal dos anos 1990, em razão da abertura econômica, da liberalização dos mercados e da desproteção desse mercado. Ao perder a proteção e tendo que enfrentar a concorrência internacional, o setor regrediu no Brasil e firmou seu caráter dependente.

A produção de PCs, na maior parte das empresas multinacionais estabelecidas no Brasil, é voltada para a montagem dos computadores, uma vez que os diversos componentes básicos do computador (como a memória principal e a secundária, os gabinetes, as unidades de entrada e saída, a placa-mãe, o vídeo, os sistemas operacionais etc.) são produzidos por empresas mundiais, sendo que as fábricas chinesas têm se destacado como grandes fornecedores de peças e componentes informáticos, visto que dominam as tecnologias e controlam, em certa medida, o mercado mundial.[4]

Além de serem montadoras de peças e componentes importados de grandes fornecedoras globais,[5] uma característica central dessas empresas é a produção externalizada, como é o caso da Flexconn que produz para a Apple. De modo geral, são empresas em rede, conectadas com fornecedores globais.

Nossa incursão empírica que sustenta nossas análises neste artigo, se deu em duas fábricas de computadores no Paraná, aqui nomeadas de Empresa A, uma empresa de pequeno porte - localizada na Região Metropolitana de Curitiba -; e Empresa B, de grande porte (devido ao número de trabalhadores e ao faturamento) localizada na mesma cidade. As duas empresas são bastantes distintas em termos de escala de produção, de ambiente de trabalho e de organização.

Nas duas empresas, o perfil dos trabalhadores da produção ou montagem de computadores é similar. Na Empresa A e B, os trabalhadores, em sua maioria, são denominados auxiliares de produção, jovens com o ensino médio completo e recebem treinamento na própria empresa, para exercerem sua atividade (montagem de computadores). O quadro de engenheiros e o administrativo é reduzido. Na empresa B, cerca de 70% são mulheres, por serem consideradas mais detalhistas, com habilidades específicas requeridas para as funções (destreza motora, cuidado e delicadeza).

O período de experiência para todos os ingressantes é de três meses e, só então, se ainda necessário e se o trabalhador tivesse bom desempenho, seria efetivado. Essa estratégia do contrato temporário evita o registro de alta rotatividade da mão de obra, sendo que em média, permanecem dois anos na empresa.

A empresa B é organizada mediante o uso do Sistema de gestão empresarial (SAP), criado por uma empresa alemã, que gerencia a qualidade, as compras e a movimentação de materiais. O setor de montagem e embalagem de desktops e notebooks é composto por linhas de montagem, com esteiras do tipo *running*, as quais possuem "andares" para aproveitar melhor o espaço (esteiras semiautomáticas). Essa empresa possui três escritórios: um em São Paulo (convergência tecnológica, digital e administrativa) e dois na China, um em Shenzhen e outro em Taipei (encarregados do contato com fornecedores para garantir os negócios e a qualidade dos produtos); e contava ainda com uma *joint venture* com uma empresa argentina. A equipe técnica (engenheiros, inspetores, gerentes

4 A produção e montagem de computadores, no Brasil enquadra-se como setor da Indústria da Transformação, cuja divisão corresponde à Fabricação de Equipamentos de Informática, Produtos Eletrônicos e Ópticos, classificada pela CNAE, como (26.21-3) – a fabricação de equipamentos de informática, a fabricação de *desktops* (computadores de mesa), a fabricação de *laptops*, *hand-helds* (computadores de mão), a fabricação de *mainframes*, a fabricação de servidores de computadores, a fabricação e montagem de outros computadores eletrônicos

5 São exemplos de grandes empresas globais: Intel e AMD (Processador); Asus, Gigabyte Technologies e Elitegroup Computer Systems (ECS) (Placa-mãe); Kingston e Corsair (Memória RAM); nVidia e ATI (Placa de Vídeo); e Seagate e Hitachi (Disco Rígido). Instaladas no Brasil estão as multinacionais LG, Foxconn, Flextronics, Dell, AOC, Samsung, HP Hewlett-Packard, Lenovo, Smart Modular Technologies e empresas nacionais, como a Positivo, The leaderskiperGroup, Intelbras, Tcsys e Multilaser (Bridi, no prelo).

de produção), encontra-se posicionada em um espaço da fábrica de forma a facilitar a interação e a visualização dos trabalhadores nas linhas permitindo o controle, o acompanhamento e a rápida solução de problemas, como recomenda o modelo toyotista japonês.

O controle da produção é feito de hora em hora, em um formulário no qual são assinaladas as metas de produção e qualidade por hora, no decorrer da jornada e dos turnos. O controle de qualidade é integrado ao processo de produção e os erros são detectados imediatamente, sendo que o próprio equipamento impede a montagem defeituosa. Os sistemas de gerenciamento e controle da produção são informatizados, com vigilância interna (do processo de trabalho) e externa (a segurança dos diversos setores da empresa, desde o portão), e a administração pelos olhos (ainda que muitas vezes esse olhar seja mediado por sofisticados equipamentos eletrônicos e sistemas informacionais). O processo de trabalho combina, portanto, sistemas tayloristas-fordistas a sistemas flexíveis de produção.

O absenteísmo é de aproximadamente de 5% sendo que a reposição dessa mão de obra é feita pelo "trabalhador coringa", capacitado para assumir, temporariamente, qualquer função em substituição aos faltantes ou aos que se ausentam da linha de produção durante a jornada. Esse trabalhador, embora polivalente, não recebe mais que os outros por essa qualidade. O recurso de um trabalhador flexível visa manter a cadência da linha de produção.

Mediante sistemas informatizados, envolvendo programas de engenharia de processo e tecnologia de superfície, controla-se o fluxo da produção, as metas, a qualidade do produto, os defeitos e a necessidade de retrabalho ou descarte. Acompanham-se os estoques, sendo que os responsáveis pelas falhas são facilmente identificáveis. Os supervisores e coordenadores da produção acompanham a produção, visando sanar de forma rápida qualquer problema, além de vigiar o alcance das metas, inclusive advertindo os trabalhadores, se necessário.

Desse modo, trabalhando de forma integrada, temos o trabalhador parcelar típico do taylorismo-fordismo, na linha de montagem; o multitarefa ou trabalhador flexível (denominado coringa), garantindo o funcionamento da linha; e ainda, o trabalhador das células, que em cada uma há apenas um trabalhador responsável por diversas operações, o que é típico dos sistemas flexíveis de produção. Esses elementos revelam a complexidade dos sistemas de produção nesse setor, no qual se combinam formas de organização do trabalho e de controle da produção diferenciados e, ao mesmo tempo, se reproduzem as formas tipicamente fordistas.

Em suma, o controle, a disciplina e as habilidades exigidas não diferenciam esse trabalho daquele de base taylorista/fordista – execução da tarefa prescrita, gestos repetitivos e disciplina no seu cumprimento. O exercício da função exige a compreensão dos movimentos, a apreensão e a memorização dos passos para cada operação e sua repetição, cabendo ao trabalhador a tarefa de combinar as partes e seguir um protocolo de montagem. Nessa fábrica, são executados os processos físicos da produção e em outro local, na matriz, que fica em outro estado, estão concentradas as atividades de projeto, planejamento, cálculo e arquivo (BRIDI, 2014). Assim, como Braverman descreveu ao analisar a gerência científica, "as unidades de produção operam como a mão, vigiada, corrigida e controlada por um cérebro distante" (BRAVERMAN, 1987, p. 112-113).

CONSIDERAÇÕES FINAIS

Embora o desenvolvedor de software seja um trabalhador criativo, a forma com que atua no mercado essa criatividade é exercida com limites. Cerca de 50% dos trabalhadores estão vinculados a grandes empresas públicas e privadas, multinacionais e nacionais. Nessas empresas, a tendência é a maior divisão do trabalho a partir de políticas de gestão. Isso leva a uma maior especialização e consequentemente perda da visão integral do trabalho realizado. Mesmo assim, a separação do trabalho manual, simples e repetitivo em relação ao trabalho intelectual de analista, simbólico desses trabalhadores, não é absoluta, pois exige destes, o conhecimento na elaboração ou acompanhamento da produção do software, assim como resolver problemas quando surgem. Seja como engenheiro, analista, ou suporte, o conhecimento permanece como condição inerente à atividade.

Já nas empresas de hardware citadas, os paradigmas organizacionais para a fabricação das sofisticadas máquinas de armazenar, processar, produzir informações, que se encontram no centro dos debates sobre as mudanças *no* e *do* trabalho em curso, não diferem da produção de quaisquer outras mercadorias. Nessa ponta da indústria de informática, parece que nada de novo há no horizonte, exceto algumas daquelas características próprias da modalidade de um regime flexível: contratos temporários de trabalho, produção em lotes conforme a demanda e estoques reduzidos, e os processos de automatização e controles mediados por computadores e softwares (BRIDI, 2014).

Esses dois ramos são ilustrativos da imaterialidade do trabalho digital e sua contrapartida, a materialidade representada pelos equipamentos e dispositivos que rodam os softwares e, a partir daí, estabelecem utilidades a esses mesmos dispositivos.

Em comum nesses dois setores, no caso brasileiro, ainda estão presentes os contratos regulares de trabalho via CLT, pouco afetados pela reforma trabalhista de 2016. As grandes empresas são dominantes e embora terceirizem parte de sua produção, ainda estão dentro dos padrões regulatórios predominantes. O mesmo podemos falar dos *Call Centers* que não abordamos neste texto, mas que mantêm o mesmo padrão. Em termos de organização do trabalho, as diferenças estão mais na produção de software como nos referimos anteriormente, mais vinculado a conhecimento intensivo e com uma composição diferenciada da força de trabalho. Nos outros, o padrão taylorista-fordista com diversas adaptações são dominantes, pouco fugindo do modelo fabril, constituindo a massa dos infoproletários. O que podemos inferir é que os trabalhadores digitais do software tendem a acompanhar, a médio prazo, considerando as tendências de especialização presentes nas grandes empresas do setor.

REFERÊNCIAS

ALVES, Edvaldo Carvalho; LIMA, Jacob Carlos. A dimensão espacial do trabalho digital: a produção de software na Paraíba. Comunicação apresentada no *42° Encontro Nacional da ANPOCS*. Caxambu (MG), 2018.

BAUMAN, Zygmunt. *Modernidade líquida*. Rio de Janeiro: Jorge Zahar Ed., 2001.

BECK, Ulrich. *Sociedade de risco*: rumo a uma outra modernidade. São Paulo: Editora 34, 2010.

BECK, Ulrich. *The brave new world of work*. New York: Polity Press, 2000.

BOLTANSKY, Luc; CHIAPELLO, Ève. *O novo espírito do capitalismo*. São Paulo: Editora WMF-Martins Fontes, 2009.

BRAVERMAN, Harry. *Trabalho e capital monopolista*: a degradação do trabalho no século XX. Rio de Janeiro: Guanabara Eds., 1987.

BRIDI, Maria Aparecida. O setor de tecnologia da informação: o que há de novo no horizonte do trabalho? *Revista de Ciências Sociais*. Política & Trabalho. João Pessoa: UFPB, n. 41, out. 2014, p. 277-304.

BRIDI, Maria Aparecida; LIMA, Jacob (orgs.). *Flexíveis, virtuais e precários?* Os trabalhadores em tecnologia da informação. Curitiba: Editora da UFPR, 2018.

BRIDI, Maria Aparecida; MOTIM, Benilde M. Lenzi. Trabalho e trabalhadores na indústria de informática. *Contemporânea – Revista de Sociologia da UFSCar*, v. 4, 2014, p. 351-380.

CORSANI, Antonella. Elementos de uma ruptura: a hipótese do capitalismo cognitivo. *In:* COCCO, G.; GALVÃO, A. P.; PATEZ, A.; SILVA, G. (orgs.). *Capitalismo Cognitivo*: trabalho, redes e inovação. Rio de Janeiro: DP&A, 2003, p. 15-32.

FUMAGALLI, Andrea. *La vie mise au travail*: nouvelles formes du capitalisme cognitif. Paris: Eterotopia/Rhizome, 2015.

HARDT, Michael; NEGRI, Antonio. *Multidão:* guerra e democracia na era do império. Rio de Janeiro: Editora Record, 2014.

HARVEY, David. *Condição pós-moderna*. São Paulo: Loyola, 1993.

HUWS, Ursula E. *A formação de um cibertariado*: trabalho virtual em um mundo real. *In:* A formação do cibertariado: trabalho virtual em um mundo real. São Paulo: Boitempo, 2017, p. 203-239.

LIMA, Jacob Carlos; BRIDI, Maria Aparecida. Trabalho digital e emprego: a reforma trabalhista e o aprofundamento da precariedade. *Caderno CRH*, Salvador, v. 32, n. 86, p. 325-342, ago. 2019.

LIMA, Jacob Carlos; PIRES, Aline Suelen. Juventudes e a nova cultura do trabalho: considerações a partir do trabalho digital. *In*: LEITE, Márcia P. Leite; BIAVASCHI, Magda B.; SALAS, Carlos; LIMA, Jacob C.(orgs.). *O trabalho em crise*: flexibilidade e precariedades. São Carlos: EdUFSCar, 2020.

LIMA, Jacob Carlos; OLIVEIRA, Daniela Ribeiro. Trabalhadores digitais: as novas ocupações no trabalho informacional. *Revista Sociedade e Estado*, Brasília, v. 32, n. 1, jan./abr. 2017, p. 115-143.

MELO, Paulo Roberto Sousa; RIOS, Evaristo Carlos Duarte; GUTIERREZ, Regina Maria Vinhais. Componentes eletrônicos: perspectivas para o Brasil. *BDES Setorial*, Rio de Janeiro, n. 13, p. 3-64, mar. 2001.

MÍGUEZ, Pablo; LIMA, Jacob Carlos. El trabajo cognitivo en el capitalismo contemporáneo: el surgimiento y la evolución del sector de software en Argentina y Brasil. *Cuadernos del CENDES*, Caracas, Venezuela, v. 33, n. 93, sep.-dic., 2016, p. 67-89.

MOULIER-BOUTANG, Yann. *Cognitive Capitalism*. Cambridge (UK): Polity Press, 2011.

MOULIER-BOUTANG, Yann. O território e as políticas de controle do trabalho no capitalismo cognitivo. *In:* COCCO, G.; GALVÃO, A. P.; SILVA, G. *Capitalismo cognitivo:* trabalho, redes e inovação. Rio de Janeiro, DP&A Editora, 2003.

OLIVEIRA, Daniela Ribeiro. *Os trabalhadores da indústria de software:* flexíveis ou precários? Dissertação de Mestrado (UFSCar), 114f., 2009.

RIFKIN, Jeremy. *Sociedade com custo marginal zero*. A internet das coisas, os bens comuns colaborativos e o eclipse do capitalismo. São Paulo: M. Books, 2016.

SADIN, Éric. *La silicolonisation du monde*. Le irresistible expansion du libéralisme numérique. Paris: Éditions L'Échappée, 2017.

SCHOLZ, Trebor. *Cooperativismo de plataforma*: contestando a economia do compartilhamento corporativa. São Paulo: Fundação Rosa Luxemburgo; Editora Elefante; Autonomia Literária, 2016.

SOFTEX. *Persona TI*. Caracterização do Profissional de TI e evolução de suas principais especificidades nos últimos 10 anos. Campinas: Observatório Softex, 2019.

SUNDARARAJAN, Arun. *Economia compartilhada*: o fim do emprego e a ascensão do capitalismo de multidão. São Paulo: Editora SENAC, 2018.

TENÓRIO, Fernando G.; VALLE, Rogério (org.). *Fábrica de Software*. Rio de Janeiro: FVG Editora, 2012.

URRY, John. *Mobilities*. Cambridge (UK): Polity Press, 2007.

VERCELLONE, Carlo. Capitalismo y conocimiento: Existe una contradicción sustancial entre la lógica del capitalismo cognitivo y las condiciones para una economía basada en el conocimiento. Entrevista a Pablo Míguez. *Herramienta*, Año XVI, nº 50, Julio de 2012.

CAPÍTULO 10

O VALOR DA INFORMAÇÃO COMO ESTRATÉGIA DE INTERVENÇÃO NAS POLÍTICAS SOCIAIS

Luziele Tapajós

O propósito deste artigo é examinar a perspectiva e a importância de um tipo específico de informação, convencionada aqui neste artigo como informação socialmente válida, compreendida como informação qualificada para utilização no campo das políticas sociais, na perspectiva de alternar-se, ao lado de outras medidas, como estratégia de conhecimento, intervenção, tomada de decisão, atuação de gestores e trabalhadores, controle social e defesa dos direitos sociais. Esse exame parte da perspectiva da análise de uma assistente social, docente e pesquisadora no campo das políticas públicas, de cunho social.

Os marcos que parametram as ideias aqui desenvolvidas estão fincados no reconhecimento de que, nunca como na atual conjuntura, a informação exerceu papel tão presente e substancial, a tornar-se uma espécie de agente político de expressão, na medida em que ora é recurso, ora é estratégia e, na maior parte das vezes, um vigoroso exercício ou para o incremento de convicções, ou na direção da diminuição de incertezas, como costumam afirmar os teóricos da teoria da informação. Os argumentos que seguem vêm sendo construídos desde a pesquisa de doutoramento e no processo, ainda em curso, de pesquisa de pós-doutoramento.

No doutoramento, o interesse da pesquisa esteve centrado em investigar (e decifrar) os aportes tecnológicos referentes à construção de sistemas informáticos de operação e de informação da área da Seguridade Social no Brasil, verificando como e se estes expressavam algum grau de investimento na democratização do acesso, facultavam alternativas ao exercício do controle social e possibilitavam diferenciados níveis de resolutividades de políticas públicas.

Nesse sentido, é preciso dedicar-se a uma percepção mais aprimorada e estimulada em torno das novas configurações e repercussões desse universo da informação, ampliado em importância e potencialidade, o que não é objetivo central deste artigo. É importante, entretanto, reconhecer que a informação se traduz em instrumento tanto imprescindível quanto eficaz, quando o tema é o conhecimento e a compreensão do contemporâneo, de seus fatos e acontecimentos peculiares. No caso do conhecimento e ação no campo das políticas sociais, tal argumento desborda de sentido.

Não é rara a aposta, e até a admissão (polêmica, inclusive), de que se vive hoje na designada sociedade, era da informação ou sociedade de ou em rede, cujo escopo parece ser produzir novos conhecimentos e padrões de comportamento numa escala incessante, a partir de um novo tipo de aproximação com dados de várias naturezas (que se transmutam em informação e podem se realizar em conhecimento).

As tecnologias da informação e comunicação já são compreendidas como ferramentas indispensáveis para a produção de riqueza e de poder por meio do que Castells (1999) denominou de *códigos culturais alternativos*. Esse argumento abriu a possibilidade para conceber a ideia de uma espécie de informação fértil, socialmente válida para reverter (ou contornar) a fragmentação e os perigos incrustados na chamada sociedade em rede.[1]

O fato exposto na variedade de estudos é que novos estatutos e novos *approachs* parecem (re)determinar e amplificar o sentido habitual de se compreender, elaborar e tratar a informação.

A despeito do pronunciado a este assunto – a informação –, e sua decorrente utilização na dimensão em que hoje pode ser abordada, resulta este tema de uma coletânea de convergências e inovações tecnológicas importantes associadas a um contínuo desenvolvimento técnico-científico. Esse é, obviamente, um despretensioso enunciado. Destarte, não há como não reconhecer a sinergia entre os novos alcances da ciência em áreas, como a computação, a informática e a aumentada capacidade de comunicação, que caracterizam o processo de crescimento exponencial e novas configurações da informação (em suas múltiplas variações) na esfera dessas tecnologias que desvelam um caminho de possibilidades. Esses alcances vêm sistematicamente duplicando-se a intervalos cada vez mais breves, nos últimos anos.

Nesse contexto, de forte cariz técnico e efeitos socioculturais e político-econômicos, os novos métodos de manipulação da informação e de provimento da comunicação permitem um novo grau e uma nova qualidade de cooperação que podem ser desenvolvidos entre as instituições, profissionais e entre parceiros. Nessa troca, o que se compreendia

1 Não são raras as denominações para definir ou adjetivar a conjuntura de alterações ou avanços da ciência e suas repercussões sociais: Algumas dessas denominações clássicas estão presentes nos estudos de Schaff, Chesneaux, Bell, Touraine, Castells, Lojkine, Levy, Dreifruss, entre vários outros: era da informação, sociedade da informação, revolução digital, sociedade em redes, sociedade informática, sociedade informacional, sociedade do conhecimento, sociedade pós-industrial, dentre várias.

basicamente como distância, volume, condições e possibilidades de interação e colaboração (seja no que se refere à produção, seja no que se refere a serviços e comportamentos) são progressivamente rendidos, estabelecendo novos paradigmas de trabalho e criação, novas possibilidades de conhecimento e, evidentemente, novos desafios a serem transpostos na direção do que Castells (2003) anuncia como sociedade em rede.

Para aprofundar o objetivo deste artigo, alguns conceitos-chave são tangenciados para melhor entendimento das ideias aqui levantadas, bem como foram elencados alguns argumentos acerca da importância da informação, como estratégia política e técnica na compreensão e enfrentamento das expressões das questões sociais. Por fim, destaca-se a diferença do passado-recente e do presente-futuro que o incremento tecnológico traz ao campo das políticas públicas, não apenas no que se refere às condições de volume, captação, armazenamento e tratamento e disseminação da informação, mas de que maneira esta mudança pode alterar de modo qualitativo a informação disponível na área.

INFORMAÇÃO E CONHECIMENTO

A produção da informação é efetuada por meio de práticas bem determinadas e se sustenta em uma metodologia de transformação guiada por uma racionalidade técnica que lhe é peculiar. Simboliza ações cotejadas à reunião, seleção, codificação, classificação, produção, armazenamento, distribuição e transferência de informação, implicando em um processamento objetivo, nunca antes experimentado. Essa variação é de tal modo importante, que representa uma verdadeira clivagem no que respeita ao status tecnológico dessas atividades, e vem fazendo com que ocorram mudanças na relação da informação com seu usuário (o uso que dela se faz), com seus intermediários (o meio e o fluxo em que ela se propaga) e com a pesquisa em ciência da informação (a convergência com outras ciências).

Depreende-se, dentre os muitos conceitos, a ideia que informação pode ser compreendida como um conjunto de dados interpretados, percebida e utilizada de diversas formas, com ou sem o apoio de tecnologias: em papel; organizada e armazenada por meio eletrônico localmente, em grandes lotes, organizadas em "nuvem", arquivos físicos ou digitais; transmitida pelos novos meios de comunicação ou fisicamente; decodificada em algoritmos, números, filmes, *streaming*, imagens, sons, falada; manipulada, armazenada, interpretada por humanos ou máquinas, transmitida, armazenada ou excluída.

Alguns artefatos contribuíram e contribuem de forma expressiva para esse ciclo de intensa utilização da informação. O mais notável deles são os processadores e suas interfaces e seus dispositivos (computadores, supercomputadores, smartphones, tablets etc.) que permitem armazenar (forma e método), classificar (combinação e comparação), exibir e transmitir (meio) dados e informação acuradamente e com uma velocidade inédita.

O processamento digital modifica a visão própria da natureza da informação: é possível apreendê-la como algo que pode ser coletado, manipulado, trocado e processado por intermédio do conjunto de dados, manipulado mediante equações matemáticas, fórmulas, gráficos, infográficos e mais. É importante notar que a informação sempre esteve disponível em meios físicos, como livros, fotografias ou pinturas, como aponta Castells (2005). Hoje, esses meios físicos se atualizam cada vez mais em simulações baseadas em computador e surpreendem com a capacidade de processamento, tanto no que toca ao armazenamento, a classificação e a transmissão de dados e informação.

Em mais alguns termos angariados da enorme diversidade de textos que procuram dar conta desse conceito, informação pode ser entendida, assim, como o efeito da organização, modificação e/ou análise de dados, ou seja, do tratamento de um conjunto de dados de forma a produzir significado. Nesse sentido, aparece a importância dos dados, que são compreendidos como as evidências básicas da informação, aqueles aspectos do fato ou fenômeno que, ao ser abordado, pôde ser captado e registrado por quem o conhece. Os dados são, geralmente, reconhecidos como observações consideradas diretas, ou seja, com relativamente pouca elaboração ou tratamento. Existe uma distinção entre dado e informação, apontado por estudiosos da área. Em ligeiras e resumidas linhas, dado é o encadeamento de símbolos, um ente totalmente ordenado (sintático), que não incorpora semântica, como na informação. Dados podem ser representados com sons, imagens, textos, números e estruturas. Informação é, estruturalmente, o resultado de um conjunto lógico de dados. Os dados, por si só, geralmente não significam muito, e como são e podem ser quantificados ou quantificáveis, devem ser processados (processamento de dados), alterando, de acordo com o caráter de sua utilização, por uma específica sequência de cálculos, análises lógicas, análises e/ou interpretações subjetivas, a fim de gerar a informação, seja simbólica, seja representativa.

Pondera-se assim que as potencialidades tecnológicas atuais aplicadas à informação são elementos fundamentais para a ocorrência de uma fórmula muito comentada nos estudos sobre a área: trata-se de uma sequência central que é a variação de dados em informação, e de sua transformação em conhecimento o que gera habilidades e até competências novas aos profissionais do campo social, como o Serviço Social, mas não só.

A expressiva potencialidade de tal variação do binômio informação-comunicação ao trinômio dado-informação/comunicação-conhecimento é referida, por diversos autores, como pilar de uma singular "revolução". As particularidades desse processo estão continuamente a prover senhas para a inferência de que estamos imersos num inédito e frenético movimento de inovação tecnológica em muitos campos da vida humana processada a acontecer, plenamente na sociedade, identificada por alguns como "informacional", tipificadora da atual "era do conhecimento", entre inúmeras outras designações atribuídas a essa importante interconexão digital. Muita diversidade e contrapontos existem nessas designações, produtos de compreensões diferenciadas, mas não se pode contestar que algum fragor desta presumida "era revolucionária" pode ser de fácil identificação e faz parte da forma cotidiana de viver. O debate sobre tais temas oscila, geralmente, ou no sentido de reconhecer ou negar esse movimento como revolucionário, ou ainda, numa perspectiva menos dualista e simplista, detém-se a relativizá-lo, o que tem sido comum na área de intervenção das políticas públicas e no reconhecimento como tema de estudo no âmbito da academia.

Liminarmente, o que não se permite mais é desconhecer que o abundante e ininterrupto desenvolvimento tecnológico é um dos fatores primordiais que caracterizam a atual conjuntura mundial, e que parece, pois, caracterizar e conduzir a ocorrência de padrões sociais e econômicos renovados e, consequentemente, outros formatos produtivos, organizacionais, culturais e políticos daí resultantes.

Nesse sentido, o circuito da informação em rede, por assim dizer, o aperfeiçoamento da sua capacidade de tratamento e o seu emprego direto em diversas áreas da vida social, faz com que esta se torne de uma importância crítica para organizações de todos os portes, para profissionais (e inter-relações) em todas áreas da produção, pós-produção e serviços.

É, justamente, essa compreensão que parece constituir a base objetiva para a informação ser alçada à categoria de recurso, dotada de atributos específicos e de potencialidades. Para que isso ocorra, os dados devem gerar a informação que podem (ou não) multiplicar-se em saber, que, por seu turno, podem (ou não) produzir conhecimento e assim formar, informar ou mesmo desinformar, de acordo com interesses diversos.

A partir desse raciocínio, que não é linear, é preciso colocar em pauta, portanto, novas bases para pensar o dado, a informação e o conhecimento. Tal deve significar, por exemplo, para o trabalho no campo das políticas públicas, o ensejo de cercar-se de maiores certezas, tanto com relação ã aproximação da realidade social concreta, como ao fomento de alternativas e estratégias de intervenção.

Equivale dizer que novas modalidades de deciframento da realidade, franqueadas por pelo avanço tecnológico podem e devem beneficiar um exercício inédito de reflexões, ações e atuação no campo das políticas públicas, para defender direitos e incrementar a intervenção profissional. Interessa, neste artigo, disseminar algumas ideias acerca da informação socialmente válida desse específico lugar.

TENDÊNCIAS E RISCOS NA APROXIMAÇÃO E USO DA INFORMAÇÃO

Para que uma informação seja socialmente válida, ou fértil à intervenção profissional, ou seja, para que uma informação possa ser útil e traduzir-se em saber e indicativo social, urge a desenvoltura de determinadas habilidades, haja vista que este processo, e sua gestão, não é simples de ser realizado.

Quando se especula em torno da importância da informação, como estratégia política e técnica na compreensão, enfrentamento das expressões das questões sociais e na ação procedente, é categórico estar, cuidadosamente, atento à verificação do processo histórico, fazendo ver que este é marcado por açodamentos e refluxos, criação e crise. Isso significa que é terminantemente, necessário deter-se no fato de que a informação é, e só tem sentido, contextualizada. Algumas tendências e peculiaridades marcam a busca e a utilização de uma informação social arrojada e alguns riscos e cuidados podem ser rapidamente pontuados.

Para começar, é preciso reconhecer que todo o processo de conhecimento está vinculado a uma intencionalidade. Esse percurso, pois, deve ser orientado por um objetivo claramente delimitado pelo sujeito que conhece e que quer conhecer, o que permitirá ultrapassar uma limitada e inócua aspiração da informação pela informação, ou da sua recolha por propósito tão-só tecnocrata. Na mesma direção, além de só ter sentido contextualizada, a informação socialmente válida precisa ser adjetivada na perspectiva de fazer a diferença no conhecimento das expressões da questão social.

É no campo de estudos e pesquisas da área de intervenção social que se pontua a centralidade dessa reflexão, seja no processo de formulação de políticas, seja na gestão das políticas sociais, seja na atuação de profissionais das diversas áreas: não pode haver intervenção social possível, ou pelo menos adequada, que não seja imbuída, nutrida pelo conhecimento, inclusive para garantir a ultrapassagem do cumprimento de rotinas e procedimentos em geral reprodutores de práticas elaboradas pelo senso comum.

Dessa forma, é possível supor a emergência de uma decisão imperativa para as disciplinas que estudam e intervêm na sociedade, e naturalmente para aquelas que se ocupam dos serviços vinculados às políticas públicas, bem como, para as instituições e organizações da área qual seja: dedicar-se à busca do conhecimento da realidade, por meio da integração de novos recursos da informação e comunicação.

Entretanto, é preciso ter atenção e cuidado com a qualidade da informação ou, em outras palavras, com o conteúdo da informação, não apenas que se procura, mas também que se produz. Isso é válido tanto no que diz respeito ao desvelamento da realidade social, quanto da construção de estratégias inclusivas. Isso é mais importante quando se compreende que a informação se constitui em duas partes: 1) o próprio dado; e 2) o seu mecanismo de interpretação, que metamorfoseia os dados em informação (e vice-versa). Daí supor que a utilização de instrumentos distintos de interpretação pode provocar informações diferentes, provenientes de um mesmo conjunto de dados. Além disso, essas, por sua vez, podem ser representadas em outra forma, adequadas a diferentes intenções e interpretações. Com isso, afirma-se que a informação produzida, não contém qualquer estatuto de imparcialidade.

A informação, lavrada de forma organizada, objetiva e direcionada, representa uma irrefutável via, não a única, para soluções e eficácia de gestão no âmbito das políticas públicas. Escorada por indicadores e pesquisas, a informação tem a autoridade de apontar o aperfeiçoamento de rumos e assentar bases para o êxito ou, pelo menos, tem a aptidão de orientar as ações em torno das questões públicas. Assim, assume relevante papel na formulação, implementação, monitoramento e avaliação, por exemplo, das ações de governos, de instituições, organizações, conselhos e profissionais.

Por que não se concentrar no caráter político inerente ao fator informação e conhecer as possibilidades daí decorrentes? Esse exercício pode trazer consigo algumas características ou alguns potenciais vitais: oportunização de novos graus de vigilância socioassistencial (no caso da política de assistência social), quebra de barreiras culturais, religiosas e étnicas, o surgimento de novas "inteligências", o aumento exponencial do número de referências sobre as situações e a busca organizada e sistemática de informações, como forma de assegurar os interesses mais importantes nos processos de intervenção, debate e deliberação política.

Nesse sentido, é já bastante usual a verificação da utilização da informação como componente no campo da gestão por meio de processos e sistemas e processos, bem como para o acompanhamento e controle social desta gestão. Há uma interessante prodigalidade de institutos, fóruns e organizações que produzem uma gama substancial de informações concernentes à área social, processando algumas sínteses da realidade pesquisada. Para ilustrar essa observação, seria possível nomear várias iniciativas, presentes na rede internet ou não, que se assumem como mecanismo de consulta e informação de cariz político. Essas iniciativas se constituem experiências de procedimento com informações entremeadas, cujo propósito é o de fornecer vias de decisão, gestão e intervenção em políticas sociais.

A POTÊNCIA DA INFORMAÇÃO SOCIALMENTE VÁLIDA

É notável, assim, a escala de crescimento da quantidade de dados e a extraordinária diferença do passado-recente, assim como é visível o possível incremento não só das condições de volume, captação, armazenamento e tratamento e disseminação da informação no presente-futuro, que pode vir a incidir numa mudança qualitativa da informação disponível na área de políticas públicas para além da gestão, mas também para a defesa de direitos.

Daí impõe-se também o debate sobre novas formas de sua utilização como expediente para a atuação de trabalhadores sociais, agentes públicos de controle social e gestores: há de se usar da virtualidade, da interatividade, da quebra de linearidade do texto, do hipertexto, da multimídia, da digitalização de todos os tipos de informação, da computação e informação distribuídas em rede criando o amplo compartilhamento de canal. Permitindo assim, formas participativas e dialógicas mais efetivas, a propriedade de catalisar a cooperação envolvendo sistemas de informação abertos, conjunto de dados organizados e o seu crescimento exponencial para conhecer, anunciar e intervir na realidade e seus parâmetros mais significativos.

É por isso que esse campo precisa ser analisado como um importante integrante, quiçá constituinte, da gestão e da intervenção socioprofissional nessa área, para que essa não se aparte das possibilidades de práticas inovadoras, e para que não desperdice novas formas de apropriação de evidências da realidade social para tomada de decisão em todos os níveis. O quadro de expectativas e confiança aqui esboçado não deve, entrementes, produzir e sustentar mitos. Nesse sentido, é preciso reafirmar e estar atento a alguns riscos muito comuns na empreitada da construção de uma informação socialmente válida.

De início, atentar que uma das repercussões possíveis (e comum) a ocorrer nesse âmbito, é a percepção que existe uma espiral de sobreinformação, constantemente produzida, que parece mais confundir do que esclarecer e que, amiúde, propicia o ofuscamento da análise, da crítica. É de tal forma relevante esse aspecto que é possível inferir que a sobreinformação pode ser interpretada tal qual ausência de informação. Assim, a contradição está no fato de que o mesmo movimento que gera o desvelamento, pode levar ao ocultamento da realidade. Talvez esse seja um dos signos fortes dessa dinâmica, que pode revelar seus aspectos contraditórios e, portanto, híbridos com relação às perspectivas da utilização da informação.

Com isso, passa-se a dois riscos já muito presentes na aproximação com o universo de informação no campo social. De um lado, a possibilidade de prender-se a fragmentações de conceitos, endossando visões parciais e concepções, insuficientemente, eivadas de qualquer perspectiva de totalidade; de outro, apegar-se ao ruído que pode advir da ínfima habilidade em selecionar a informação, partindo da premissa que é sempre necessário deter um volume maior de informações.

A isso não se dará tamanha importância quanto a atestar que as novas tecnologias da informação e comunicação têm um significado, um sentido técnico e político, podendo e devendo ser um instrumento estratégico e interessante para uma melhor atuação no tocante às políticas sociais e ao combate à desigualdade nesse âmbito.

Outra atenção que merece destaque é que não se pode reduzir esse exercício de utilização e gestão da informação à automatização de processos e à informatização e/ou instalação de aplicativos e ferramentas computacionais no setor. No centro dessa operação está, precisamente, uma nova cultura a ser impregnada na intervenção, gestão (administrativa, política e financeira) e no controle social de políticas públicas, fundamentando um domínio de modernização administrativa essencialmente relacionado a um vigoroso exercício de democracia.

Aqui é preciso atenção para o que Raichelis (2013, p. 624) denomina cultura do gerencialismo que, na análise da autora "esvazia conteúdos reflexivos e criativos do trabalho, enquadrando processos e dinâmicas institucionais às metas de controle de qualidade e de produtividade a serem alcançadas".

Vale salientar que o direito à informação já comparece habitualmente nas plataformas de luta pelos direitos de cidadania e da emancipação social porque encaminha a uma formação dilatada, que robustece a sociedade diante da responsabilidade de construir, coletivamente, um projeto de inclusão social. Torna-se, como consequência, um decisivo componente nessas ações justamente porque é, simultaneamente, fator de abrandamento das incertezas, favorável ao controle social e canal de transparência política e administrativa.

A informação socialmente válida pode converter-se, assim, em uma das mais importantes garantias da almejada qualidade social no campo da atuação profissional, visto que denota a disposição de novos padrões de informação pública, por meio dos quais gestores, trabalhadores e cidadãos, se concebam habilitados ao questionamento, à problematização, ao estabelecimento de metas, à tomada de decisões, buscando, assim, as ações coletivas necessárias ao encaminhamento dos problemas de cada um e da comunidade onde vivem e trabalham.

É necessário insistir na ideia que não está se reduzindo a reflexão para a simples introdução de novos recursos (informáticos, por exemplo) às formas institucionais, visando o continuísmo das práticas tradicionais, modernizando-as com o verniz tecnológico. Não se trata, igualmente, da determinação dos meios e processos meramente, organizativos dos saberes sistematizadores da realidade operacional, nem muito menos da compreensão dos artifícios tecnológicos (provenientes de sistemas inteligentes, por exemplo), como a solução das situações complexas vivenciadas no âmbito dessas políticas.

Trata-se, sim, de um modo particular, de verificar os processos que envolvem a associação de aportes tecnológicos e a área das políticas públicas, vendo-lhe os sentidos e divisando-lhes os alcances.

O que parece central é que não há como não tomar contato com a proeminente medida com que a informação atua na sociedade, instituindo/ocupando espaços e estabelecendo alcances nunca antes experimentadas. Entre as noções que são enfatizadas aparece: 1) a compreensão da informação (e sua gestão), no que se refere à atuação profissional, adensada pelo sofisticado suporte tecnológico da atualidade, como uma estratégia central para processar transações e decidir no contexto da política; 2) a determinação em adicionar volume e qualidade ao (por vezes) pífio agregado existente de dados, informação e conhecimento sobre o desenvolvimento da política em si, seus detalhes e dimensões mais básicas, objetivando diminuir imprecisões e fazê-la acontecer na perspectiva de quem a formula, de quem a controla e de quem a ela tem direito; 3) a certeza que o tratamento dos dados produzidos na área, para a geração de informação daí decorrente, teria como cenário projetado o desenvolvimento de processos e produtos que pudessem concorrer para alterações substantivas nos modelos institucionais de gestão e, sobretudo, no alcance, na resolutividade e na visibilidade da ação da política social.

Por isso, qualquer rápida pesquisa em torno das potencialidades do uso da tecnologia na área social parece alertar para a importância de sua incorporação objetivando o fortalecimento das políticas públicas, na forma de insumo para a gestão, de matéria para a intervenção profissional, de garantia para o acesso aos direitos sociais, para a democratização e para o controle social. É o processo no qual se transforma a informação agregada em uma informação social e politicamente útil e utilizável.

Entretanto, longe de significar um processo automático, óbvio e possível, como pode parecer, esse potencial precisa ser considerado no processo em que é desenvolvido, e diante de situações e opções que contraditoriamente irão possibilitá-lo ou vetá-lo, mas que o caracterizam indistintamente.

Isso porque, como já apontado, a informação não é um objetivo em si mesma. O tipo de tratamento que para ela se define (produção, tratamento e disseminação) tanto pode auxiliar os sujeitos em suas questões, atingindo um potencial para alteração de situações (individuais e coletivas), por meio de processos de reapropriação ou de agregação de valor, como pode fortalecer estruturas fechadas, nas quais o poder e o saber se tornam ainda mais concentrados. Equivale dizer que o uso de diferentes metodologias, técnicas de produção e tratamento da informação comprovam que esta pode ser construída e utilizada para diversos fins, adquirindo as características do processo social e político no qual se realiza.

Nesse sentido, sugerir a informação e a construção de sistemas de informação qualificados para esse quadro de alteração e de amadurecimento institucional e político significa entrever que a informação socialmente qualificada e fértil pode modificar o estoque dos saberes e, consequentemente, fornecer elementos para a constituição de outros poderes, para além dos institucionais.

Pode-se considerar que a vinculação dos setores de política pública com o campo da tecnologia da informação e comunicação é uma realidade pois já está em curso, no que se refere a este campo, uma evolução de base tecnológica importante, com a sua incorporação a todas as suas dimensões e com uma consequente ampliação da conectividade, possibilitada pela convergência de várias tecnologias e dispositivos. Nessa direção, observa-se um fantástico potencial de programas e sistemas' sobretudo os que dizem respeito a processos específicos de trabalho, e visando situações estratégicas e gerenciais, nas quais estão inseridas aplicações que procuram atender à necessidade da tomada de decisão. Trata-se de um paradigma em plena absorção e realização no campo de política pública, da mesma forma que vem sendo realizado em outros setores da administração pública, vide os tantos exemplos de consultas, serviços, operações financeiras que se pode realizar nas instituições públicas.

Essa demanda pode ser referenciada por fatores que são gerais e específicos. No que se refere ao interesse geral, ela é referenciada como suporte às operações gerenciais, e, no que se atribui aos interesses específicos, como provimento de respostas ao atendimento singular de cada política, atendendo aos dispositivos de sua regulamentação e provendo transparência ao usuário e à sociedade.

No entanto, deve-se advertir que esse processo de incorporação não se dá isento de tensões e embates, e não é, nem de longe, o determinante fundamental da realização da política e do acesso ao direito e, muito menos, a garantia da consecução de seus objetivos, mas uma importante estratégia ajustada a estes.

Algumas dessas observações, frequentemente, compõem certos fóruns de debate que se realizam na esfera da administração pública, e são ampliados em debates que ocorrem fora dela, por entidades da sociedade civil. Até porque já é possível verificar os resultados da organização, armazenamento, processamento e uso da informação e também sua disseminação, não apenas nos níveis gerenciais ou tecnocráticos, mas no que se refere à democratização da informação, com a abertura de dados institucionais que são, de fato, públicos.

Nesse contexto, já se pode inferir que esse compósito informação + políticas públicas pode ser compreendido como necessário para a criação de uma informação socialmente "válida" e para uma gestão politicamente, tecnicamente e eticamente utilizável, manejada e fomentada por meio de instrumentos que não só a produzam, mas que a sustentem em seu sentido social.

O motor da associação mencionada pode ser tanto o ensejo de cercar-se de maiores certezas, com relação ao seu âmbito concreto de realização, como o fomento à ampliação de alternativas. Equivale dizer que novas modalidades de deciframento da realidade e a busca pelas possibilidades de intervenção, franqueadas por essas novas tecnologias, podem e devem beneficiar um exercício inédito de reflexões e ações no campo social.

Não se pode desconhecer que, na maioria das vezes, os empreendimentos informacionais na área pública se pautam no compromisso com o que viria a representar um grau de modernização administrativa não endossando, em sua generalidade, a preocupação determinante com o processo de democratização das políticas e com a prática radical do controle social da administração pública, que, acredita-se, é componente básico do Estado de Direito democrático (VIEIRA, 1997).

Muitas vezes, o tratamento da informação pública não a equipa de condições para alterá-la em informação socialmente válida e útil para visar a ultrapassagem das condições das relações que se verificam, e que a cristalizam em informação pouco fecunda. Esse fato parece produzir consequências também em distintos níveis, entre eles, a visibilidade social, a eficácia, as formas de controle social, e toda a amplitude político-operacional em termos da democratização de uma política pública e seu acesso. Tal revelação provocou a confirmação de que, nesse contexto de mudanças velozes e de percepções inovadoras, a área da política pública deve e pode recolocar, portanto, a importância de novos acessos aos direitos sociais e à cidadania.

Longe de ser apreendida ou apresentada como panaceia ou saída para as densas questões que se colocam na implementação das políticas sociais, a informação, com o tratamento permitido pela evolução tecnológica, para ser socialmente válida, ou por outra, para que possa ser traduzida em saber e indicativo sociopolítico, vai requisitar desenvoltura e incremento de novas habilidades e competências, haja vista a complexidade do processo.

No entanto, é urgente e relevante atestar que as novas tecnologias da informação e comunicação têm um significado, um sentido técnico e político, podendo e devendo ser um instrumento estratégico e interessante para uma melhor atuação no tocante às políticas sociais.

Importa ir além da instalação de sistemas e programas (ainda que integralizados), pensados numa perspectiva isolada de gerência, remetendo para uma reorganização de equipamentos, de recursos e de ideias para facilitar a superação coletiva de um passado de ignorância (com relação aos determinantes da política), carência e dependência de outros setores e políticas, conforme já indicado. Insiste-se, designadamente, na utilização desse conjunto abrangente que reúne equipamentos, recursos e ideias implicados, social e politicamente, ao lado do direito social, ou seja, com tarefas clarificadas pelos parâmetros, princípios e diretrizes da política, que some os imperativos da competência aos imperativos da configuração do direito.

A incorporação de um campo informacional para a política pública deve torná-la competente para a realização do direito, aprimorando-a e retroalimentando-a, devendo considerar o alcance de todos os segmentos que a perfazem, pois avalia-se que se trata de um dos maiores e mais condizentes investimentos de suporte à imaginada realização da política. E isso pode se realizar em duas frentes, pelo que se deduz da análise empreendida. Uma, na qual os sujeitos que a constroem operam, por meio da sua ação informada, que uma atuação positiva no que diz respeito à visibilidade social, ao controle social, à representação de interesses coletivos, à democratização e à cultura política signifiquem um decisivo rebate às respostas frágeis e temporárias características das ações do Estado no campo social (SPOSATI, 2003).

A outra frente, é tal que esses sujeitos podem exercer a quebra da filosofia da oferta[2] (DOWBOR, 2003), tanto na prática, por exemplo, conselhista como no planejamento das ações, na execução das ações relacionais à política, no zelo à qualidade dos serviços, na métrica informativa, na criação de indicadores e estudos, todos sintonizados na singularidade do usuário de uma política pública. E na qual se antecipe em apreendê-lo na sua totalidade, e não o dissolver em equações inócuas e demonstrativas, sem sentido prático e qualificação política, permitindo uma visão que não feneça no âmbito institucional, mas espraie-se no universo público. Isso significa, nitidamente, uma nova perspectiva de relacionamento com essa órbita para todos os sujeitos envolvidos, sobretudo, mas não exclusivamente, para os trabalhadores(as) e gestores(as) de políticas públicas:

- saber conduzir-se e portar-se em um universo que pode estar infestado de informações que se prestam mais a desinformar do que a diminuir incertezas e facultar conhecimento. O *overload* de informações prejudica mais do que contribui na perspectiva da informação social e pode travar o acesso produzindo apenas ruídos; o ato de pôr à disposição um grande volume de dados e informações não se reveste em um incremento para o consumo dos serviços públicos e para o exercício do controle social se não for acompanhado de uma metodologia conexa e práticas que favoreçam sua organização e utilização;
- capacitar a produção da informação que se quer e que seja relevante para a geração de estratégias, valendo-se de sua utilidade nos diversos campos e para os diversos atores. Aqui, exacerba-se a importância da informação que deve ser gerada e disseminada para o exercício da participação da sociedade civil nos Conselhos, no que se refere a controlar, decidir, avaliar e indicar e, sobretudo, desborda em justeza com relação à quebra com a filosofia da oferta (DOWBOR, 2003), como forma de escapar da zona de desconhecimento que sustenta a participação passiva e assola historicamente a área;
- atentar para o fato de que pouco vale o volume de informação diante da qualidade a esta inerente e diante da metodologia de aproximação que se elege. Isso quer indicar que, mesmo sabendo que há um universo de informação disponível, as condições de acesso, as interlocuções e conexões que se realizam na aproximação a essas determinam o êxito dessa apreensão e utilização;

2 Dowbor aponta para a ideia de "filosofia da oferta" de informações geradas segundo aquilo que a instituição considera importante produzir, com frágil atenção à demanda de informação pela sociedade, para qualificá-la, por exemplo, para uma participação política "informada".

- introjetar a suspeita de que o direito de ter toda a informação – *right to know*[3] –, equivale ao dever ético de realizar ações iluminadas por essas informações, além do que, implica perceber-se como produtor, divulgador e usuário dos sistemas de informação;
- rejeitar o ressentimento que caricaturiza o "não pertencimento" ao mundo tecnológico, expresso em crenças tipo "não somos dessa área", "não sabemos manusear" que acaba por ser compreendido como "não queremos tirar proveito" ou pior, "isso em nada nos ajuda", condenando-se a ser lateralizado em uma conjuntura que não convida à participação, mas que subalterniza quem nela não se inserir. Seria radical incongruência esperar o domínio técnico dos instrumentos pelos atores que sustentam a política, tanto quanto seria péssima imagem acreditar que os engenheiros de sistemas, de computação ou programadores possam fazer as perguntas certas que apoiem a construção da informação social relevante, ou da informação que se precisa, no lugar desses atores;
- privilegiar metodologias de "organização da informação para a cidadania participativa". Esforço que exige não só "redefinições metodológicas referentes ao universo de informações, mas também [a] construção de parcerias, pela organização de redes de informação, pela articulação dos subsistemas de informação existentes, e pela geração de um movimento social que motive os diversos atores sociais a participar de um esforço conjugado" (DOWBOR, 2003, p. 13). O que vai para além, na concepção deste trabalho, do furor modernizante, representando uma potente alternativa de aprimoramento, e não uma solução administrativa mágica;
- conceber que o direito, a gestão e a organização da informação devem estar pautados não só na estrutura de trabalhos executivos, por meio da insistência em construir estruturas informacionais leves, interativas e amplamente disponíveis ao acesso, mas também nas pautas dos movimentos sociais deste campo;
- pautar-se no conceito da partilha (*share*) e no de colaboração, para arrostar a cultura institucional competitiva e individualista, no caso da gestão da informação da área (DOWBOR, 2003), até para se comprometer de uma nova maneira com o espaço de fluxos e a sociedade em redes (CASTELLS, 1999);
- investir em processos formativos visando a utilização das novas potencialidades, filiando a questão à busca de compromisso político e ético com a execução da política e associando-a ao largo processo cultural de envolvimento (VIEIRA, 1997), visando uma capacitação emancipatória, que deve pontuar a ação nessa área. Essas atividades devem estar acompanhadas da atenção precípua às desigualdades de condições para tal, e serem planejadas como um interesse de uma coletividade na qual todos estão a ser desafiados. Amplia-se a noção para o fato de que, não podendo ser somente publicizada, acessada ou distribuída, é preciso que a informação seja entendida para poder ser incorporada;

3 A ideia do *Right to know* pode ser equiparada à ideia base da Lei de Acesso à Informação no contexto norte-americano.

- validar uma prática informacional que suponha transparência, fidedignidade e publicidade que, para além da tarefa de orientar as deliberações e debates nos espaços e ciberespaços públicos, auxilie na ultrapassagem do que Vieira (1997) aponta como miséria da consciência, gerada pelos imperativos pérfidos da própria miséria e, neste caso, pela recusa apática do conhecimento. Isso incide necessariamente na responsabilidade de planejar e cumprir um processo de restituição social da informação produzida à sociedade;
- perceber a riqueza do campo informacional nuclearmente vinculado aos processos de construção de "[...] políticas sociais para o terceiro milênio que ao invés de praticar o reducionismo ou o focalismo [operam] a intersetorialidade, a territorialidade e a equidade" (SPOSATI, 2003). Compute-se nesse caso, ademais, a perspectiva da desterritorialização possibilitada pelas TIs, em que importa a presença (do tema, do debate e da participação) mesmo na condição da ausência (física) dos lugares, mantendo-se firme no escorregadio "solo" do virtual.

Esses pontos aventados configuram-se em condensações de urgências e de providência em torno de uma alteração que reposiciona o entendimento e o tratamento da informação e das estratégias tecnológicas no desafio da democratização das políticas e do controle social.

CONSIDERAÇÕES FINAIS

Vive-se, assim, o surgimento de uma decisão imperiosa para as disciplinas que estudam e para os profissionais que intervêm no campo das políticas sociais, bem como para as agências de operacionalização destas ações, qual seja: o acurado conhecimento e a revelação da realidade, mediante o alcance hoje admitido, por meio da integração com os novos recursos da comunicação e informação.

Trata-se, efetivamente, de servir-se desse arsenal abrangente com uma intencionalidade politicamente clara, capaz de iluminar tarefas técnicas que não podem subverter ou ignorar os parâmetros, princípios e diretrizes das diferentes políticas, e que não se movimentem exclusivamente pelos imperativos da competência, mas sim pela necessidade de cooperação e de superação de desafios. Um celeiro de escolhas, então, cujo êxito vai depender menos da tecnologia em si, por vezes transformada em hiperícones de expectativas e resultados, e muito mais de decisões políticas e da audácia teórica e técnica em cumpri-las, no assustado presente a ser construído na dimensão do real e do virtual.

Em outros termos, admite-se que as amplas possibilidades de conjugação entre as novas tecnologias da informação e comunicação e a atuação de trabalhadores e gestores venha a influir favoravelmente para a garantia de acesso ao direito social, para as melhores práticas de gestão e intervenção no campo das políticas públicas (planejamento, monitoramento e avaliação etc.) bem como para as ações de controle social.

REFERÊNCIAS

CASTELLS, Manuel. *A sociedade em rede, a era da informação*: economia, sociedade e cultura, v. 1. São Paulo: Paz e Terra, 1999.

CASTELLS, Manuel. A sociedade em rede 7. ed., v. I, São Paulo, Paz e Terra, 2003.

CASTELLS, Manuel. A Sociedade em Rede. Do Conhecimento à Acção Política. *In:* Conferência promovida pelo Presidente da República, 4 e 5 de março de 2005. Centro Cultural de Belém. Disponível em: http://biblio.ual.pt/Downloads/REDE.pdf.

DOWBOR, Ladislau. *Informação para a cidadania e o desenvolvimento sustentável.* 2003. Disponível em: http://dowbor.org/04infocid.doc.

RAICHELIS, Raquel. Proteção social e trabalho do assistente social: tendências e disputas na conjuntura de crise mundial. *Serviço Social e Sociedade*, São Paulo, n. 116, p. 609-635, out./dez. 2013.

SPOSATI, Aldaíza. Regulação social tardia: característica das políticas sociais latino-americanas na passagem entre o segundo e o terceiro milênio. *Caderno Ideação.* Seminário Balanço e Perspectivas das Políticas Sociais no Cenário Mundial Atual, I, Fórum Social Mundial. Porto Alegre *[s.n.]*, 2003.

VIEIRA, Evaldo. As políticas sociais e os direitos sociais no Brasil: Avanços e retrocessos. *Serviço social e Sociedade.* São Paulo, n. 53, mar., 1997.

CAPÍTULO 11
O PANOPTISMO NOSSO DE CADA DIA: DA GUERRA PELA SEGURANÇA À SEGURANÇA PELA GUERRA

Marcelo Bordin

INTRODUÇÃO

A tecnologia digital está gerando fortes impactos na sociedade humana. Das relações de trabalho às relações pessoais, o mundo digital está proporcionando uma radical mudança em diversos setores da atividade humana, proporcionando avanços na diminuição das distâncias e em, certos aspectos, promovendo um maior acesso para determinados serviços, em especial, no que se denominou de "economia de compartilhamento" (SLEE, 2017).

Mas nem tudo são flores nesse "novo mundo" digital, por exemplo, a utilização de serviços eletrônicos de entregas e vendas, que variam de refeições até mercadorias das mais variadas aos aplicativos de transporte, transformaram as relações de trabalho, expondo uma nova forma de exploração dos trabalhadores, em geral, aqueles que não possuem emprego formal. No caso dos aplicativos de entregas de refeições, os trabalhadores são expostos a cargas horárias excessivas e condições precárias, por exemplo, falta de locais adequados para realizar refeições[1] e descansar, ou mesmo utilizar sanitários. No caso dos trabalhadores de transportes, a carga horária tende a aumentar e

1 Disponível em: https://congressoemfoco.uol.com.br/economia/paralisacao-entregadores-de-aplicativo-relatam-fome-e-jornada-exaustiva/. Acesso em: 10 out. 2020.

os lucros diminuírem,[2] forçando com que mais pessoas de uma mesma família tenham que trabalhar em turnos diferentes.[3]

Outra consequência decorrente da economia de compartilhamento é o avanço do turismo em altas escalas, que impacta em preços de aluguéis e demais serviços, tornando o custo de vida dos moradores locais mais alto. Em algumas regiões, além dos turistas, milhares de trabalhadores sazonais também sofrem com as péssimas condições de trabalho e de moradia.[4]

Essa precarização dos trabalhadores de aplicativos é um dos reflexos da diminuição de postos de trabalhos em outras áreas da cadeia produtiva, que demandavam um volume considerável de mão de obra e que diminuíram em virtude dos avanços tecnológicos proporcionados pela era da Indústria 4.0, proporcionando a migração de postos de trabalhos para áreas mais precarizadas e diminuindo direitos. Esse fato social, que é denominado de "uberização" do trabalho e que a "Economia do Compartilhamento está propagando um livre mercado inóspito e desregulado em áreas das nossas vidas que antes estavam protegidas" (SLEE, 2017, p. 35). Esse processo também está relacionado com a retirada de direitos mínimos da classe trabalhadora e com um avanço da ideia neoliberal de que todos podem ser empreendedores e ter seu próprio negócio.

Essa adaptação da cadeia de produção e consumo, baseada na informação e na conectividade cada vez mais intensa entre as pessoas e sistemas, foi denominada de "capitalismo de vigilância" ou "capitalismo de informação" (ZUBOFF, 2018, p. 18), que independente do conceito, explora exaustivamente, os seres humanos, cada vez mais submissos ao poder econômico e agora, vigiados e tornados, ao mesmo tempo consumidores, trabalhadores explorados e mercadorias.[5] Esse novo arranjo econômico transforma os seres humanos em consumidores e também em objeto de consumo, ao utilizar das suas informações de navegação nas redes sociais para sugerir bens de consumos. Não se pretende aqui colocar os avanços da tecnologia como a responsável por essas "precarizações", mas a forma como ela é apropriada e utilizada como forma de um intenso controle social e de consumo, reproduzindo relações de poder.

Esse aperfeiçoamento das tecnologias, dos avanços na conectividade, da intensificação dos contatos digitais não está proporcionando uma emancipação para a humanidade – ao contrário, proporciona mais superexploração do trabalho –, está tornando o controle das pessoas muito mais fácil e está proporcionado o avanço de governos autoritários e de

2 Disponível em: https://www.bbc.com/portuguese/geral-50412910. Acesso em: 11 out. 2020.

3 Disponível em: https://www.bbc.com/portuguese/brasil-50383388. Acesso em: 11 out. 2020.

4 Disponível em: https://brasil.elpais.com/brasil/2017/08/08/internacional/1502213658_607233.html. Acesso em: 15 nov. 2020.

5 No filme *Blade Runner 2049* (lançado em 2017 como uma continuação de *Blade Runner*, revela um planeta Terra distópico, superpovoado, em que humanos convivem com seres "fabricados"), um dos personagens é extremamente rico e tem por hábito colecionar dados dos mais variados, lhe proporcionando um enorme poder sobre a sociedade representada na película.

grupos conservadores radicais, inclusive com o aumento no número de grupos supremacistas brancos (neonazistas) e teocráticos (por exemplo, o Estado Islâmico).

Nesse sentido, observa-se que esse processo tecnológico, de uberização (precarização) do trabalhador e/ou do trabalho, que, ao mesmo tempo promove diversas facilidades na vida das pessoas, mas que também explora e oprime inúmeras classes sociais, também é acompanhado de uma evolução nas tecnologias de controle social por parte das instituições do sistema de justiça criminal,[6] em especial, das instituições policiais (e para esse caso, utilizaremos o termo "controle social perverso" (BODÊ DE MORAES, 2005).

Esse avanço tecnológico do controle social "perverso" caminha junto com a demanda por ordem social, por parte das classes dominantes, seja na forma de cidades limpas e sem problemas sociais, seja na manutenção em separado das ditas "classes sociais perigosas" (MACHADO SILVA, 2010). Essa "cidade limpa", onde áreas de possível habitação de pessoas que, por diversos problemas, fazem das ruas suas casas, recebem dispositivos pontiagudos, por exemplo, embaixo dos viadutos e marquises, que ofereceriam uma certa proteção contra as intempéries, um novo *design* dos bancos de praças torna impossível deitar e descansar nesses locais.

Além desses dispositivos que tornam a permanência desses "moradores de rua" impossível, as ações das guardas municipais e polícias estaduais contra pessoas em situação de rua são constantes, inclusive com a retirada de pertences, como cobertores e caixas de papelões utilizados para forrar o chão, no que Davis (1993, p. 212) chamou de "ambientes de rua sádicos". Essa mudança da arquitetura das ruas aliada às novas tecnologias de vigilância, promove uma nova dinâmica ao que se denominou de "guerra às drogas" ou "guerra ao crime".

Dinâmica essa que, aliada à mudança social rápida e intensa, está, ao que parece, conectando alguns aspectos que se pretende debater neste texto, entre eles a tecnologia, a guerra e a segurança pública. A tecnologia como ferramenta de controle, como novas armas para guerra e, em uma fusão com a segurança pública, coloca policiais, que deveriam proteger o cidadão, como um guerreiro respaldado pelo que Davis (1993, p. 225) denominou de "*sprit de corps* paranóico [sic]", com o objetivo de neutralizar o inimigo, hipermilitarizando a vida (BORDIN; GROTTI, 2020), e a guerra como forma de atingir a segurança de determinados países, em ações preventivas que foram nominadas como "guerra ao terror", segurança essa em detrimento da segurança do outro, ou da morte do outro, categorizado como "matável" (AGAMBEN, 2010).

Esse amálgama formado pela guerra/segurança pública e pela tecnologia, formou um novo panóptico, que não se centraliza na figura do modelo proposto por Betham (FOUCAULT, 1987, p. 165), com uma vigilância centralizada em uma torre com as celas em um formato circular, facilitando a vigilância, mas dificultando que o observador seja visto. Ao contrário, esse modelo panóptico de vigilância eletrônica está diluído em nosso cotidiano

6 O termo Sistema de Justiça Criminal será utilizado no texto em virtude de sua abrangência, englobando as instituições policiais, o sistema judicial e o sistema penitenciário, que cada vez mais se utilizam de tecnologias nas suas funções de prevenção e repressão, seja de atividades criminosas, seja da massa da população em manifestações por melhores condições de sobrevivência.

e de forma que não seja considerado como tal, colocando o ser humano em uma espécie de vitrine digital, na qual todos podem observar e ser observados, porém, esse processo não acontece sem que outros seres humanos tenham interesses em vigiar outros seres humanos.

Assim como no panóptico físico, no digital "a visibilidade é uma armadilha" também (FOUCAULT, 1987, p. 166). Esse espraiamento das tecnologias de vigilância digital e o esquadrinhamento online, em tempo real do espaço urbano e da vida das pessoas, seja pelas instituições do sistema de justiça criminal ou pelas redes sociais, torna a ideia do panóptico físico e observável, obsoleto e evidencia o panoptismo como uma rotina não perceptível em um primeiro momento, mas que está lá, como o *Grande Irmão*, da obra 1984, de George Orwell.

DA GUERRA PELA SEGURANÇA...

A intensificação da vigilância digital do cidadão aumentou imensamente, após os atos terroristas de 11 de setembro de 2001, nos Estados Unidos. A "guerra ao terror" possibilitou o avanço governamental nessa área, por meio do *patriot act* (ato patriota), que possibilitou a invasão da privacidade dos cidadãos daquele país de uma forma intensa, seja das conversas telefônicas, e-mails, dados bancários e suas movimentações financeiras, além de inúmeras outras ações. Em 2002 é criado o Departamento de Segurança Interna dos Estados Unidos (*US Homeland Security*), sendo a terceira agência mais importante, atrás do Departamento de Defesa e do Departamento de Assuntos de Veteranos de Guerra.[7]

A partir de 2016, com a eleição de Donald Trump para a presidência dos Estados Unidos, outros países elegeram presidentes com discursos xenófobos, racistas, misóginos além de uma exacerbação do ultranacionalista populista e chauvinista e também contra a globalização (em que o avanço das tecnologias de comunicação produziu uma redução nas distâncias, em especial, das formas de produção e distribuição de mercadorias e também da circulação do capital financeiro e alterando a disponibilidade de empregos em todos os países), por exemplo, a eleição de Jair Bolsonaro,[8] no Brasil. Esses governos possuem um discurso beligerante e de intensa oposição aos considerados "inimigos".[9]

---

7 O fato de três principais agências federais de uma das maiores economias do mundo estar vinculada a questões militares e de segurança, já demonstra uma relação íntima entre guerra, segurança e a vigilância digital. A utilização recorrente da guerra pela humanidade, para os mais diversos fins gera uma possibilidade de se refletir sobre uma "sociologia do pessimismo", baseado na recorrência de fatos sociais totais ao longo da história humana.

8 Jair Messias Bolsonaro teve uma carreira militar inexpressiva no Exército, saindo no posto de Capitão e entrando para a política como Deputado Federal, com um discurso raso e baseado no senso comum, e se mantendo por 28 anos na Câmara Federal como representante do Estado do Rio de Janeiro. Mesmo tendo um expressivo apoio dos militares brasileiros, nunca aprovou um projeto em favor dos militares e policiais e na Presidência da República foi responsável por retirar direitos previdenciários da categoria das Praças Militares e mantendo benefícios dos Oficiais. Disponível em: https://apublica.org/2019/12/militares-de-baixa-patente-romperam-com-bolsonaro-diz-sindicalista/. Acesso em: 15 de novembro de 2020.

9 No Brasil, um dos casos mais expressivos é o da elaboração de um relatório de inteligência com informações disponíveis nas mais diversas redes sociais de policiais e professores ligados ao lançamento de um manifesto pela democracia, produzido pelo Movimento dos Policiais Antifascismo. O relatório de inteligência 381/2020/

Esses governos têm por discurso que o processo de globalização tem produzido efeitos negativos em diversos países[10] e que pode ser revertido com políticas isolacionistas, mas que é baseada em um discurso de enfrentamento contra aqueles países que estão em uma melhor posição econômica atualmente, por exemplo, a China. Esse discurso atinge tons de beligerância e coloca o mundo em uma espécie de "guerra fria" ou em alguns aspectos históricos, parecidos com o início do Século XX, com a ocorrência de duas Guerras Mundiais na sua primeira metade (esses conflitos foram responsáveis por uma nova dimensão da guerra, gerando novas formas de eliminar vidas dos considerados inimigos, em quantidades inimagináveis para os conflitos bélicos anteriores).

Nesse caso, a Primeira Guerra Mundial se inicia com o objetivo de ser a "guerra que iria acabar com todas as guerras" (frase formulada pelo escritor inglês para ser utilizada em um ensaio publicado no início de 1914),[11] ou seja, uma guerra para se atingir uma segurança mundial, a tão sonhada paz mundial e que, após o seu fim, resultou na Segunda Guerra Mundial. Essa foi a utopia de que um evento violento poderia gerar a paz, pois como afirmou Florestan Fernandes: "A guerra é um fenômeno humano" (2006, p. 21) e o ser humano continuou a fazer a guerra e aperfeiçoar o seu formato.

No período entre 1914 e 1945, a humanidade foi responsável por produzir um avanço nas tecnologias de matar, tendo por ápice o lançamento das bombas atômicas nas cidades japonesas de Hiroshima e Nagasaki, forçando a rendição deste país e inaugurando a era do terror nuclear. As superpotências União Soviética e Estados Unidos, estabeleceram uma corrida armamentista, em que a chegada é um possível fim da humanidade, com gigantescos arsenais de bombas e mísseis nucleares, podendo ser lançados por aviões ou a partir de submarinos (com propulsão nuclear) e silos em diversas partes do planeta.

A arma nuclear passa a ser uma forma de manutenção de uma estranha paz, sendo também produzida por países como Israel, Índia, Paquistão, França, Inglaterra, China e Coreia do Norte, e com inúmeros outros desenvolvendo tecnologias para também construir estas armas. Para Guiddens (1991, p. 257), o desenvolvimento de armas nucleares é um fato comparável as grandes construções, afirmando que:

> Durante a Segunda Guerra Mundial a combinação de ciência e tecnologia organizadas, iniciadas no conflito mundial anterior, foi completada de um modo sistemático. Nas áreas de produção de armamentos, as três consequências mais

CGI/DINT/SEOPI/MJSP, produzido pela Secretaria de Operações Integradas do Ministério da Justiça brasileiro demonstra o caráter autoritário e neofascista do atual governo, contrariando a Constituição Federal e colocando essas pessoas como "inimigos do Estado", inclusive o autor desse artigo, num claro retorno da utilização das estruturas estatais para controle e monitoramento dos cidadãos com pensamentos divergentes dos atuais mandatários. Esse relatório ainda não foi disponibilizado, sendo classificado como sigiloso ou secreto. O manifesto está disponível em https://www.cartacapital.com.br/wp-content/uploads/2020/06/1591378111234_POLICIAIS-ANTIFASCISMO-EM-DEFESA-DA-DEMOCRACIA-POPULAR-1.pdf.

10 Os rearranjos promovidos pela globalização também produzem efeitos negativos, por exemplo, uma degradação ambiental muito mais intensa e a multiplicação dos movimentos nacionalistas e xenófobos.

11 Disponível em: https://www.vision.org/es/node/33. Acesso em: 17 out. 2020.

> importantes – que consideradas em conjunto, dominavam então a ordem militar mundial – foram a criação de armas nucleares, a invenção do foguete de propulsão e o desenvolvimento de sistemas de armamentos. Se as armas nucleares foram inventadas fora do contexto da guerra mundial, é algo seriamente aberto à dúvida. A construção das primeiras bombas nucleares foi comparada, por um observador, aos imensos projetos empreendidos pelos impérios tradicionais – as pirâmides e a Grande Muralha da China. Todos eram "projetos de trabalho público visíveis, dramáticos e únicos, frutos de uma concentração de recursos enorme, centralmente dirigida" (GUIDDENS, 1991, p. 257).

As armas nucleares foram capazes de evitar uma guerra total, que poderia acabar com a civilização atual, porém não evitou conflitos regionais, marcados pela bipolaridade ideológica dominante após 1945, sendo disputado por tecnologias bélicas capitalistas e comunistas, evidentes nos campos de batalhas, seja nos fuzis nas mãos de soldados estadunidenses e guerrilheiros vietnamitas, nos aviões e nos blindados de combates em pequenas guerras e escaramuças por todo o planeta.

Essa forma de fazer a guerra, sofre uma mudança com a queda do Muro de Berlim em 1989 e com o fim da União Soviética, trazendo à tona novos atores no cenário mundial e os conflitos étnicos e religiosos são o novo componente da geopolítica mundial. Com o fim da Iugoslávia, o mundo tem nos noticiários, cenas de massacres por questões étnicas e religiosas (um fato recorrente em outras épocas históricas).

Atualmente as guerras acontecem, de um lado, com tecnologias avançadas, como drones pilotados a distâncias enormes, imagens de satélites, visores noturnos e armas cada vez mais letais e por outro lado, com armas menos sofisticadas e explosivos improvisados e outras formas de se combater, por exemplo, com células terroristas atacando turistas com veículos e mesmo com facas em uma espécie de terrorismo molecular. Essas guerras atuais, envolvendo tecnologias e um misto de guerras clássicas, são denominadas de guerras híbridas (KORYBKO, 2015), e envolvem também o desmantelamento das economias e mesmo da estabilidade política dos países alvos.

Nesse caso, as guerras são criadas como forma de manter uma segurança imaginária para determinados países, por exemplo, as invasões do Iraque e do Afeganistão pelos Estados Unidos, mas que de certa forma alimentou uma nova forma de terrorismo (o molecular, atomizado em apenas uma pessoa). Ainda que a guerra esteja sofrendo modificações na forma de ser efetivada, ela continua a promover sofrimento e destruição, e nunca conseguiram promover a segurança pela qual elas foram iniciadas.

... À SEGURANÇA PELA GUERRA

Ainda que a guerra não proporcione segurança entre as nações, os países acabam por interiorizar em seus territórios práticas militares em suas ações de segurança pública, e aqueles países que já possuem polícias militarizadas passam por um processo que pode ser denominado de hipermilitarização (BORDIN, 2020). Essa hipermilitarização da segurança pública vai tornar possível que instituições policiais utilizem em suas ações cotidianas diversas tecnologias (uniformes, armas e outros equipamentos), táticas e técnicas, desenvolvidas para conflitos bélicos. Nessa seara, as forças armadas passam a ter um caráter importante nessa função, tornando prática comum a troca de informações, treinamentos conjuntos e também atuação conjunta.

Um exemplo dessa situação, é o Brasil após 1985, em que as políticas de segurança pública começaram a caminhar para projetos de polícia comunitária, porém sempre em instituições militares, passando por políticas de valorização e integração das informações e uma ampliação no uso de tecnologias, por exemplo, o geoprocessamento de dados de registros policiais. Essa política de segurança não resistiu por muito tempo, sendo novamente, um retorno ao modelo repressivo militarizado, por exemplo a criação de uma Lei de Garantia e da Ordem, executada pelas Forças Armadas do país em caso de grave perturbação da ordem nos estados. Ou mesmo, da criação de uma Força Nacional de Segurança Pública (FNSP), reunindo policiais e bombeiros militares, policiais civis e peritos criminais de diversos estados, com um caráter de ocupação militar e presença ostensiva de integrantes utilizando o fuzil como arma principal.

Ainda que esse momento da segurança pública no Brasil tenha experimentado uma alternativa comunitária de polícia, as tecnologias de vigilância se mantiveram fervilhantes, ainda mais com a aproximação de grandes eventos internacionais privados (Copa do Mundo de Futebol e Olimpíadas). Nesse caso, a cidade do Rio de Janeiro, sede de jogos e também a cidade das Olimpíadas, foi o laboratório para diversas experiências no campo da segurança pública, por exemplo, a aquisição de um dirigível[12] para fazer a vigilância na cidade, que em tese poderia focalizar um rosto de uma determinada pessoa em uma multidão. Em conjunto com as novas tecnologias, a ocupação militar de determinadas áreas consideradas perigosas (em geral, áreas pobres, muitas vezes periféricas) se manteve, sempre com o objetivo de alcançar a tão sonhada redução dos índices criminais.

A ocupação militar dessas áreas consideradas perigosas atinge o seu ponto máximo com a ocupação do Complexo de Favelas do Alemão, no Rio de Janeiro, em 2010, levando a imprensa na época a propagar que era um momento de virada, com o governo demonstrando força e que poderia manter o controle dessas áreas. Ledo engano. O processo de ocupação militar era apenas uma consequência da migração de grupos de criminosos de áreas onde estavam sendo instaladas Unidades de Polícia Pacificadora[13] (UPPs), da

12 Disponível em: http://memoria.ebc.com.br/agenciabrasil/node/590473. Acesso em: 17 nov. 2020.

13 A ideia de ocupação militar e/ou policial de determinadas áreas, aplicada no Rio de Janeiro e Paraná – Unidades Paraná Seguro (UPS) – tem um caráter de propaganda baseado na ideia de "ocupação policial e/ou militar" para que depois se invista no "social", que nunca acontece. Essa é uma política de segurança pública esquizofrênica, pois coloca o discurso de "polícia comunitária" sob uma ação militarizada e que depois não se consolida em ganhos sociais para as áreas ocupadas.

Polícia Militar do Rio de Janeiro. Essas ocupações visavam melhorar a segurança nas áreas próximas aos locais das Olimpíadas e Copa do Mundo de Futebol.[14]

O governo estadual não tinha capacidade de instalar essas unidades em todos os locais com problemas, e os grupos de criminosos souberam aproveitar essa situação. Nesse mesmo espectro, surgem as milícias, denominação para os grupos de funcionários públicos das mais diversas áreas da segurança pública (e também ex-integrantes), que passam a ocupar determinadas regiões, com o discurso de proteger as comunidades, expulsando criminosos e que depois passam a explorar as diversas fontes de lucro, operadas anteriormente, pelos traficantes. O projeto de poder das milícias se expande até demonstrar que os laços chegam até as altas esferas da sociedade.

Aliado ao modelo militarizado das ocupações, baseado na guerra ao outro, sempre pobre, periférico e muitas vezes negro, a tecnologia do reconhecimento facial surge em uma das maiores festas populares do país, o carnaval baiano, em 2019. A polícia utilizou pela primeira vez, o reconhecimento facial, detectando um homem com mandado de prisão.[15] Em 2020,[16] um número maior de pessoas foi detido por intermédio desse "novo olhar" policial, cruzando informações digitais criminais de forma rápida, ampliando o panóptico estatal e o discurso de repressão ao crime.

Atualmente, diversos departamentos de polícia pelo mundo estão inserindo câmeras nos uniformes de seus agentes, para produção de provas e verificação de procedimentos em casos de violência letal ou não, e que já equipavam a maioria dos carros de patrulha nos Estados Unidos, mas que agora coloca o panoptismo ao nível individual, com a diminuição das câmeras e aumento da capacidade de armazenamento das imagens, sendo que várias polícias estaduais no Brasil estão em fase de testes na utilização dessa tecnologia. Ainda que o panóptico individual das agências de segurança estejam sendo utilizados de forma expressiva, as ações violentas continuam produzindo conflitos étnicos em consequência de pessoas negras mortas por policiais, seja por tiros, seja pelo abusivo de técnicas de sufocamento, numa demonstração que a tecnologia não influencia quando se pretende matar em nome da lei.

Além das câmeras (colocadas em postes, casas e áreas comerciais; em locais públicos ou privados), no Brasil, as tornozeleiras eletrônicas, para monitorar os mais diversos tipos de

14 Interessante citar que a chegada do Partido dos Trabalhadores ao governo federal, não produziu mudanças efetivas no campo da segurança pública do país, mantendo o modelo anterior e contribuindo para o processo de hipermilitarização, envolvendo cada vez mais as Forças Armadas em ações de caráter policial.

15 Disponível em: https://noticias.uol.com.br/cotidiano/ultimas-noticias/2019/03/05/cameras-de-reconhecimento-facial-acham-criminoso-no-carnaval-de-salvador.htm. Acesso em: 19 nov. 2020.

16 Disponível em: https://canaltech.com.br/seguranca/reconhecimento-facial-ajuda-a-capturar-42-foragidos-no-carnaval-de-salvador-161020/#:~:text=%C3%89%20o%20caso%20do%20Sistema,durante%20o%20Carnaval%20de%20Salvador.&text=%22O%20Carnaval%20de%202020%20confirma,de%20ponta%20em%20grandes%20eventos. Acesso em: 19 nov. 2020.

criminosos e suas penas, surgiu como a resolução dos problemas das penitenciárias lotadas, sendo uma espécie de panóptico individual, transportável e possível de ser carregado em qualquer tomada elétrica, virou símbolo de status para uma determinada condenada por crime de corrupção, colocando a vigilância estatal em um nível de ostentação, em uma afirmação de que o crime compensa e pode render uma aparição na mídia.[17]

Essas tecnologias digitais utilizadas cada vez mais na área da segurança pública não têm produzido efeitos desejados, ao contrário, estão produzindo uma especialização cada vez maior dos criminosos, seja na utilização de fraudes digitais e corrupção em governos, que desviam dinheiro de áreas como saúde e educação pública, seja no processo denominado de "militarização da criminalidade" (BORDIN, 2020, p. 191), processo "novo cangaço" (SODRÉ, 2018), termo criado pela mídia e incorporado ao meio policial (PONTES; FRANÇA, 2020), no qual grupos de 20, 30 ou mais criminosos, utilizando táticas, técnicas e armas militares dominam um território de um município, com pouco efetivo policial, e cometem roubos contra o sistema bancário. Essas cenas, que **são gravadas pelos moradores** por celulares e pelas câmeras de segurança, acabam sendo disseminadas de forma intensa, gerando mais sensação de insegurança.

À GUISA DE UMA CONCLUSÃO: O PANÓPTICO HIPERMILITARIZADO

A breve reflexão aqui desenvolvida demonstra que cada vez mais somos observados e observamos, e o ser humano ainda é peça fundamental nesse mundo do voyeurismo digital. Cada vez mais, temos em nossas mãos dispositivos de gravação de imagens e sons e que poderiam fazer a diferença em muitos casos, mas que, ao que parece, não está gerando um efeito positivo. O volume de informação produzido pela era digital não está nos emancipando e nem proporcionando melhorias na forma de nos relacionarmos com o nosso meio ambiente e muito menos com os outros seres humanos. A vigilância exacerbada está desnudando ainda mais a "personalidade autoritária" (ADORNO, 2019) de um número muito grande de pessoas em vários países, nos colocando no estágio denominado de "autoritarismo líquido" (SERRANO, 2020), proporcionando o panóptico hipermilitarizado, vigilante e pronto para a guerra, seja ela em qualquer local, seja a guerra pela manutenção das relações de poder mundial, seja a guerra contra o povo, travestida de guerra contra o crime ou contra as drogas.

A tecnologia policial/militar como forma de controle é uma tendência. Paul Virilio e Sylvere Lotringer (1984, p. 21) citam Winston Churchil, que afirmou: "Na guerra antiga, os episódios eram mais importantes do que as tendências: na guerra moderna, as tendências são mais importantes que os episódios". Essa frase nos coloca diante dessa tendência mundial: a humanidade está construindo seu panóptico hipermilitarizado, seja para controlar as massas, seja para matar um guerrilheiro, em uma "zona hostil" (CHAMAYOU, 2013, p. 24) qualquer, que esteja ameaçando a maior democracia e uma

17 Disponível em: https://veja.abril.com.br/blog/veja-gente/nelma-kodama-tornozeleira-chanel/. Acesso em: 21 nov. 2020.

das maiores potências militares do planeta. Nesse sentido, repensar a apropriação da tecnologia como forma de controle e de produzir a morte (pelas instituições militares/ policiais) em nome de uma falsa segurança se faz cada vez mais necessária, revertendo a ideia desse panóptico hipermilitarizado.

REFERÊNCIAS

ADORNO, Theodor W. *Estudos sobre a personalidade autoritária*. Editora UNESP, São Paulo, 2019.

AGAMBEN, Giorgio. *Homo sacer*: o poder soberano e a vida nua. Belo Horizonte: Editora UFMG, 2010.

BORDIN, Marcelo. *A guerra é a regra*: a hipermilitarização da segurança pública, da vida e do cotidiano. Tese de Doutorado em Sociologia do Departamento em Pós-Graduação em Sociologia da Universidade Federal do Paraná, Curitiba, no prelo, 2020.

BORDIN, Marcelo; GROTTI, Vyctor H. Considerações sobre a hipermilitarização da vida *in Revista Espaço Público*, Programa de Pós-Graduação em Políticas Públicas da Universidade Federal de Pernambuco, volume 5, 2020. Disponível em: https://periodicos.ufpe.br/revistas/politicaspublicas/article/view/242872.

CHAMAYOU, Grégoire. *Teoria do drone*. Editora Cosaf Nayf, São Paulo, 2015.

DAVIS, Mike. *Cidade de quartzo*: escavando o futuro em Los Angeles. 1. ed., tradução de Renato Aguiar, Scritta Editorial, São Paulo, 1993.

FERNANDES, Florestan. *A função social da guerra na sociedade tupinambá*. 3. ed. São Paulo: Editora Globo, 2006.

FOUCAULT, Michel. *Vigiar e punir*: nascimento da prisão. Tradução de Raquel Ramalhete, 19. ed., Editora Vozes, Petrópolis, 1987.

GUIDDENS, Anthony. *As consequências da modernidade*. São Paulo: Editora da Universidade Estadual Paulista (Unesp), 1991.

KORYBKO, Andrew. *Guerras híbridas* – das revoluções coloridas aos golpes. São Paulo: Editora Expressão Popular, 2015.

MORAES, Pedro Rodolfo Bodê de. *Punição, encarceramento e construção de identidade profissional entre agentes penitenciários*. Instituto Brasileiro de Ciências Criminais – IBCCRIM, São Paulo, 2005.

ORWELL, Wells. *1984*. Companhia das Letras, São Paulo, 2009.

PONTES, Rafael Araújo de; FRANÇA, Fábio Gomes de. *Novo cangaço?* Reflexões sobre a lógica criminal dos assaltos a banco no Brasil. Disponível em: https://www.rogeriogreco.com.br/post/novo-canga%C3%A7o. Acesso em: 02 dez. 2020.

SERRANO, Pedro E. A. P. Autoritarismo líquido e as novas modalidades de prática de exceção no século XXI. *Revista Themis* – Revista da *Escola Superior da Magistratura do Estado do Ceará, volume 18, número 1, 2020. Disponível em: http://revistathemis.tjce.jus.br/index.php/THEMIS/article/view/769. Acesso em: 02 dez. 2020.*

SILVA, Luiz Antonio Machado da. "*Violência urbana*", *segurança pública e favelas*: o caso do Rio de Janeiro atual. *Cad. CRH* [online], Salvador. 2010, vol. 23, n. 59 [citado 2020-11-21], p. 283-300. Disponível em: http://www.scielo.br/scielo.php?script=sci_arttext&pid=S0103-49792010000200006&lng=pt&nrm=iso. ISSN 0103-4979. https://doi.org/10.1590/S0103-49792010000200006.

SLEE, Tom. *Uberização*: a nova onda do trabalho precarizado. Tradução de João Peres e notas da edição Tadeu Breda e João Peres. Editora Elefante, São Paulo, 2017.

SODRÉ, Ronaldo Barros. O novo cangaço no Maranhão, *Confins* [En ligne], n. 37, 2018. Disponível em: https://bit.ly/33ev0Tf. Acesso em: 25 jun. 2019.

VIRILIO, Paul; LOTRINGER, Sylvere. *Guerra Pura*: a militarização do cotidiano. Editora Brasiliense, São Paulo, 1984.

ZUBOFF, Shoshana. Big Other: capitalismo de vigilância e perspectivas para uma civilização de informação *in: Tecnopolíticas da vigilância*: perspectivas da margem. Organização Fernanda Bruno *et al.*, tradução Heloísa Cardoso Mourão *et al.*, 1. ed., Boitempo, São Paulo, 2018.

CAPÍTULO 12
POLÍTICAS DE PRIVACIDADE: BORRAMENTO DAS FRONTEIRAS ENTRE PÚBLICO E PRIVADO

Maria Izabel Machado
Cinthia Obladen de Almendra Freitas
Rodrigo Bombonati de Souza Moraes

INTRODUÇÃO

Pensar o que significam as palavras/conceitos público e privado em tempos de Revolução 4.0 implica refletirmos não apenas sobre o avanço do trabalho no âmbito doméstico, mas, sobretudo, na magnitude das transformações informacionais que nos tocam, ou nos atingem, a depender dos lugares que ocupamos nesse mercado em que somos, a um só tempo, consumidores e produtos. Se o tempo tem sido sequestrado em escala exponencial pelo capitalismo flexível, as redes de dados e o modo como têm sido acionadas para classificar, ordenar, discriminar por meio dos algoritmos, deixam evidente o esvaziamento do público como instância de participação e autonomia.

Algoritmos são movidos por dados, dados geram informações sobre pessoas, que por sua vez geram mais e mais dados. Por isso, há que se refletir sobre exposição e privacidade. Inicialmente, tem-se por premissa que o excesso de informação se mostra atrelado ao excesso de exposição. A exposição é real e faz com que conceitos, como visibilidade, identidade e privacidade se tornem relevantes. E, mais especificamente reflete-se sobre o direito à privacidade e à proteção de dados como direitos fundamentais. Para tal, não se pode deixar de comentar sobre os Termos de Uso/Serviço (*Terms of Service* (ToS)) de redes sociais, plataformas ou serviços online. Assim, são apresentadas ponderações sobre a Lei Geral de Proteção de Dados Pessoais (LGPD), passando por uma breve discussão sobre o uso de algoritmos e que a falta de conhecimento pode levar a riscos, visto que a relação dos algoritmos com a vida das pessoas em sociedade é fato.

Sabendo que a arte imita a vida, algumas produções fílmicas, no formato de documentários, têm procurado desvendar uma espécie de segredo dos algoritmos desenvolvidos pelas plataformas digitais de trabalho e de consumo. Segredo, com efeito, para leigos na tecnologia da informação e comunicação, mas muito evidente aos seus criadores, geralmente, contratados pelas *Big Techs* ou corporações da área tecnológica para produzirem as regras de funcionamento do mercado tecnológico global, que serão ditadas aos indivíduos e sociedades.

Entende-se por mercado não apenas a esfera da circulação de mercadorias, com seu respectivo ganho econômico-financeiro, mas, sobretudo, as dimensões do trabalho e do consumo. Adicionalmente, "ditar as regras" consiste na produção de modelos de negócio que alteram as relações de trabalho e emprego, bem como as preferências, escolhas e comportamentos dos indivíduos no âmbito do consumo. O desvelamento do segredo pode ser feito por meio da construção de uma esfera pública que permita a discussão livre e simétrica acerca do funcionamento algorítmico dos produtos dessas corporações, bem como a consequente regulamentação do mercado, constituído pelas plataformas digitais.

Nesse derradeiro capítulo, objetivamos refletir sobre o borramento das fronteiras entre o público e o privado, acentuando o papel fulcral do espaço público para delimitar o campo de ação das corporações tecnológicas, em sua formulação 4.0, seja a partir da elaboração e promulgação de legislações específicas, seja pela discussão pública, articulada por especialistas e leigos nessa área.

BORRAMENTO DA FRONTEIRA ENTRE O PÚBLICO E O PRIVADO

Pensar as implicações da Revolução 4.0 em contexto pandêmico nos coloca frente ao desafio de compreender a agudização das mudanças que já se enunciavam ao longo das últimas décadas, em especial certa indeterminação nas fronteiras entre público e privado. Se para autores como Max Weber (2008) a modernidade racionalizada tratou exatamente de separar casa e trabalho via burocratização, para outros como Richard Sennett (2005) o capitalismo flexível tem nos conduzido no caminho contrário, em direção ao amálgama vida/trabalho. Do ponto de vista histórico, a distância que separa esses olhares tão díspares não é suficiente para explicar a transição paradigmática que se vive. A reflexão proposta aponta, pois, para os avanços tecnológicos como elemento motor, ainda que não determinante, para as mudanças societais de que se faz parte.

Para Weber (2008), a racionalização colocada em curso na e pela modernidade estabeleceu parâmetros de rotinização burocrática por meio de algumas medidas, como a regularidade das atividades distribuídas de forma fixa, a instituição e reconhecimento das figuras de autoridade e o estabelecimento de práticas metódicas sob o domínio da técnica. A previsibilidade oriunda da superioridade técnica asseguraria a impessoalidade necessária para nos proteger de práticas patrimonialistas tão nocivas quanto irracionais. É exatamente nesse ponto que se fracassa o empreendimento da racionalidade burocrática, em que os indivíduos se veem à mercê da exploração pessoal via usufruto dos bens públicos/coletivos por agentes individuais.

Nesse sentido, o custo a ser pago com declínio no humanismo, da criatividade e em última instância da liberdade, seriam compensados pela possibilidade de pacificação absoluta via manutenção da ordem, tendo o aparato policial como braço do Estado para esta função, e pelo bem-estar social gerado pela previsibilidade. Do ponto de vista dos agentes, se descortina uma noção de carreira que associa a viabilidade de traçar planos a longo prazo a valores, como honra e prestígio social.

Destaca-se nessa concepção de racionalidade própria do capitalismo nascente, a nítida demarcação da fronteira entre público e privado. No plano da gestão pública via autoridade burocrática, ou no domínio econômico privado por meio da administração burocrática, ganham força princípios democráticos impensáveis em tempos de domínio do gênio pessoal. Livres dos apadrinhamentos e dos laços de obediência servis, os indivíduos poderiam a partir de então se lançar no empreendimento de si e de suas carreiras. Em franca oposição aos privilégios feudais, patrimoniais e plutocráticos, essa mentalidade, própria do capitalismo nascente, foi fundamental para a consolidação do Estado moderno e suas instituições.

Ainda que do ponto de vista epistemológico Weber não deixe dúvidas quanto ao fato de que suas formulações não se ocupam de emitir juízos valorativos, fica evidente certo elogio a essa racionalidade que nos constitui como indivíduos e nos ordena como sociedade, na medida em que impede, exatamente porque ao separar quem se é do que se faz, que se sejam reduzidos aos efeitos da estrutura, seja ela laboral ou societal.

Contudo, não é preciso avançar muito nas leituras acerca do capitalismo e suas mutações para concluir que tanto as relações de produção quanto os agentes envolvidos nessas relações – são outros. A mudança central, e nesse ponto a convergência vem a partir da análise de Sennett, está sobretudo na relação com o tempo. Se em Weber a rotinização e previsibilidade permitiam ordenar o cotidiano e a própria existência, para Sennett o sequestro do tempo pelo capitalismo flexível retira de cada indivíduo precisamente a possibilidade de se pensar ao longo do tempo, de traçar narrativas coerentes sobre si mesmos, de prever, preparar o futuro.

Como um sistema de poder em muitos casos ilegível, a ênfase na flexibilidade do capitalismo contemporâneo enuncia um ataque às burocracias rígidas em nome de uma suposta autonomia no controle de nossas vidas. As jornadas de trabalho tornadas fluidas são um exemplo emblemático de como se constroem discursividades e por meio delas se instituem práticas que atam, no sentido de ligar, mas também de apertar como um nó, em um emaranhado de dispositivos que anunciam liberdade e entregam uma versão 4.0 da jaula de ferro.

Enquanto parte integrante do "espírito do capitalismo" (WEBER, 2004, p. 42), o controle sobre o tempo e seus usos ainda se faz presente em nossa sociedade, mas intensifica-se, segundo o caminho analítico ora proposto. Ao ponto de impactar, como afirma Sennett (2005) o que há em identidades de mais duradouro: o caráter, o conjunto de traços que se valoriza em cada um e pelos quais se espera reconhecimento. Constituidores de grupamentos de identidade e personalidade só podem ser desenvolvidos em longo prazo, a partir do estabelecimento de laços duradouros, da busca de metas de largo alcance, pela lealdade e capacidade de adiar satisfações imediatas com vistas a uma ideia de futuro.

Para ambos os autores, Weber e Sennett, há um forte componente sacrificial no capitalismo que o atravessa: a ascese protestante que via com maus olhos o consumismo, a luxúria e os prazeres em geral, não obstante autorizasse o acúmulo de posses como signo de bendições, e a noção de meritocracia contemporânea baseada em máximas como "estude enquanto eles dormem". O uso disciplinado do tempo, que desloca para o indivíduo a responsabilidade pelo sucesso ou fracasso, estaria na base dessa complexa engrenagem que move as relações econômicas atuais.

A necessidade de distanciamento social imposta pela pandemia de COVID-19 a partir de 2020 impôs uma reengenharia das relações produtivas levando muitos indivíduos ao que se convencionou chamar de trabalho remoto: o que era feito nos escritórios, salas de aula, repartições, passou a ser feito de casa. Ainda que se reconheça a importância dessa medida para a contenção do contágio e consequentemente do número de óbitos, é preciso destacar os efeitos desse apagamento das fronteiras entre casa e trabalho, na vida, no cotidiano, nos afetos e mesmo na saúde física e mental de todas as pessoas tocadas por essas medidas.

Mesmo que tenham sido tentados a manter horários, rotinas laborais, produtividade, o avanço do trabalho para suas casas invadiu também nossa privacidade, nosso tempo de descanso, as horas destinadas às tarefas do cuidado, como revelam levantamentos realizados em contexto de pesquisa empírica. Dentre os diversos estudos em andamento chama a atenção para as consultas realizadas pelas universidades e coordenações de curso a fim de avaliar o Ensino Remoto Emergencial (ERE), modalidade adotada por grande parte das instituições de ensino superior federais que inclui aulas síncronas (ao vivo) transmitidas por plataformas digitais, e atividades assíncronas realizadas pelos estudantes em caráter de complementação de carga horária.

Os relatos de discentes convergem afirmando que trabalhar e estudar remotamente significou não ter tempo de qualidade para nenhuma das atividades, além do acúmulo das tarefas domésticas, ainda majoritariamente realizadas pelas mulheres no contexto brasileiro, somado ao cuidado com os filhos ou familiares doentes. Estudar na modalidade presencial, relata uma estudante do curso de Pedagogia, "era o tempo que eu tinha para mim", tempo esse que precisa agora ser fragmentado para atender múltiplas tarefas.

Para Sennett, é precisamente a dimensão temporal, menos que a transmissão de dados e mercados globais, que mais intensa e diretamente afeta a vida emocional das pessoas. A pergunta central para o autor é como podem ser desenvolvidas narrativas de identidade e mesmo uma história de vida baseada no cotidiano episódico e fragmentado. O capitalismo de curto prazo, que já impunha essa lógica às relações laborais, avança sobre nossas vidas privadas de maneira a fragilizar mesmo os laços relacionais entre os mais próximos, o núcleo familiar.

As consequências imediatas podem ser observadas no avanço do adoecimento psíquico, que tem mais a ver com as condições de trabalho e vida, que com a pandemia em si. Hipótese corroborada pelo próprio Sennett: "o que é singular na incerteza hoje é que ela existe sem qualquer desastre histórico iminente; ao contrário, está entremeada nas práticas cotidianas de um vigoroso capitalismo" (SENNETT, 2005, p. 33).

Esse dado coloca em questão leituras demasiado otimistas que prognosticavam um mundo mais solidário, menos consumista, em desaceleração em razão da pandemia. O que os achados empíricos apontam até o momento nos conduz em outra direção: no lugar da solidariedade o isolamento, no qual se esperava consumo mais consciente depara-se com o empobrecimento da população e a exploração econômica dos pobres como demonstram as chocantes notícias da venda de ossos nos supermercados; na contramão da desaceleração, o acúmulo de tarefas e a sobrecarga.

O recuo do trabalho para o privado acentuou os já frágeis vínculos comunitários e mesmo os meios de participação cívica, diretamente dependentes do senso de pertencimento. Nesse capitalismo de curto prazo não há tempo para o cultivo, sejam das qualidades de caráter ou mesmo das relações que poderiam nos conectar coletivamente, ambos exigem tempo, a construção de confianças recíprocas.

A simbiose entre o local de trabalho e o de vida altera nossas referências de tempo e espaço de maneira desastrosa. Ao mesmo tempo é alargada e intensificada a jornada de trabalho, remontando aos conteúdos da alienação como já chamava a atenção Karl Marx (2008). Ao se confundir com o que faz, o indivíduo se perde, perde-se o tempo necessário à fruição, desumaniza-se. Nas palavras de Sennett: a "falta de controle sobre o tempo de trabalho significa morte espiritual" (SENNETT, 2005, p. 41).

Nesse contexto, pode-se reaproximar Sennett e Weber em uma espécie de elogio à rotina, que se por um lado mecaniza as práticas cotidianas, assegura a previsibilidade necessária para que sejam traçadas narrativas coerentes de nossas trajetórias, para que se tenha condições suficientes para compor vidas, para além de atividades laborais.

A descontinuidade do tempo, ou da percepção dele, compõe parte fundamental das modernas formas de flexibilização incluindo ainda a repulsa à dita rotina burocrática, a reinvenção das instituições e a concentração do poder sem centralização (SENNETT, 2005). Dentre os dogmas administrativos contemporâneos está a primazia das redes em relação às estruturas piramidais, sob a alegação da permanente possibilidade de reengenharia sem perda da totalidade. Do ponto de vista dos agentes, as exigências de adaptação a esse modelo que tem na impermanência sua principal virtude implicam na disposição constante, na entrega ilimitada de si, na devoção quase religiosa à marca a qual se está associado. O controle dos perfis de colaboradores em redes sociais por parte dos empregadores é prática corrente e conhecida, um indicador no mínimo preocupante do totalitarismo da "gestão flexível".

O tempo de trabalho, supostamente gerido pelo próprio trabalhador, apresenta-se nessa lógica como mais um benefício, uma possibilidade de "fazer seu próprio tempo"; na prática, contudo, revela o avanço da atividade laboral para o tempo da vida, do lazer, do aprendizado, do estabelecimento de laços.

UM OLHAR DA TECNOLOGIA SOBRE EXPOSIÇÃO, ALGORITMOS, DADOS E PRIVACIDADE

Causou espanto quando o aplicativo TikTok anunciou que estava abrindo os seus algoritmos de classificação e compartilhamento de vídeos e desafiando os seus concorrentes a fazerem o mesmo (PRETA, 2020). A notícia causou impacto entre os desenvolvedores de software, mas deixou perplexa a comunidade técnica, científica e jurídica frente aos reflexos de tal anúncio.

Vive-se um cenário de sociedade de risco e de controle, frente aos acordos realizados por estados totalitários ou não, e empresas de Tecnologias de Informação e Comunicação (TIC), a exemplo das redes sociais, serviços online, entre outros (FREITAS; PAMPLONA, 2017). Os dois lados da balança, risco e controle, estão sobre um ponto central que é a privacidade e a proteção de dados pessoais (BOFF; FORTES; FREITAS, 2018). Algoritmos são movidos por dados, dados geram informações sobre pessoas, que por sua vez geram mais e mais dados.

Dados pessoais podem ser capturados por meio de múltiplos dispositivos heterogêneos e os aplicativos seguem o usuário em movimento, ou seja, pode-se andar e falar ao celular, fotograr uma cena de interesse, postar em uma rede social e ainda indicar a localização, com latitude e longitude, da cena. Nesse ambiente digital os dispositivos interagem entre si, por meio das mais variadas *interfaces* (*Universal Serial Bus* (USB), Infravermelho e *Bluetooth*) e, além disto, é importante salientar que o ambiente troca informações com os dispositivos e vice-versa, sendo que a aplicação responde às mudanças no ambiente (casa inteligente, roupa inteligente e carro inteligente, são alguns exemplos).

Tem-se aqui o paradigma que norteia o desenvolvimento de um meio ambiente digital que congrega ubiquidade, pervasividade e inteligência, sendo o elemento de ligação formado pelo conjunto de dados veiculados, capturados, tratados e armazenados. Na visão de Schwab (2016) vive-se a "Quarta Revolução Industrial", uma vez que três razões sustentam tal revolução: velocidade, amplitude e profundidade e, por último, impacto sistêmico. O autor explica que as mudanças estão ocorrendo em um ritmo exponencial e não linear, como tradicionalmente se busca descrever e entender a tecnologia. Além disso, a combinação de várias tecnologias (multiplataformas, multitarefas, entre outros) e a tranformação de sistemas inteiros (desde países até empresas) "não está modificando apenas o 'o que' e o 'como' fazemos as coisas, mas também 'quem' somos" (SCHWAB, 2016, p. 13).

Como retratado por Duhigg (2012, p. 81-82), a Target, gigante rede de lojas de departamento dos Estados Unidos, atribuía um número único a cada um de seus clientes e armazenava dados relativos às suas compras, identificando assim seus produtos preferidos, hábitos de consumo, valor médio de gastos, uso ou não de cupons e cartão fidelidade. Juntamente, dados pessoais de cadastro que identificavam dentre outras informações, sexo, idade, profissão e local de moradia, contratou estatísticos que, utilizando ferramentas computacionais, analisaram estes dados para extrair conhecimento relevante, estabelecendo padrões de consumo de cada cliente, permitindo assim alavancar suas vendas.

Para tal, podem ser aplicados diferentes algoritmos tanto para descobrir padrões quanto para determinar a correlação entre conjuntos de dados, de modo a estabelecer um perfil, visto que tais padrões e correlações permitem identificar ou representar pessoas ou grupos de pessoas. Cabe, explicar a caracterização de perfil (*profiling*). Boff, Borges e Freitas (2018, p. 161) explicam, inicialmente, que

> o termo mais adequado em português seja perfilagem ou perfilamento, mas o que se percebe, mesmo nos artigos científicos, é o emprego da palavra inglesa. Assim, a caracterização de perfil refere-se aos métodos e técnicas computacionais aplicados aos dados pessoais ou não dos usuários. E, em tempos de Big Data, dados não faltam para serem processados (BORGES; FREITAS, 2018, p. 161).

Muitas são as definições de perfilamento, mas Ferraris et al. (2003, p. 06) apresentam definições relevantes ao capítulo aqui proposto: "*the act or process of extrapolating information about a person based on known traits or tendencies, e.g. consumer profiling*" ou "*the act of suspecting or targeting a person on the basis of observed characteristics or behaviour, e.g. racial profiling*". Assim, Ferraris et al. (2003, p. 06) inferem que "*profiling is a process of construction of a series of information (a profile), which is then applied to something or someone (individual or group) by techniques of data elaboration*".

De acordo com Hildebrandt (2009, p. 243), *profiling* pode ser definido como uma nova maneira de conhecimento que torna visível os padrões que são invisíveis ao olho humano, de modo que "*the invisibility of the patterns become visible to the profiler and the inability to anticipate the consequences of the application of profiles derived from other people's data clearly rule out informed consent*". Na sociedade informacional e tecnológica em que se vive, determinar o que é ou não relevante para os indivíduos é tão importante, que Pariser (2012, p. 16) menciona que a "tarefa de examinar essa torrente cada vez mais ampla em busca das partes realmente importantes, ou apenas relevantes, já exige dedicação em tempo integral", de modo que "somos cada vez mais incapazes de dar conta de tanta informação". Portanto, métodos e técnicas de tratamento de dados, independentemente de que dados sejam, têm sido aplicados pelos mais variados sistemas, serviços ou empresas.

Outro reflexo ligado às técnicas de tratamento de dados, também relacionado com o *profiling*, é a discriminação, o qual pode ser considerado como um efeito colateral perigoso, portanto, é abordado a seguir de modo mais detalhado a fim também de se analisar a legislação brasileira pertinente, visto que ao se determinar quais indivíduos compõem um perfil, pode-se gerar discriminação.

Portanto, há que se refletir sobre exposição e privacidade. Inicialmente, tem-se por premissa que o excesso de informação mostra-se atrelado ao excesso de exposição, exposição esta sem limites de cada indivíduo de maneira a refletir seus gostos, modo de vida, interesses, amigos, pensamentos e atitudes.

A exposição é real e faz com que conceitos, como visibilidade, identidade e privacidade se tornem relevantes. Por outro lado, existem as técnicas computacionais que permitem desde a indexação e recuperação da informação até a Mineração de Textos (*Text Mining*), a qual é entendida como o processo de obtenção de informação de qualidade a partir de textos em linguagem natural (FELDMAN; SANGER, 2007, p. 1). Podem ser incluídas ainda as técnicas de Aprendizagem de Máquina (*Machine Learning*), a exemplo de agrupamento ou clusterização (TAN et al., 2009, p. 1). Essas técnicas possibilitam desde associações simples, por exemplo: qual é o conjunto de consumidores que acessa um determinado site e reside numa determinada cidade? Até associações complexas, por exemplo: qual a emoção associada a um *post* de um determinado usuário em uma rede social?

A exposição exacerbada necessita que cada vez mais se conheça o limite do privado e pessoal diante do que se torna público. A exposição surge do momento em que para utilizar software ou aplicativos (seja para pedir comida - iFood, solicitar um transporte - Uber, acessar uma rede social - Facebook, Twitter, Instagram, ou compartilhar um arquivo em um repositório - Dropbox), os usuários necessitam, inicialmente, cadastrar-se e, logo, criar o que é conhecido como perfil.

Na língua portuguesa, no Brasil, exposição é "substantivo feminino. Exibição pública; revelação" (BUENO, 2007, p. 341). Nota-se que a exibição vem acompanhada do termo pública, ou seja, aos outros, à sociedade ou àqueles que integram alguma plataforma, rede social ou aplicativo. Nesse contexto, entende-se a formação da cultura de exposição tal qual descrita por Tim Wu, professor da *Columbia University*, explicando que "A cultura da exposição reflete a filosofia da web, na qual ser percebido é tudo". Sibilia (2003, p. 5) explica que "Todas essas tendências de exposição da intimidade que proliferam hoje em dia, portanto, vão ao encontro e prometem satisfazer uma vontade geral do público: a avidez de bisbilhotar e 'consumir' vidas alheias". Fica implícito nesses entendimentos que os indivíduos que formam a sociedade de exposição compartilham interesses ou preocupações mútuas a partir de um objeto ou objetivo comum. A sociedade de exposição tem seus atores como o objeto de interesse e como objetivo expor-se.

Tem-se como premissa que os dados pessoais são o elemento central da exposição, de modo a torná-los tal qual mercadorias (commodity) frente ao mercado global de redes sociais e serviços baseados na Internet. Kitchin (2014, p. 11) assevera que

> E os dados eles mesmos, beiram se tornar uma importante mercadoria, ativamente comprada e vendida em um mercado global de vários bilhões de dólares. Para os governos, dados dinâmicos generalizados estão oferecendo novas

> introspecções sobre suas próprias operações, bem como remodelando os meios para governar e regular a sociedade (KITCHIN, 2014, p. 11).

Chega-se, portanto, à privacidade, mais especificamente ao direito à privacidade e à proteção de dados como direitos fundamentais. E, Dresch e Freitas (2021) discutem a anatomia dos Termos de Uso/Serviço (*Terms of Service* (ToS)), seguindo numa análise da aplicabilidade deste instrumento para efetivamente regular as relações na Internet, e por fim entender como a Lei Geral de Proteção de Dados Pessoais (LGPD), Lei 13.709/2018 (BRASIL, 2018) poderá alterar a inequidade da relação entre provedores e usuários. Os autores asseveram que tais Termos violam direitos fundamentais de forma consentida, uma vez que os usuários já estão condicionados a clicar no botão "ACEITO", de modo a concordar, sem ler os longos e complexos Termos de Uso, sem que haja espaço para discutir ou configurar tais Termos. Assim, se explica a existência de cláusulas que ultrapassam a privacidade do usuário para coletar dados que vão muito além dos dados necessários ao cadastro para uso da rede social, aplicativo ou serviço online.

A partir do advento da LGPD, vê-se uma mudança paradigmática. Sites, aplicativos, redes sociais e outros, tem, por força da adequação, seja no Brasil, na Europa ou outros países, inclusive a China, a partir de seus próprios regramentos e legislações, buscado estabelecer uma interface diferenciada para que o usuário configure características e propriedades relacionadas à privacidade. Princípios como finalidade, adequação, necessidade e transparência (art. 6º, LGPD), passaram a ser conformados por consentimento (BIONI, 2019): "manifestação livre, informada e inequívoca pela qual o titular concorda com o tratamento de seus dados pessoais para uma finalidade determinada" (art. 5º, inciso XII, LGPD). A importância do consentimento, a ser dado pelos titulares de dados, está demostrada pelo detalhamento cuidadoso no corpo legislativo, de modo a caber ao controlador o ônus da prova de que o consentimento foi obtido, ser vedado o tratamento de dados pessoais mediante vício de consentimento, ser nula as autorizações genéricas para o tratamento de dados pessoais, sendo possível a revogação do consentimento a qualquer momento mediante manifestação expressa do titular (art. 8º, LGPD).

Sob a perspectiva dos titulares de dados (art. 5º, inciso V): "pessoa natural a quem se referem os dados pessoais que são objeto de tratamento", seja o tratamento realizado por meio eletrônico, digital ou manual, entende-se que a LGPD se aplica a todos os meios (físico e digital) e traz muitas reflexões. Há, portanto, um rol de direitos, os quais podem ser solicitados, a qualquer momento e mediante requisição ao controlador, para que o titular de dados, entre outros direitos, possa obter: a) confirmação de existência de tratamento; b) acesso aos dados coletados e tratados; c) correção de dados incompletos, inexatos ou desatualizados; c) anonimização, bloqueio ou eliminação de dados desnecessários, excessivos ou tratados em desconformidade; d) portabilidade dos dados a outro fornecedor de serviço ou produto; e) eliminação dos dados pessoais tratados com o consentimento do titular, com exceções; f) informação das entidades públicas e privadas com as quais o controlador realizou uso compartilhado de dados; g) informação sobre a possibilidade de não fornecer consentimento e sobre as consequências da negativa; e h) revogação do consentimento (art. 18º, LGPD).

Outro ponto relevante para se estabelecer um breve olhar da tecnologia sobre exposição, algoritmos, dados e privacidade é a relação entre proteção de dados e segurança da informação. A LGPD é uma oportunidade para que as áreas jurídica e tecnológica trabalhem conjuntamente, compreendendo as necessidades e estabelecendo planos de ação e mitigação de riscos (jurídicos e tecnológicos), evoluindo de um Sistema de Gestão da Segurança da Informação (Norma ISO/IEC 27.001) para um Sistema de Gerenciamento de Informações de Privacidade (Norma ISO/IEC 27.701) (FREITAS; SANTOS; PASINATO, 2020). Há que se lembrar também que a LGPD carrega em seu bojo aspectos não somente jurídicos, mas um arsenal de termos técnicos da área de Segurança da Informação associados aos termos básicos da área de Ciência da Computação como um todo. Alguns exemplos dos aspectos tecnológicos que permeiam o texto legislativo são: coleta de dados, tratamento de dados, anonimização, bloqueio, prevenção, riscos, medidas, salvaguardas e mecanismos de mitigação de riscos e relatórios de impacto à proteção de dados pessoais. Todos esses elementos são importantes frente ao interesse de proteger dados e garantir a privacidade como direito fundamental para todos os titulares de dados.

A LGPD tem como atores importantes os agentes de tratamento de dados e Autoridade Nacional de Proteção de Dados (ANPD). Os agentes de tratamento, são caracterizados tanto pelos operadores quanto pelos controladores, sendo o primeiro: "pessoa natural ou jurídica, de direito público ou privado, que realiza o tratamento de dados pessoais em nome do controlador" e o segundo: "pessoa natural ou jurídica, de direito público ou privado, a quem competem as decisões referentes ao tratamento de dados pessoais" (art. 5º, incisos VI e VII da LGPD). São os agentes responsáveis por "manter registro das operações de tratamento de dados pessoais que realizarem, ..." (artigo 37, LGPD). Já a ANPD poderá determinar ao controlador que elabore Relatório de Impacto à Proteção de Dados Pessoais (RIPD), incluindo dados sensíveis, referente às suas operações de tratamento de dados, observando-se os segredos comercial e industrial (artigo 38, LGPD). O RIPD é a documentação na qual o controlador descreve os processos de tratamento de dados pessoais que podem gerar riscos às liberdades civis e aos direitos fundamentais, bem como as medidas, salvaguardas e mecanismos de mitigação de risco, tecnológicos e jurídicos (art. 5º, inciso XVII, LGPD).

Considerando o exposto, cabe ainda uma última pergunta: Os algoritmos controlam a vida das pessoas? A resposta não é trivial e nem pode ser binária, ou seja, ou sim ou não. Entre o sim e o não existe um universo de possibilidades que precisam ser entendidas, não se podendo esgotar neste texto toda a reflexão necessária. Do ponto de vista dos algoritmos, não se pode deixar de mencionar a discutida determinação, e posterior suspensão, de perícia nos algoritmos da Uber, por meio de decisão da 80ª Vara do Trabalho do Rio de Janeiro, sendo que a decisão foi pelo Ministro Douglas Alencar até julgamento pelo Tribunal Superior do Trabalho.[1] A suspensão ocorreu com base na alegação da plataforma que a perícia, além de ser desproporcional e sem necessidade, violaria o

1 Disponível em: https://www.conjur.com.br/2021-jun-01/ministro-tst-suspende-pericia-tecnica-algoritmo-uber. Acesso em: 20 out. 2021.

segredo empresarial, os princípios da livre concorrência e da liberdade de iniciativa.[2] Estabelecer vínculos empregatícios, abusos, modelos de negócios e de trabalho a partir de algoritmos também não é uma tarefa trivial, visto envolver diferentes aspectos tecnológicos e jurídicos, incluindo aspectos legislativos que devem levar em consideração as características intrínsecas dos sistemas computacionais frente a todas as possibilidades de tratamento de dados pessoais ou não, sendo mais preocupante a questão dos dados pessoais e dos dados sensíveis.

A relação dos algoritmos com a vida das pessoas em sociedade é fato. E a reflexão que se quer deixar registrada é exatamente sobre o desconhecimento do funcionamento dos algoritmos, desconhecimento que pode levar mais especificamente a riscos, a saber: (i) julgar mal o "poder" do algoritmo; (ii) enfatizar demais a sua importância; (iii) pensar erroneamente que o algoritmo é um "agente" independente e isolado e, finalmente; (iv) não perceber como o "poder" pode ser realmente implementado por tecnologias e algoritmos.

É preciso compreender que os algoritmos operam sobre dados e podem: ordenar, classificar, minerar, descobrir conhecimento, agrupar clientes, estabelecer perfil (*profiling*), conhecer gostos e preferências, conhecer qual o comportamento na rede (*behavourial tracking*), rastrear contatos em tempos de pandemia (*contact tracing*) (FREITAS; CARNEIRO; GLASMEYER, 2020), indicar produtos, recomendar, reconhecer faces, reconhecer emoções, recuperar informações, tomar decisões: aritméticas, lógicas, relacionais, estatísticas e probabilísticas.

A discussão é complexa e a vida de cada indivíduo está, neste momento, em "processamento" por inúmeros algoritmos, cabendo a cada pessoa assumir também sua parcela sobre a proteção dos dados pessoais, questionando a exposição excessiva. A LGPD empodera os titulares por meio da explicitação de direitos, mas não é a solução mágica e definitiva para todos os problemas.

PLATAFORMAS DIGITAIS E ESFERA PÚBLICA

O debate acerca da tecnologia, em sua formulação 4.0, deve sair das obscuras bolhas dos especialistas em algoritmos e ferramentas técnicas, estereotipadamente representadas nos centros tecnológicos do Vale do Silício ou mesmo nas empresas alemãs, precursora do que conhecemos hoje como Indústria 4.0, e vir à luz por meio do debate público, de modo tão transparente quanto aventado pela ação comunicativa habermasiana (GONÇALVES, 1999), de sorte que se demonstre o modo de funcionamento das plataformas digitais de trabalho ou das redes sociais, que impactam, objetiva e subjetivamente, trabalhadores e consumidores contemporâneos.

Da mesma forma que um trabalhador, formalmente empregado, deve saber quanto ganha e quanto lhe é descontado do salário, pois existe uma legislação que assim regula a

2 Disponível em: http://tst.jus.br/-/ministro-suspende-realiza%C3%A7%C3%A3o-de-per%C3%ADcia-t%C3%A9cnica-no-algoritmo-da-uber. Acesso em: 20 out. 2021.

relação de emprego, e um consumidor sabe o que consume ao ler o rótulo dos produtos que compra, pois, da mesma forma, existe uma legislação que regula o consumo.

As plataformas digitais deveriam declinar como funciona o processo de contratação, seleção e controle sobre o trabalho, bem como a maneira como captam, estruturam e analisam os dados colhidos de seus usuários e consumidores, o que implica dizer que deveriam tornar público o funcionamento de seus algoritmos.

Alguns passos já foram tomados na direção de proteção dos dados dos usuários das novas tecnologias digitais, a partir da promulgação da LGPD, conforme visto na seção anterior. Contudo, é preciso avançar para garantir, antes de tudo, que o trabalho para as plataformas digitais seja feito atendendo os princípios do trabalho decente, preconizados pela OIT (ABRAMO, 2015), para além de tornar o consumidor consciente das características do produto ou serviço digital que utiliza e, em um dado sentido, de que está sendo por ele utilizado.

O trabalho e o consumo não são esferas, totalmente, privadas como alguns querem. São, antes, práticas socialmente organizadas, com leis e regras publicamente estipuladas e politicamente produzidas. Basta lançarmos um olhar sobre a quase extinta Consolidação das Leis do Trabalho (CLT) e o Código de Defesa do Consumidor, instrumentos jurídicos brasileiros, para constatarmos o caráter público das ações consideradas privadas.

A sociedade deve, portanto, apropriar-se dos modos de produção e de uso das novas tecnologias digitais, criadas por entes públicos ou privados, pois seus impactos são, invariavelmente, sociais. Para tanto, deve-se constituir uma esfera pública política, formada por uma rede multidisciplinar de atores sociais, especialistas e leigos na área tecnológica, de modo que se compreendam as novas determinações a que os indivíduos estão submetidos.

DESVELANDO O SEGREDO DOS ALGORITMOS

Nos últimos anos, a sociedade, no geral, tem se ocupado dessa discussão seja nos debates mediados pela imprensa seja nos espaços acadêmicos seja nas casas legislativas. Particularmente, para dar mais visibilidade e clareza ao tema, profissionais envolvidos com o audiovisual também têm feito sua parte, produzindo documentários que nos convidam a refletir sobre as tecnologias, em sua formulação 4.0, nos campos político, empresarial e trabalhista, como é o caso dos filmes *Coded Bias* (2020), *O Dilema das Redes* (2020) e o brasileiro, *Gig – a Uberização do Trabalho* (2019).

O documentário *Coded Bias*, lançado em 2020, dirigido por Shalini Kantayy, mostra de que forma a Inteligência Artificial (IA) pode conter vieses no reconhecimento facial dos indivíduos. A pesquisadora do Instituto de Tecnologia de Massachusetts (MIT), Joy Buolmwini, fez essa descoberta da maneira mais inconteste possível: ela mesma não foi reconhecida pelo dispositivo. Exímia conhecedora dos algoritmos das tecnologias de IA, ao utilizar um dispositivo de reconhecimento facial, percebeu, em diversas tentativas, que o programa não conseguia relacionar seu rosto a uma imagem dela mesma. O motivo: ela é negra!

Ao iniciar suas investigações quanto ao motivo de os sistemas não reconhecerem pessoas negras, espantou-se ao perceber que a tecnologia ainda incorria em uma série de outros vieses quando utilizados com pessoas não brancas ou mesmo mulheres. Encontrou, no caminho investigativo, Cathy O´Neil, profunda conhecedora de matemática e programação computacional, e Silkie Carbo, da organização sem fins lucrativos *Big Brother Watch*, preocupadas em estudar e denunciar os vieses por detrás das novas tecnologias.

De criança prodígio em matemática, passando pela atividade de professora na *Bernard College*, vinculada à *Columbia University*, até chegar a analista em uma financeira líder em fundos de *hedge*, O´Neil (2016) experienciou diferentes formas e usos da matemática até perceber, após a crise imobiliária de 2008, que os matemáticos, com suas fórmulas mágicas, foram alguns dos responsáveis pelo colapso das principais instituições financeiras mundiais, além de terem contribuído para o aumento do desemprego nesse período (O'NEIL, 2016). Em sua vivência no mercado financeiro, O'Neil (2016) percebeu que profissionais como matemáticos e estatísticos, se ocupavam de estudos de nossa subjetividade, ações e renda para classificação e orientação comportamental. Realizavam, ainda, análises da confiabilidade dos indivíduos e calculavam o potencial de estudantes, trabalhadores, até, de criminosos. Para ela, essa é a verdadeira economia do *big data*, com a promessa de ganhos espetaculares (O'NEIL, 2016) e manipulação dos sentidos.

O documentário de Kantayy (CODED BIAS, 2020) ainda trata do caso da Carbo, que denuncia como a IA tem sido utilizada, pela polícia inglesa, para reconhecimento facial, em vias públicas, com a finalidade de identificar rostos de foragidos criminais ou próximos disso. O problema é que o sistema falha, segundo Carbo, em 98% das correspondências (comparação do rosto dos indivíduos com fotos de banco de dados do departamento de polícia). Em relatório recém-publicado, intitulado *Poverty Panopticon: the hidden algorithms shaping Britain's welfare state*, a ONG de Carbo, *Big Brother Watch*, denuncia a supervigilância, por meio de algoritmos, que os mais pobres e vulneráveis da Grã-Bretanha têm sofrido por conta das políticas públicas de bem-estar social.

De acordo com esse relatório, a decisão de quem deverá ser submetido a perguntas mais intrusivas para pedidos de pagamento previdenciário, por exemplo, é tomada por algoritmos. São esses que também fazem a varredura daqueles que perderão o pagamento do aluguel, que têm maior risco de se ficar em situação de rua e que possuem maior risco de fraude. Tudo isso sem o consentimento ou sequer o conhecimento dos indivíduos, cujos milhares de dados (*big data*) são inseridos no sistema, secretamente, e analisados por especialistas (BIG BROTHER WATCH, 2021).

Apenas mais dois exemplos fílmicos para posterior desdobramento analítico: Precedente ao *Coded Bias*, *O Dilema das Redes* (2020), dirigido por Jeff Orlowski, mostra de que modo as *Big Techs*, maiores empresas de tecnologia de consumo do mundo, têm utilizado a tecnologia, em sua formulação 4.0, para modificar ou reforçar comportamentos de consumo de marcas, produtos e até ideologias políticas. Talvez o documentário tenha causado certo furor não por mostrar que os dados são utilizados por empresas para direcionar comportamentos e preferências. Ora, isso é o que o marketing e a indústria do entretenimento fazem há décadas (BARBER, 2009; LIPOVETSKI,

2007; HORKHEIMER; ADORNO, 1985). A novidade está em mostrar que os navegantes das redes sociais são os produtos, as mercadorias a serem comercializadas nas bancas publicitárias: quanto maior o engajamento do indivíduo nas redes sociais, maior seu valor de uso (serventia prática) e de troca (dados comportamentais que serão comercializados com anunciantes ou consultorias políticas). De acordo com o relato de Jaron Lanier, considerado um dos precursores da realidade virtual e autor do livro *Dez argumentos para você deletar agora suas redes sociais*, as redes sociais buscam modificar o que o indivíduo faz, o que pensa e, mais existencialmente, o que ele é. (O DILEMA..., 2020).

Finalmente, o documentário *Gig – a Uberização do Trabalho*, de 2019, dirigido por Carlos Juliano Barros, Caue Angeli e Mauricio Monteiro, trata da precarização do trabalho, intensificada pelas plataformas digitais de trabalho (ILO, 2018). Do entregador de comida em duas rodas, passando pelo locutor, árbitro de "pelada" ao motorista de aplicativo, em comum está a gestão do trabalho por meio de algoritmos (GIG..., 2019; MORAES; GONZALES OLIVEIRA; ACCORSI, 2020). As, assim conhecidas, empresas-aplicativo, como Uber, iFood, entre outras, estruturam-se enquanto empresas de tecnologia, cujo modelo de negócio é, majoritariamente, baseado em dados, pois seu "*core business*" é produzir e gerenciar sistemas informacionais para mediar a relação entre consumidores e prestadores de serviço por meio da plataforma digital. Destaca-se no documentário o modelo de "gameficação" que os usuários, no caso, trabalhadores experimentam no cumprimento de prazos e metas para ganhar mais e se destacar frente aos seus pares, como se fosse um jogo, mas com enormes perdas. Não à toa, em julho de 2020, em meio à pandemia, entregadores por aplicativos protagonizaram uma impactante manifestação. Na pauta, criticaram a baixa remuneração, a longa jornada de trabalho, o risco de acidentes constante, a ausência de assistência das empresas-aplicativo, e ameaça do coronavírus (PSKOWSKI; VILELA, 2020; MORAES, 2020).

Os documentários mencionados mostram que a estrutura de mediação e produção das relações é a tecnologia, em sua formulação 4.0. Contudo, o conteúdo dessas mesmas relações é produto da ação humana. Por mais que as "máquinas aprendam" (*machine learning*) a descobrir padrões existentes em massas de dados e por mais que a artificialidade seja considerada inteligente, pelo mesmo motivo, o modelo tecnológico utiliza o que "sabe" e usa esse "saber", advindo de bases de dados, para predizer respostas em diferentes situações (O'NEIL, 2016). O documentário de Kantayy (CODED BIAS, 2020) mostra, claramente, que aquilo que o sistema "sabe" advém dos indivíduos que os alimentam com seus vieses, preconceitos e estigmas (O'NEIL, 2016).

Outro aspecto comum aos documentários é a aposta no espaço público para a redução dos danos causados pela tecnologia, em seu formato 4.0. Seja por meio de processos judiciais contra as *Big Techs*, seja pelas paralisações e manifestações ocorridas nas ruas de grandes cidades mundo a fora, as reivindicações passam por tornar os sistemas informacionais das redes socais e das plataformas digitais mais transparentes e, por que não dizer, justos.

ESFERA PÚBLICA COMO RESPOSTA AO SEGREDO DOS ALGORITMOS

Em seu livro intitulado *Consumido*, com subtítulo no mínimo instigante ("como o mercado corrompe crianças, infantiliza adultos e engole cidadãos"), ainda em uma época de pouca atuação das empresas digitais, Barber (2009) mostra como os consumidores, por suas ações, constroem resultados coletivos que são indesejáveis e sequer pretendidos pelos próprios indivíduos que os escolhem. Para o autor, consumidores "não são cidadãos, e, quando um sistema finge que são, coisas peculiares e até mesmo perversas acontecem com as tomadas de decisão e com a democracia, bem como com o compromisso da democracia com a diversidade" (BARBER, 2009, p. 242). E vaticina que é preciso a soberania democrática para moderar o mercado monopolista e anárquico.

Isso parece ser verdadeiro, hoje, quando a poderosa corporação Facebook, com mais de 1,5 bilhão de usuários, capital aberto e aparência de uma praça moderna, determina o que vemos e aprendemos em sua rede social, tendo em vista seus próprios interesses corporativos (O'NEIL, 2016). Inevitavelmente, a imagem de "praça moderna" traz a ideia do espaço público de encontro e manifestação, sendo, portanto, um espaço político. Não à toa, O'Neil (2016) mostra como essa mesma corporação influenciou o comportamento do voto dos eleitores estadunidenses nos anos de 2010 e 2012, ao estimulá-los a declarar que "votaram" (não em quem votaram) em suas páginas de redes sociais. Até parece algo cívico em um país em que o voto não é obrigatório. No entanto, os consumidores/usuários do Facebook, com essas postagens, proporcionavam a essa rede social uma enormidade de informações que, por meio de cruzamento de dados, em poucos minutos poderia mensurar o impacto das palavras e links compartilhados sobre a rede de amigos. Tal conhecimento, obtido em um verdadeiro laboratório aberto, poderia ser utilizado para influenciar as ações das pessoas no processo democrático.

Cabe então a pergunta: será que as redes sociais funcionariam mesmo como essa Ágora digital moderna?

Talvez a resposta não seja tão trivial. Da mesma forma que os meios de comunicação, principalmente, a imprensa auxiliaram na constituição da esfera pública e na formação de opiniões públicas que, em maior ou menor medida, colaboraram na constituição da Modernidade (HABERMAS, 1984), as redes sociais, em aparência, prescindem de mediações institucionais diretas, como a imprensa, o parlamento, os partidos políticos, as escolas etc., e fornecem ao indivíduo a possibilidade de fazer a palavra circular, conforme o ideal de Hannah Arendt, para o fortalecimento da política. Contudo, e isso pode ser visto no Brasil recente,

> a promissora democracia digital, com seus milhões de novos participantes, sofreu um duro golpe quando as instâncias que detém mediação simbólica, ou seja, aqueles que cuidam da palavra e do conflito, como imprensa, Judiciário, artistas e intelectuais, sofreram abalos consideráveis em termos de seu autofinanciamento e de sua reputabilidade social (DUNKER, 2019, p. 125).

Diferentemente da sociedade de massa e suas formas de comunicação, tão bem analisadas por cientistas humanos e sociais, a forma da sociedade digital parece ser a do grupo (DUNKER, 2019) ou mesmo do *cluster*, cuja ligação (para não dizer identificação) ocorre mais por afinidades eletivas (WEBER, 2004) do que pelo consciente coletivo (DURKHEIM, 2007). Temos aqui, portanto, a circulação das ideias num mesmo núcleo, muitas vezes com personagens que se tornam célebres, da noite para o dia, conduzindo as vontades e quereres do grupo, núcleo esse também chamado, popularmente, de bolha.

Daí a grande facilidade, por assim dizer, da identificação de comportamentos e sua consequente orientação por parte das *Big Techs*. O grupo é mais fácil de ser identificado e manipulado, não para vigiá-lo e disciplina-lo, tal qual um panóptico (FOUCAULT, 1997), conforme tratado no Capítulo 11 deste livro (ver BORDIN, 2020), mas para classificá-lo. Conforme nos mostra Erwin (2015), "os sistemas de vigilância orientados por software não têm caráter panóptico, mas distributivo, classificando os corpos individuais em fluxos através de eventos de inclusão e exclusão" (ERWIN, 2015, p. 32). E continua: "[...] a vigilância contemporânea não visa reprimir. Ela classifica" (ERWIN, 2015, p. 41).

Assim classificados, os grupos passam a compor um novo sujeito coletivo, classificado de acordo com as ideias por ele divulgadas e, portanto, alvo das ações de mercado (consumo e trabalho), de políticas ideológicas ou de políticas públicas, gestadas nas plataformas digitais que esse sujeito utiliza ou que é por elas utilizado. O *report* da *Big Brother Watch* que foi mencionado atesta isso.

Talvez, uma das saídas desse encurralamento mercadológico e político seja via esfera pública política, entendida como "o meio no qual os membros de uma comunidade internalizam seus compromissos de reciprocidade para com os demais, se constituindo dessa forma como cidadãos" (COSTA, 2000, s.p.).

Diante disso, o papel da esfera pública seria a revitalização do espaço público contra a fragmentação e o privatismo, ao constituir uma arena que também mediaria os "processos de articulação de consensos normativos e de reconstrução reflexiva dos valores e das disposições morais que orientam a convivência social" (COSTA, 2000, s.p.).

Olhada de outra forma, a esfera pública trata de um contexto de relações difusas em que são concretizadas e condensadas as trocas comunicativas, advindas de diversos campos da vida em sociedade. A esfera pública constitui-se, assim, como uma arena privilegiada que expressa a "maneira como as transformações sociais se processam, o poder político se reconfigura e os novos atores sociais conquistam relevância na política contemporânea" (AVRITZER; COSTA, 2004, p. 722).

Nessa esfera pública, temas, posições e argumentos trazidos pelos diferentes atores sociais, que devem se comunicar livremente e em situação de simetria, na busca de um entendimento mútuo (GONÇALVES, 1999), encontrem formas institucionais de penetrar o Estado (AVRITZER; COSTA, 2004) e, por que não dizer, as corporações, de modo que tenham maior clareza e, se possível, controle sobre os novos contextos sociais e tecnológicos.

A aposta na esfera pública parece, intimamente, alinhada à ideia de que os processos de invenção do futuro devem requerer a imaginação moral, sendo imprescindível a incorporação de melhores valores aos algoritmos para que se criem modelos de *big data* com orientação ética, o que implicaria colocar a primazia da justiça sobre o lucro (O'NEIL, 2016).

CONSIDERAÇÕES FINAIS

Destituídos da possibilidade de gerir o tempo e de gerir-nos enquanto sujeitos, não apenas nossa ideia de carreira e trajetória profissional está comprometida; esvai-se também uma dimensão de autodeterminação relacionada com nossas identidades, ou nas palavras de Sennett (2005): com a possibilidade de traçarmos narrativas coerentes de nós mesmos. Se há caminhos, ou direções a serem apontadas, elas indicam a (re)apropriação gradativa do espaço público na medida mesma em que assumimos como sujeitos nossa posição nessas relações de poder, seja por meio da proteção de dados pessoais, seja pela implementação de marcos regulatórios protetivos.

A promulgação da LGPD, embora institua direitos aos titulares dos dados que transitam no mundo virtual, por si, não assegura a concretização desses direitos. Também cabe aos indivíduos o exercício de sua responsabilidade, atentando-se à exposição excessiva de suas informações, que, invariavelmente, serão processadas por incontáveis algoritmos.

As tecnologias atuais, em sua formulação 4.0, podem trazer uma série de vantagens e benefícios empresariais e sociais. Contudo, seus efeitos deletérios sobre a sociedade e os indivíduos devem servir de alerta para que medidas protetivas sejam tomadas, de modo que a ausência de regulamentação e de debate público não seja uma alternativa ao desvelamento de seus segredos.

Espera-se, finalmente, que esses instrumentos de contraposição às ações corporativas não sejam um impedimento ao desenvolvimento da inovação e da tecnologia digital. Contrariamente, pretende-se que sirvam de balizadores para que a criatividade e sua criação produzam efeitos que potencializem a melhoria das condições de vida, subjetiva e objetivamente.

REFERÊNCIAS

ABRAMO, Laís. *Uma década de promoção do trabalho decente no Brasil*: uma estratégia de ação baseada no diálogo social. Genebra: OIT, 2015.

AVRITZER, Leonardo; COSTA, Sérgio. Teoria Crítica, Democracia e Esfera Pública: Concepções e Usos na América Latina. *DADOS – Revista de Ciências Sociais*, Rio de Janeiro, v. 47, n. 4, p. 703-728, 2004.

BARBER, Benjamin R. *Consumido*: como o mercado corrompe crianças, infantiliza adultos e engole cidadãos. Rio de Janeiro/São Paulo: Record, 2009.

BIG BROTHER WATCH. *Poverty Panopticon*: the hidden algorithms shaping Britain's welfare state. 20 jul. 2021. Disponível em: https://bigbrotherwatch.org.uk/. Acesso em: 17 out. 2021.

BIONI, Bruno Ricardo. *Proteção de dados pessoais*: a função e os limites do consentimento. Rio de Janeiro: Forense, 2019.

BOFF, Salete Oro; FORTES, Vinicius Borges; FREITAS, Cinthia Obladen de Almendra. *Proteção de Dados e Privacidade*: do direito às novas tecnologias na sociedade da informação. Rio de Janeiro: Lumen Juris, 2018.

BRASIL. Lei 13.709. *Lei Geral de Proteção de Dados Pessoais.* 2018.

BUENO, Silveira. *Minidicionário da Língua Portuguesa.* 2. ed. São Paulo: FTD, 2007.

CODED BIAS. Dirigido por Shalini Kantayy. Los Gatos-CA: Netflix, 2020.

COSTA, Sergio. Esfera Pública e mediação entre cultura e política. *Travessias*, Rio de Janeiro, v. 1, n. 1, p. 57-72, 2000.

DRESCH, Leonardo Antônio; FREITAS, Cinthia Obladen de Almendra. A violação da privacidade a partir de dados pessoais obtidos do aceite dos termos de uso e o impacto da lei geral de proteção de dados. *In:* TOALDO, Adriane Medianeira; MACIEL, Caroline Stéphanie Francis dos Santos; GIOLO JUNIOR, Cildo; ALVES, Fabrício Germano (org.). *Tecnologia e direito.* Rio de Janeiro: Pembroke Collins, 2021.

DRURKHEIM, Émile. *Fato social e divisão do trabalho.* São Paulo: Ática, 2007.

DUHIGG, Charles. *The Power of Habit*: why we do what we do, and how to change. New York: Random House. 2012.

DUNKER, Christian Ingo Lenz. Psicologia das massas digitais e análise do sujeito democrático. *In:* Vários autores. *Democracia em risco?*: 22 ensaios sobre o Brasil hoje. São Paulo: Companhia das Letras, 2019.

ERWIN, Sean. Living by algorithm: smart surveillance and the society of control. *Humanities and Technology Review*, v. 34, p. 28-69, 2015.

FELDMAN, Ronen; SANGER, James. *The Text Mining Handbook*: Advanced Approaches in Analyzing Unstructured Data. London: Cambridge University Press, 2007.

FERRARIS, Valeria; BOSCO, Francesca; CAFIERO, Giulio; D'ANGELO, Elena; SULOYEVA, Yuliya. Working paper: defining profiling. *United Nations Interregional Crime and Justice Research Institute (UNICRI)*, December, 2013. Disponível em: https://ssrn.com/abstract=2366564 or http://dx.doi.org/10.2139/ssrn.2366564. Acesso em: 20 out. 2021.

FOUCAULT, Michel. *Vigiar e punir*: nascimento da prisão. 16. ed. Petrópolis: Vozes, 1997.

FREITAS, Cinthia Obladen de Almendra; CARNEIRO, João Vitor Vieira; GLASMEYER, Rodrigo José Serbena. O Tratamento de Dados Pessoais e Sensíveis frente ao *Contact Tracing* durante o COVID-19. Boletim do Grupo de Estudos de Direito Autoral e Industrial. *GEDAI/UFPR*, Curitiba, p. 1-20, 07 jun. 2020. Disponível em:

https://www.gedai.com.br/o-tratamento-de-dados-pessoais-e-sensiveis-frente-ao-contact-tracing-durante-o-covid-19/. Acesso em: 20 out. 2021.

FREITAS, Cinthia Obladen de Almendra; PAMPLONA, Danielle Anne. Cooperação entre Estados Totalitários e Corporações: O uso da segmentação de dados e profiling para violação de direitos humanos. *In:* Regina Linden Ruaro; José Luis Piñar Mañas; Carlos Alberto Molinaro (org.). *Privacidade e proteção de dados pessoais na sociedade digital.* Porto Alegre: Editora Fi, v. 1, 2017, p. 119-144.

FREITAS, Cinthia Obladen de Almendra; SANTOS, Henrique Guilherme; PASINATO, Rita. A segurança da informação como ferramental técnico da proteção de dados pessoais. *In:* Mariana Pereira Faria; Rafael Aggens Ferreira da Silva; Rhodrigo Deda Gomes (org.). *Direito e Inovação*, Curitiba: OABPR, v. 3, 2020.

GIG – a Uberização do Trabalho. Dirigido por Carlos Juliano Barros, Caue Angeli e Mauricio Monteiro. Rio de Janeiro: Globoplay, 2019.

GONÇALVES, Maria Augusta Salin. Teoria da ação comunicativa de Habermas: possibilidades de uma ação educativa de cunho interdisciplinar na escola Análise da Prática Pedagógica. *Educ. Soc.*, Campinas, v. 20, n. 66, abr. 1999.

HABERMAS, Jürgen. *Mudança estrutural da esfera pública.* Rio de Janeiro: Tempo Brasileiro, 1984.

HILDEBRANDT, Mireille. Who is Profiling Who? Invisible Visibility. *In:* Gutwirth S.; Poullet Y.; De Hert P.; de Terwangne C.; Nouwt S. (eds.) *Reinventing Data Protection?*. Springer, Dordrecht, 2009. p. 239-252. DOI: 10.1007/978-1-4020-9498-9_14. Acesso em: 20 out. 2021.

HORKEIMER, Max; ADORNO, Theodor W. *Dialética do esclarecimento.* 2. ed. Rio de Janeiro: Jorge Zahar Editor, 1985.

ILO. *Digital labour platforms and the future of work*: towards decent work in the online world. Geneva: International Labour Office, 2018.

KITCHIN, Robin. *The data revolution.* London: SAGE Publications Ltda, 2014.

LIPOVETSKY, Gilles. *A felicidade paradoxal*: ensaio sobre a sociedade de hiperconsumo. São Paulo: Companhia das Letras, 2007.

MARX, Karl. *O capital*: crítica da economia política. Livro I. Rio de Janeiro: Civilização Brasileira, 2008.

MORAES, Rodrigo Bombonati de Souza. Precarização, uberização do trabalho e proteção social em tempos de pandemia. *NAU Social*, Salvador, v. 11, n. 21, p. 377-394, 2020.

MORAES, Rodrigo Bombonati de Souza; OLIVEIRA, Marco Antonio Gonsales de; ACCORSI, André. Uberização do trabalho: a percepção dos motoristas de transporte particular por aplicativo. *Revista Brasileira de Estudos Organizacionais*, Curitiba, v. 6, n. 3, p. 647-681, dez./2019.

O DILEMA das Redes. Dirigido por Jeff Orlowski. Los Gatos-CA: Netflix, 2020.

O'NEIL, Cathy. *Weapons of math destruction*: how big data increases inequality and threatens democracy. New York: Crown Publishers, 2016.

PARISER, Eli. *O Filtro invisível*: o que a Internet está escondendo de você. Trad. Diego Alfaro. Rio de Janeiro: Zahar, 2012.

PRETA, Guilherme. *TikTok abre seu algoritmo e desafia concorrentes a fazer o mesmo*. 2020. Disponível em: https://olhardigital.com.br/noticia/tiktok-abre-seu-algoritmo-e-desafia-concorrentes-a-fazer-o-mesmo/104280. Acesso em: 20 out. 2021.

PSKOWSKI, Martha; VILELA, Rafael. They aren't anything without us: gig workers are striking throughout Latin America. *Motherboard*. 2020. Disponível em: https://www.vice.com/en_us/article/jgxazk/they-arent-anything-without-us-gig-workers-are-striking-throughout-latin-america. Acesso em: 15 ago. 2020.

SCHWAB, Klaus. *A quarta revolução industrial*. Trad. Daniel Moreira Miranda. São Paulo: Edipro, 2016.

SENNETT, Richard. *A corrosão do caráter*: consequências pessoais do trabalho no novo capitalismo. Rio de Janeiro: Record, 2005.

SIBILIA, Paula. *Os Diários Íntimos na Internet e a Crise da Interioridade Psicológica*. 2003. Disponível em: https://doczz.com.br/doc/593256/os-di%C3%A1rios-%C3%ADntimos-na-internet-e-a-crise-da-interioridade... Acesso em: 20 out. 2021.

TAN, Pang-ning; STEINBACH, Michael; KUMAR, Vipin. *Introdução ao datamining*: mineração de dados. Rio de Janeiro, RJ: Editora Ciência Moderna, 2009. 900p.

WEBER, Max. *Ensaios de Sociologia*. Rio de Janeiro: LTC, 2008.

WEBER, Max. *A ética protestante e o espírito do capitalismo*. São Paulo: Companhia das Letras, 2004.

SOBRE OS AUTORES

ANDREA ABRAHÃO COSTA

Doutora em Direito (PUC-PR) com estágio de pesquisa na Universidade *Paris X-Nanterre*, Mestre em Direito (PUC-PR), Pós-graduada em Sociologia (UNICAMP), Graduada em Ciências Sociais (UNICAMP) e Direito (PUCCAMP). Professora adjunta do Curso de Direito da UFG – Campus Goiás, Professora permanente do Mestrado Profissional em Direito e Políticas Públicas da UFG (PPGDP-UFG), professora da Pós-graduação em Direito Público (UFG/ESA-OAB-GO), membra da Comissão de Mediação e da Advocacia Colaborativa da OABPR e membra convidada da Comissão de Mediação da OAB-GO. Integra o Comitê de Internacionalização da UFG e é filiada à International Association for Court Administration (IACA). Pesquisadora do Grupo "Acesso à Justiça e Tutela dos Direitos" (UnB) e do Grupo "Processo Civil à luz da Constituição Federal" (IDP-DF). Advogada.

ANNA LUCIA S.A. VÖRÖS

Professora Adjunta da Universidade Tecnológica Federal do Paraná (UTFPR – Campus Curitiba) dos cursos de Design e Design Gráfico. Graduada em Design de Produto pela UFPR, mestre em Design pela Universidade Anhembi Morumbi e doutora em Design pela UFPR. Dedica-se à pesquisa sobre design, cultura material e cultura visual, história do design e da moda, museus e acervos digitais e online.

BRUNO JOSÉ RODRIGUES DURÃES

Sociólogo. Bacharel e licenciado em Ciências Sociais pela Universidade Federal da Bahia (UFBA), mestre e doutor em Ciências Sociais pela Universidade Estadual de Campinas (UNICAMP). Professor do Programa de Pós-Graduação em Política Social Territórios (POSTERR), da Universidade Federal do Recôncavo da Bahia (UFRB), e de Sociologia do Departamento de Sociologia da Universidade Federal do Rio de Janeiro (UFRJ). Membro da Direção Ampliada da ABECS (Associação Brasileira de Ensino de Ciências Sociais) e Pesquisador do CRH-UFBA.

CINTHIA OBLADEN DE ALMENDRA FREITAS (ORG.)

Professora Titular do Curso de Direito, Coordenadora e Professora Permanente do Programa de Pós-Graduação (Mestrado e Doutorado) em Direito (PPGD) da PUC-PR. Coordenadora do Curso lato sensu de Direito Digital da PUC-PR. Doutora em Informática pela PUC-PR. Mestre em Engenharia Elétrica e Informática Industrial pela UTFPR. Engenheira Civil pela UFPR. Membro Consultivo da Comissão de Inovação e Gestão da OAB-PR. Diretora acadêmica do Instituto Nacional de Proteção de Dados (INPD).

CLÁUDIA BORDIN RODRIGUES DA SILVA

Doutora em Tecnologia e Sociedade pelo PPGTE – Universidade Tecnológica Federal do Paraná UTFPR, Campus CURITIBA. Pesquisadora na área de Educação em Design de Interação, cultura e mediações dos artefatos digitais computacionais. Atuou em equipes de desenvolvimento de software e web, em projetos multidisciplinares e em ambientes interativos. Docente de Design na UTFPR Curitiba.

HÉLIO TAKASHI MACIEL DE FARIAS

Doutor em Arquitetura e Urbanismo pela Universidade Federal do Rio Grande do Norte (UFRN). Professor Adjunto do curso de Arquitetura e Urbanismo da UFRN, com foco na área de Representação e Linguagem, em especial no uso de ferramentas digitais para representação e projeto Arquitetônico e Urbano. Chefe do Laboratório de Maquetes e Protótipos da UFRN e representante da UFRN no Conselho Municipal de Planejamento Urbano e Meio de Natal/RN.

JACOB CARLOS LIMA

É graduado em Sociologia e Política pela Escola de Sociologia e Política de São Paulo (1979), Mestre em Ciências Sociais (Sociologia) pela Pontifícia Universidade Católica de São Paulo (1983), Doutor em em Sociologia pela Universidade de São Paulo (1992), com Pós-doutorado no *Department of Urban Studies and Development do Massachusetts Institute of Technology* (EUA-2001). Foi professor da Universidade Federal da Paraíba (1982-2004), e atualmente é Professor Titular no Departamento de Sociologia da Universidade Federal de São Carlos.

JOÃO GUILHERME DA TRINDADE CURADO

Graduado e Especialista em História (UniEvangélica), Mestre e Doutor em Geografia (IESA/UFG). Professor da rede pública estadual de Goiás. Desenvolve pesquisas e publicações, especialmente, sobre as seguintes temáticas: patrimônio, catolicismo popular, gastronomia, vestimentas. Integrante da Academia Pirenopolina de Letras, Artes e Música (APALM), Membro correspondente do Instituto Cultural e Educacional Bernardo Élis para os povos do Cerrado.

JOSÉ DE ALMENDRA FREITAS JR.

Possui graduação em Engenharia Civil pela Universidade Federal do Paraná (1985), mestrado em Construção Civil pela UFPR (2005) e doutorado pela UFPR (2017). Atualmente é professor associado da Universidade Federal do Paraná. Tem experiência na área de Engenharia Civil, com ênfase em Construção Civil, Tecnologia do Concreto e emissões de carbono pelas obras de construção.

LUZIELE TAPAJÓS

Docente aposentada do Departamento de Serviço Social da Universidade Federal de Santa Catarina (UFSC) onde é pesquisadora na área de políticas sociais e gestão da informação. Doutora em Serviço Social (PUC-SP). Entre os anos de 2004 a 2014 compôs a equipe principal da Secretaria Nacional de Assistência Social (SNAS), vinculada ao Ministério do Desenvolvimento Social e Combate à Fome (MDS), instituição responsável pela construção do Sistema Único de Assistência Social (SUAS). Neste período foi Assessora de Gestão da Informação, sendo uma das responsáveis pela construção da Rede SUAS, o Sistema de Informação do SUAS. Secretária de Avaliação e Gestão da Informação de Gestão (SAGI/MDS) durante os anos de 2008-2010. Foi Diretora da Diretoria de Estudos Educacionais do Instituto Nacional de Estudos e Pesquisas Educacionais (INEP). Presidente (gestão 2012-2014) e Vice Presidente (gestão 2014-2015/1) do Conselho Nacional de Assistência Social (CNAS/MDS). Atua nas seguintes linhas de pesquisa e atuação: Políticas públicas; Políticas públicas de corte socioassistencial; Seguridade Social; Gestão da Informação na área de políticas públicas, sistemas de informação e uso das TICs no âmbito das políticas sociais.

MARCELO BORDIN

Geógrafo (UFPR), Cientista Político (UNINTER), Mestre em Geografia (UFPR) e Doutor em Sociologia (UFPR). Atuou como Docente nos cursos de Graduação em Criminologia e de Relações Internacionais, ambos do Centro Universitário Curitiba (UNICURITIBA), atuando também como pesquisador do Centro de Estudos em Segurança Pública e Direitos Humanos (CESPDH/UFPR), do Grupo de Pesquisa em Segurança, Violência e Justiça (SEVIJU/UFABC) e da Rede Nacional e Pesquisa sobre Militarização da Educação.

MARIA APARECIDA BRIDI

Doutora em Sociologia. Professora do Programa de Pós-Graduação em Sociologia e do Departamento de Sociologia da Universidade Federal do Paraná; Coordenadora do Grupo de Pesquisa Trabalho e Sociedade (CNPq); Vice-Presidente da ABET (gestão 2020-21) e coeditora da Revista da ABET; Coordenação nacional da REMIR; Bolsista Produtividade do CNPq. Entre outras obras, publicou em coautoria os livros Sindicalismo na Era Lula (2014); Flexíveis Virtuais e Precários? Os trabalhadores em Tecnologia da Informação (2018); Sociologia; um olhar crítico (2014); Sociologia (2018).

MARIA CAROLINA CARVALHO MOTTA

Doutora em Ciências Sociais e Professora do Curso de Direito da UFG – Campus Goiás. Assessora Jurídica da Diretoria do mesmo Campus e Integrante do Grupo de Pesquisa Mutamba (CNPQ).

MARIA IZABEL MACHADO (ORG.)

Possui graduação (Bacharelado e Licenciatura) em Ciências Sociais pela Universidade Federal do Paraná (2009). Mestrado (2012) e doutorado (2017) em sociologia pela UFPR. Atua como docente permanente do Programa de Pós-graduação Interdisciplinar em Direitos Humanos (PPGIDH) e na Faculdade de Educação, ambos na Universidade Federal de Goiás. Como pesquisadora tem se dedicado aos estudos de gênero, trabalho, cuidado, educação e direitos humanos, integrando o Núcleo de Estudos de Gênero (UFPR) e o grupo de pesquisas Mutamba (UFG).

MARIANA BETTEGA BRAUNERT

Doutora em Sociologia pela Universidade Federal do Paraná e professora do curso de Bacharelado em Administração Pública da UFPR-Setor Litoral. Membro do Grupo de Estudos Trabalho e Sociedade (GETS) e da Rede de Estudos e Monitoramento Interdisciplinar da Reforma Trabalhista (REMIR). Coeditora da Revista da Associação Brasileira de Estudos do Trabalho (ABET).

MISS LENE PEREIRA DA SILVA

Doutoranda em Arquitetura e Urbanismo (UFRN), Mestre em Arquitetura e Urbanismo (PPGAU/UFRN), Especialista em Geoprocessamento e Cartografia Digital (PPGEO/UFRN), Professora de Sistemas de Informação aplicada à Arquitetura e Urbanismo, de Planejamento e Projetos urbanos e paisagem do Centro Universitário do Rio Grande do Norte. Arquiteta e Urbanista da Secretaria de Educação e Cultura do Rio Grande do Norte, pela empresa Morais Vasconcelos, atuando com projetos arquitetônicos, de acessibilidade e de legalização. Possui experiência na elaboração com planos locais de habitação e planos diretores com uso de ferramentas SIG.

NÉLIA CRISTINA PINHEIRO FINOTTI

Doutoranda em Arte e Cultura Visual pela Universidade Federal de Goiás. Mestra em Ciências Sociais e Humanidades pela Universidade Estadual de Goiás; especialista em docência Universitária pela Universo-Goiás, Graduada em Design de Moda pela Universo-Goiás. Pedagoga pela FALBE. Membro do Grupo de Estudos em Formação de Professores e Interdisciplinaridade (GEFOPI). Membro do Grupo de Pesquisa *Indumenta: dress and textiles studies in Brazil* (CNPq/UFG). Bolsista Capes. Consultora na área de moda e afins, professora na área de moda e proprietária do Espaço Integrado de Moda.

RENATA QUEIROZ DUTRA

Professora Adjunta de Direito do Trabalho da Universidade de Brasília. Doutora e Mestra em Direito, Estado e Constituição pela UNB. Pesquisadora do CRH/UFBA. Integra a Rede de Estudos e Monitoramento Interdisciplinar da Reforma Trabalhista (REMIR), a Rede Nacional de Grupos de Pesquisa em Direito do Trabalho e Seguridade Social (RENAPEDTS) e a Associação Brasileira de Estudos do Trabalho (ABET).

RENATA SANTANA LIMA

Mestranda em Direitos Fundamentais e Justiça pela Universidade Federal da Bahia. Integrante do Grupo de Pesquisa Transformações do trabalho, democracia e proteção social (CNPq/UFBA) e do Observatório da Reforma Trabalhista do Supremo Tribunal Federal da Rede de Estudos e Monitoramento Interdisciplinar da Reforma Trabalhista (REMIR).

RODRIGO BOMBONATI DE SOUZA MORAES (ORG.)

Graduado em Ciências Sociais (FFLCH-USP) e Administração (FEA-USP), com mestrado em Administração (FEA-USP) e doutorado em Administração Pública e Governo (EAESP-FGV). Professor adjunto da Universidade Federal de Goiás (UFG). Docente do Mestrado Profissional em Administração Pública em Rede Nacional (PROFIAP/UFG). Líder do Grupo de Pesquisa Mutamba – Políticas Públicas, Tecnologia e Sociedade, cadastrado no diretório do CNPq. Organizador e autor do volume 1 do livro "Indústria 4.0: impactos sociais e profissionais", publicado pela Editora Blucher.

GRÁFICA PAYM
Tel. [11] 4392-3344
paym@graficapaym.com.br